뜻하지 않게 찾아온 우울증으로 생사의 기로에서 고통받다 결국 다시 살기로 결정한 나 자신과 언제나 든든한 버팀목이 되어준 아버지와 어머니에게 이 책을 바칩니다.

지금을
살지 못하는
당신에게

지금을 살지 못하는 당신에게

초판 1쇄 발행 2023년 10월 11일
초판 3쇄 발행 2024년 11월 19일

지은이 이지훈
펴낸이 최순영

출판1 본부장 한수미
와이즈 팀장 장보라

펴낸곳 ㈜위즈덤하우스 **출판등록** 2000년 5월 23일 제13-1071호
주소 서울특별시 마포구 양화로 19 합정오피스빌딩 17층
전화 02) 2179-5600 **홈페이지** www.wisdomhouse.co.kr

ISBN 979-11-6812-810-1 03100

논어에서 칮은 나의 이립而立

(지금을 살지 못하는 당신에게)

아는 변호사 이지훈 지음

위즈덤하우스

차례

PART 2 타인人

PART 3 시간時

프롤로그

나의 이립而立

당신은 어떤 삶을 살고 있나요? 대한민국에서 전문직 여성으로서 46년의 시간을 살아온 저의 삶을 소개해보겠습니다. 2019년 군문을 나서 변호사로 개업한 저는 코로나19가 대유행하는 어수선한 상황임에도 자리를 잘 잡아 지금은 법무법인 제인의 대표변호사가 되었습니다. 또한 저는 30만 구독자의 사랑을 받고 있는 유튜브 〈아는 변호사〉 채널의 운영자이자 세 아이의 엄마입니다. 유쾌한 가정, 안정적인 수입, 멋진 차 그리고 끊임없이 성장하는 삶. 어떤가요? 썩 나쁘지 않은 인생으로 보입니다. 그런데 제 삶에는 실패와 곤궁함이 없었을까요?

저는 2003년 행정법 대량 과락 사태로 사법시험에 떨어지고, 이듬해 군법무관 임용시험에 합격하여 그 뒤 14년 동안 육군 군법무관으로 봉직했습니다. 상명하복의 계급사회를 첫 직장으로 선택한 탓에 철저히 개성을 죽이며 살아야 했습니다. 군수사령부 법무실장 겸 군검사로 재직하면서 군납 비리에 대해서 수사를 하는 중에는 터무니없는 모략을 받기도 했습니다. 그렇게 군이라는 조직에 적응하지 못한 저는 중령 진급에서 고배를 마신 뒤 쓸쓸히 군문을 나서게 되었습니다.

사생활은 어땠을까요? 서른한 살에 나를 알지 못하고 상대를 알지 못하는 상황에서 '이 정도면 괜찮겠지'라는 성급하고 미숙한 생각으로 결혼을 하게 되었고, 7년간의 결혼 생활을 겪으면서 정신이 심연의 나락으로 떨어지는 경험을 했습니다. 그렇게 우울증이라는 긴 터널을 헤매던 저는 결국 서른일곱 살에 이혼이라는 선택을 하였습니다. 그리고 지금을 맞이하였습니다. 그야말로 헛똑똑이와 징징이의 표본이었습니다.

인생은 이렇듯 끊임없이 밀려오는 파도와 같아서 우리는 그 속에서 때로는 실패하고 때로는 성공을 경험합니다.

인생이란 무엇일까요? 무너진 제 삶을 단단하게 세워준 공자는 '군자'가 되기 위해 끊임없이 절차탁마하는 삶을 살았습니다. 공자가 말하는 군자는 '나답게, 사람답게 살기 위해 애쓰는 사람'입니다. 인간에 대한 깊은 통찰을 이루어낸 공자의 삶에 대한 태도는 "군자가 세상에 나아갈 때는 반드시 그래야 되는 것도 없고, 반드시 그러지 말아야 되는 것도 없다(無適也 無

莫也무적야 무막야). 오로지 마땅함을 척도로 할 뿐이다(義之與比의지여비)"라는 말로 대별됩니다. 즉 누구에게나 무슨 일이든지 일어날 수 있는 것이 우리 인생이고, 그래서 위로든 아래로든 한계는 없게 됩니다.

그렇다면 인생이 바닥으로 곤두박질쳤을 때 우리가 해야 할 질문은 '왜 나에게 이런 고통스러운 일이 생긴 거지?'가 아니라, '어떻게 변할 것인가?'입니다. 이것은 우리의 삶을 관통하는 진리이며, 따라서 동서고금을 막론합니다. 제가 어렵고 힘들 때 큰 힘이 되어주었던 조앤 치티스터의《모든 일에는 때가 있다》라는 책도 마찬가지입니다.

> 인생은 흐르고 붙잡을 수 없다. 인생의 아름다움도 계속 흘러 변하기 마련이다. 그리고 그 결과는 모두 다르다. 썰물과 밀물처럼 여러 움직임과 변화로 이루어진 세상에서 우리에게 결코 영원한 성취란 없다. 우리는 단지 경험할 뿐이다. 동시에 어디에도 얽매이지 않는다. 어떤 것도 영구적이거나 치명적이지 않기 때문이다. 때론 삶이 곤경처럼 느껴진다. 막다른 길에 다다라 다른 길로 방향을 바꾸려고 애를 써야 하는 상황에 빠지는 것이다. 하지만 결국 그 길은 막다른 길이 아니었고, 우리가 가고자 했던 길과 연결된 길이었음을 깨닫게 된다.

자신이 선택한 길이 막다른 길이라는 것을 알았을 때 당신은 어떻게 하시겠습니까? 주저앉아 울면서 이 길로 들어선 나 또는 이 길로 들어서게 한 다른 사람을 원망하실 건가요? 아니면 신에게 열심히 기도하실 건가요?

그래 봐야 막힌 길은 뚫리지 않습니다. 《주역》에 '궁하면 변하고, 변하면 통하고, 통하면 오래간다(窮則變, 變則通, 通則久 궁즉변, 변즉통, 통즉구)'라는 말이 있습니다. 막다른 길을 마주했다는 것은 당신이 궁하게 되었다는 것입니다. 궁한 것을 해소할 수 있는 유일한 해결책은 내가 변하는 것뿐입니다.

하지만 안타깝게도 모든 사람이 변할 수 있는 것은 아닙니다. 필사적으로 애를 쓰지 않으면 변할 수 없기 때문입니다. 서른일곱 살, 인생의 쓰나미에 '나'라는 사람이 송두리째 휩쓸려 갔지만 그 대가로 저는 '나'라는 사람으로 새롭게 태어날, 즉 변태變態할 준비가 되었습니다.

이 책은 매 순간 치열하게 살며 쌓아 올린 공든 탑이 와르르 무너져 내린 뒤 공허함과 외로움에 휘청거리던 제가 조금씩 변화해가면서 진정한 나로 바로 서는 이립을 해나가는 여정을 담고 있습니다. 저의 이립이 삶의 방향을 잃고 헤매고 있는 많은 분에게 하나의 버팀목이 될 수 있기를 희망합니다.

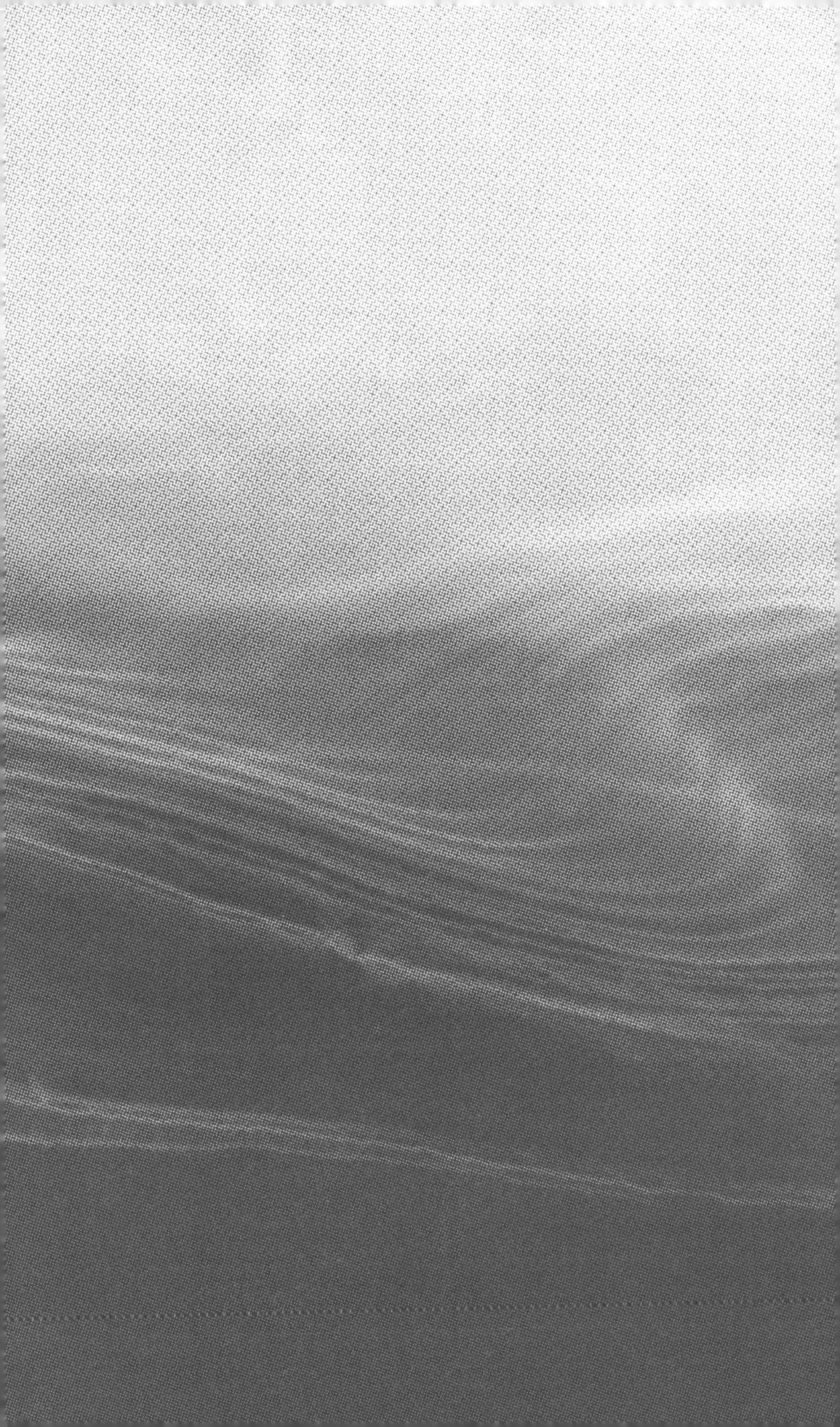

PART 1

나ㄹ

삶은 끊임없는
파도를 넘는 것이다

어떤 파도인지도 모르고 배를 전복시키는 사람들

서른한 살에 결혼을 선택할 때, 저는 누가 묻지도 않았는데 스스로 이렇게 다짐했습니다.

"절대 이혼은 안 한다."

군법무관 임용시험에 합격하고 한없는 우월감으로 가득 차 있던 당시의 저는 상대방이 어떤 잘못을 해도 '헤어지지 않겠다'라는 맹세를 한 것입니다. 그러고는 결혼 생활 동안 그 약속에 구속되어 고통의 시간을 보내야 했습니다. 7년간의 결혼 생활은 저를 우울증의 나락으로 빠뜨렸는데, 결혼 생활에서 발생하는 문제를 해결하지 못한 이유 역시 이혼이 제 인생의 선택지에 없었기 때문입니다. 결혼이 행복의 조건인 듯이 위풍당당하게 결혼을 하고, 이혼이 뭔지도 모르면서 무조건 이혼을 하지 않겠다니. 지금 생각해보면 실소를 금하지 못할 일입니다. 살펴보면 우리는 단정적으로 말하는 경우가 참 많습니다. 상담을 통해서 제가 많이 들었던 확언은 다음과 같습니다.

- 나는 반드시 성공할 거야!
- 사랑하는 사람과 결혼하면 나는 무조건 잘 살 거야.
- 30이 되기 전에 결혼할 거야.
- 내 인생에 절대로 이혼은 없어.
- 더 늦기 전에 아이를 꼭 낳아야지.
- 나만 참으면 인생이 무탈할 거야.
- 난소를 제거했으니 나는 결혼을 못 할 거야.
- 불우한 우리 집을 이해해줄 사람은 이 사람밖에 없어.
- 누가 내 성질을 받아주겠어?

하지만 우리는 수없이 실패를 경험하고, 사랑하는 사람과 결혼했지만 어찌 된 일인지 불행하기만 하고, 서른 살이 넘었지만 결혼을 못 하고, 이혼을 하고, 불임으로 자녀를 출산하지 못하고, 끊임없이 참았지만 인생이 무탈하기는커녕 자존감은 자꾸 내려가고 극도의 불안장애와 우울증을 겪습니다. 결혼

자체에 목적을 둔 탓에 건강하지 못한 것, 불우한 가정환경, 더러운 성질을 약점으로 잡고 스스로를 평가절하하여 한참 수준이 낮은 사람과 결혼을 하기도 합니다. 그러고는 자신의 잘못된 사고에서 기인한 선택의 결과를 운명이라고 명명하고, 삶을 체념한 채 자신을 학대하는 것에서 삶의 의미를 찾습니다.

우리 인생은 끊임없이 밀려오는 파도를 넘는 것입니다. 나를 향해 다가오는 파도의 크기와 영향력은 천차만별입니다. 때로는 큰 파도지만 작은 파도도 있습니다. 때로는 나를 압도하는 무시무시한 파도지만 서핑을 즐기기에 딱 적합한 파도도 있습니다. 끊임없이 몰려오는 크고 작은 파도는 결국 나를 성장시킵니다. 그런데 우리는 파도를 맞이하기도 전에 그 파도가 어떤 것인지도 알지 못한 채 파도를 넘기 위해 반드시 필요한 배를 전복시켜버립니다. 그리고 성장을 멈춥니다.

파도를 넘는 방법, 변태變態

갈등의 해결책으로 '이혼'을 선택하고, 이혼녀로서 아직 자신을 정립하지 못한 채 사회의 편견에 스스로를 가두고 있던 때인 2015년. 오랜만에 은사님이신 김선택 교수님을 찾아뵈었습니다. 《월든》으로 꿈을 키울 때도, 군법무관 임용고시에 합격했을 때도, 국비유학 시험에 합격하여 중국 칭화대에 입학할 때도 제 인생의 중요한 순간마다 항상 김선택 교수님이 함께하며 제가 경계를 넘을 수 있도록 도와주셨습니다.

그날 교수님과 함께 구내식당에서 식사를 하면서 저는 제 이혼에 대해서 어렵게 말을 꺼냈습니다. 저의 짧은 얘기를 들으신 교수님은 일말의 주저함 없이 저에게 이렇게 조언해주셨습니다.

"《탈무드》에서도 결혼은 신중하게 이혼은 신속하게 하라고 했어요. 그리고 이 법무관의 아이들 세대에서는 이혼이 별 의미가 없게 될 거예요."

이혼이라는 패배감에 억눌려 있던 저에게 교수님의 이 말씀은 충격 자체였습니다. 제가 결혼을 할 때도, 결혼 생활로 고통을 받을 때도, 이혼을 할 때도 이런 이야기를 해준 어른은 단 한 명도 없었습니다. 아마도 이때부터였던 것 같습니다. 제가 마지막 남은 허물을 남김없이 벗어버릴 수 있었던 것은요. 그리고 저는 다시 제 삶을 살기로 했습니다.

변호사로서 수천 건의 이혼 상담을 하면서 알게 된 공통점은 대다수의 사람이 '내 인생에 이혼은 없어!'라는 근거도 없는 확언으로 이혼을 선택지에서 없애버린다는 것입니다. 사실 결혼과 이혼은 내 인생의 본질이 될 수 없습니다. '나의 삶'이라는 시간 속에서 취업, 결혼, 출산, 이혼 등의 이벤트가 발생하는 것입니다. 결혼한다고 해서, 이혼한다고 해서, 어떤 직업을 갖는다고 해서 나라는 사람의 본질이 바뀔 수는 없습니다.

공자가 상정한 인간상 역시 '주체적인 삶을 살아가는 사람'입니다. 삶에서 의도치 않게 맞닥뜨리는 상황에 굴하지 않고 나답게 살아가려면 어떻게 해야 할까요? 공자는 두 가지 삶의 태도를 제시합니다.

> 군자가 세상에 나아갈 때는 반드시 그래야 된다고 고집하는 것도 없고, 반드시 그러지 말아야 된다고 고집하는 것도 없으며, 오로지 마땅함을 척도로 할 뿐이다(子曰 "君子之於天下也, 無適也, 無莫也, 義之與比" 자왈 "군자지어천하야, 무적야, 무막야, 의지여비").[1]

누구에게나 무슨 일이든 일어날 수 있는 것이 우리의 인생입니다. 이혼을 고민할 만한 갈등 상황을 경험하지 않은 채 말로만 "내 인생에 이혼은 없어!"라고 외치는 사람이 책임감이 있어 보이나요? 제가 보기에는 그저 사리 분별이 없는 불쌍한 사람에 불과합니다. 자신이 내뱉은 말의 의미조차 모를 가능성이 매우 큽니다.

인생은 누구에게나 모든 가능성을 열어둡니다. 그렇다면 주체적인 삶을 살아가기 위해 우리는 어떻게 해야 할까요? 공자는 정치에 큰 뜻을 품고 주유천하하는 인생을 살았는데 《논어》에는 여러 은둔자가 등장하여 그런 공자를 힐난하곤 합니다.

한번은 공자가 위나라에 머물 때였습니다. 공자가 편경을 연주하고 있는데, 어떤 사람이 삼태기를 짊어지고 공자의 집 앞을 지나갔습니다. 비범한 그 사람은 공자가 연주하는 음악을 통해 그의 마음을 읽었습니다.

> 경쇠 소리를 듣자 하니 아직도 세상에 마음이 있구나! 그 확고함이 참으로 비루하구나. 자기를 알아주지 않으면 그만두면 될 뿐이다. 물이 깊으면 옷을 벗고 건너면 되고, 물이 얕으면 바짓가랑이를 걷어 올려서 건너면 된다(深則厲, 淺則揭심즉려, 천즉게).[2]

인생이라는 시간의 흐름 속에서 우리는 깊은 물을 만나기도 하고, 얕은 물을 만나기도 합니다. 깊은 물을 만나면 홀딱 벗고 건너면 되고, 얕은 물을 만나면 그저 바짓가랑이를 걷어 올려 건너면 됩니다. 강을 건너는 방법이 달라지는 것을 두고 나를 버리고 그때그때 시류에 영합하며 살라는 뜻으로 오해해서는 안 됩니다. 옷을 홀딱 벗든, 바짓가랑이를 걷어 올리든 나라는 사람의 본질은 변하지 않습니다. 결국 끊임없이 물을 건너는 것은 흔들림 없는 나라는 사람입니다.

이것은 《주역》의 궁즉변窮則變(궁하면 변한다)으로 연결됩니다. 옷이 젖을까 봐 강을 건너지 못하고 주저앉아 있다면 당신의 인생은 아무런 성장도 없을 것입니다. 인생이란 흘러가는 것이고 나는 앞으로 나아가야 합니다. 혹시 지금 당신은 강가에 주저앉아 속절없이 울고 있지는 않은가요?

아는 변호사

무슨 일이든 일어날 수 있는 것이 인생

실패할 것을 알았다면 떠나지 않았을 것인가

나의 실패

저는 2003년 치러진 사법시험 2차에서 행정법 38점으로 과락을 맞아 보기 좋게 낙방했습니다. 합격자 방이 붙은 12월. 당시 저는 난소 종양으로 조직검사를 위해 수술을 한 뒤 회복 중이었고, 대학 4학년 2학기 기말고사를 코앞에 두고 있었습니다. 이런 상황에서 다시 신림동으로 들어가 3개월 뒤에 있을 1차 시험을 준비해야 한다고 생각하니 하염없는 눈물이 앞을 가렸습니다. 철저한 실패. 그야말로 하늘이 무너져 내렸습니다. 절망감과 배신감에 가득 찬 나머지 '이럴 거면 왜 시작하게 했냐'며 실패의 길로 이끈 하느님을 향해 원망을 쏟아냈습니다.

정신없이 기말고사를 마치고 처량하게 신림동으로 입성한 저는 신림 9동의 어느 후미진 독서실에서 다시 한번 고군분투를 시작했습니다.

2003년 12월 31일

돌고 돌아서 결국 제자리로 오고 말았지만 이러한 결과를 알았더라면 길을 떠나지 않았을 것인가? 그 자리에 주저앉아 인생이 스쳐 지나가기만을 기다렸을 것인가?

마음이 하고자 하는 일을 하는 데도 굉장한 용기가 필요하지만, 그것을 억누르고 회피하는 것도 동일한 용기가 필요하다. 내가 결국 법조인이 되지 못한다고 하더라도 나는 지금 이곳에서 이렇게 공부하지 않을 수 있는가? 이것은 나에게 주어진 운명이라고 생각한다. 어찌 감히 가지 않을 수 있단 말인가. 하지만 매 순간 느껴지는 절망이 나를 힘들게 한다.

어떤 문제가 발생했을 때 상황에 맞는 질문을 하고 답을 해나가는 과정은 그 자체가 문제를 해결하는 중요한 단서를 제공해줍니다. 이것은 생각을 포기하지 않는 방법이기도 한데 《논어》에 나오는 매사문每事問과 같다고 할 수 있습니다. 실패로 인한 고통과 절망의 순간에 스스로에게 한 질문은 '실패할 것을 알았다면 떠나지 않았을 것인가?'였습니다.

이것은 바로 명命, 즉 나의 길에 대한 이야기입니다. 스스로 나답기 위해 노력하는 것은 사람으로서 마땅히 힘써야 하는 일입니다. 하지만 더 나아가 뜻한 바를 이루려면 역시 하늘의 뜻이 있어야 합니다. 이것을 수동적으로 운명이나 팔자 또는 운이라고 표현할 수도 있지만 그것과는 의미가 다릅니다. 저는 명을 내가 스스로 선택해서 만들어가는 삶과 연결시킵니다. 그런데 하늘의 뜻이라는 것은 내가 통제할 수 없는 영역입니다. 만일 하늘의 뜻이 나에게 없다면 당신은 애초에 노력조차 하지 않을 것인가요? 그렇다면 나다운 삶을 살 수 있을까요?

공자의 실패

공자 역시 인간이기에 나이가 들어서도 하고자 하는 바를 이루지 못하자 초조하고 좌절하는 순간이 있었습니다.

> 봉황새는 오지 않고, 하도낙서는 나오지 않으니 나는 이제 끝났다(鳳鳥不至 河不出圖 吾已矣夫봉조부지 하불출도 오이의부).[3]

봉황과 하도낙서는 모두 내 노력과 상관없이 얻게 된 영물입니다. 봉황은 공자가 이상적인 지도자로 꼽는 순임금 때 날아오른 적이 있는 신령스러운 새로, 태평성세를 상징합니다. 전설에 따르면, 황하에 출현한 커다란 용마龍馬의 등에 나타난 55개의 점을 보고 3황 중의 한 명인 복희가 정리한 것을 하도라고 합니다. 참고로 이를 8개로 정리한 것이 복희 팔괘八卦도입니다. 낙서는 하나라 우임금이 낙수에서 거북이의 등에 새겨진 45개의 점을 보고 그린 것으로, 역시 훗날 문왕 팔괘를 형성하게 됩니다. 봉황, 하도, 낙서는 모두 개인의 노력과 의지로 얻은 것이 아닙니다.

학이시습과 절차탁마를 통해 문을 익힌 공자는 이립, 불혹, 지천명을 거쳐 점점 매력적인 사람으로 성장해나갔습니다. 일찍이 공자는 사람들을 교화하는 것을 평생의 목표로 삼았는데 보다 많은 사람을 빠른 시간 안에 바로 서게 할 수 있는 효과적인 방법은 위정자가 되는 것, 바로 정치입니다. 공자에게 정치란 '바로잡는 것(正정)'입니다.[4] 공자가 이루고자 했던 이상적인 나라는 첫째 국방력(足兵족병), 둘째 경제력(足食족식), 마지막으로 교화(敎之교지)를 통한 신의(民信민신)가 뿌리내린 사회입니다.[5,6] 이를 위해서 필요한 것이 교육인데, 그 방법으로 공자가 강조한 것은 무력이나 강제가 아닌 '리더가 먼저 자기 몸을 바르게 할 것(苟正其身구정기신)'입니다.[7] 이렇듯 솔선수범으로 백성들을 교화하여 잘못된 것을 바로잡고 싶었던 것이 그의 이상이었지만, 안타깝게도 공자는 이를 실현하지 못했습니다.

그런데 만약 공자가 끝내 위정자가 되지 못할 것을 알았다면 문을 갈고닦아 나부터 바로잡아 이립, 불혹, 지천명, 이순, 종심소욕불유구의 단계로 나아가길 멈췄을까요? 공자는 그러지 않았습니다. 공자 역시 사람이기에 절망도 하고 신세를 한탄하기도 하였지만 단 한순간도 자신이 정한 길을 향해 나아가기를 주저하지 않았습니다. 도리가 장차 행해지는 것도 명이고(道之將行也與 命也도지장행야여 명야), 도리가 장차 폐기되는 것 역시 명인 것입니다(道之將廢也與 命也도지장폐야여 명야).[8] 우리는 각자가 정한 방향으로 최선을 다해 묵묵히 나아갈 뿐입니다. 감정에 휘둘려 방향을 잃지 않고 내가 할 수 있는 일에 최선을 다하는 것, 그것이 바로 불혹不惑입니다.

절망과 좌절을 극복하는 힘, 운명

공자가 주유천하를 하던 중 위나라 광땅에 다다랐습니다. 과거 양호라는 노나라 사람이 위나라 광땅에 침입하여 포악한 짓을 저질러 광땅 사람들은 양호에 대한 적개심을 가지고 있었습니다. 그런데 마침 공자의 모습이 양호와 비슷하였고, 광땅 사람들이 노나라의 공자를 양호로 오인하여 공자 일행을 포위하는 사건이 발생하였습니다. 죽음의 위기에 놓인 공자는 공포에 떨면서도 "하늘이 나를 해하려 하지 않는데 광땅 사람들이 나를 어떻게 할 수 있겠느냐?"라고 말하며 애써 두려움을 극복하였습니다.[9]

또한 송나라 대부 환퇴가 공자를 죽이려 하였을 때 역시 공자는 "하늘이 나에게 덕을 주었으니 환퇴라고 한들 나를 어떻게 할 수 있겠느냐?"라고 말해, 자신이 가는 길에 대한 믿음과 확신을 더욱 굳건히 하였습니다.[10]

절망과 좌절의 순간을 극복하는 힘. 공자가 생각하는 운명이란 바로 이런 것이었습니다. 운명이란 나의 의지와 무관하게 하늘이 선천적으로 정해놓은 팔자가 아니라, 나의 의지와 노력이 주체적으로 선택해나간 결과입니다.

2003년. 사법시험 2차에 떨어지고 하늘이 무너져 내리는 절망 속에 고통스러웠지만, 저는 다시 시험공부를 했고 군법무관 임용고시에 합격하여 변호사가 되었습니다. 만일 다음번 시험에도 낙방을 했다면 저는 끝내 변호사가 되지 못했을 수도 있습니다. 하지만 그렇다고 하더라도 지금의 나라는 사람의 본질은 바뀌지 않았으리라고 확신합니다. 결혼에 실패했지만, 이 사실 역시 나라는 사람의 본질을 바꾸지 않았습니다.

우리는 계속해서 성장하고, 그럼으로써 가장 나다운 모습을 이루게 됩니다. 공자는 1,000여 년이 흐른 뒤인 당나라 현

종에 이르러 문을 널리 떨친 왕이라는 의미의 문선왕文宣王으로 추증되었습니다. 결국 공자의 뜻은 이루어졌습니다.

아는 변호사

세상이 나를 등져도

내 운명의 수레바퀴는 누가 돌리고 있는가

사주팔자四柱八字, destiny

우울증이라는 끝도 없는 심연의 나락으로 떨어지고 있던 때, 매일매일 죽음을 생각하던 저는 태어나서 처음으로 '팔자'라는 말에 관심을 가지게 되었습니다. 치열하게 살아온 나의 공든 탑이 신중하지 못했던 결혼 때문에 한순간에 무너지는 경험을 하면서 '여자 팔자 뒤웅박 팔자'라는 통념이 제 생각을 지배했습니다.

과거에 대한 후회, 미래에 대한 걱정의 무한 루프로 지금을 살아갈 힘이 없던 저는 미래가 알고 싶어 점을 보게 되었습니다. 그때 저는 신년운세나 토정비결을 볼 때의 호기심이 아니라 절박한 마음이었습니다. 잘 키워놓은 줄 알았던 딸의 무너진 모습에 애통해하던 어머니가 알음알음해서 본 신점의 결과는 그야말로 참담했습니다.

"원래 하늘을 훨훨 날아다닐 팔자인데, 이제는 날개가 다 꺾였다."

새가 날개가 꺾여 새답게 하늘에서 살지 못한다면, 그야말로 내 미래는 불행이 예정되어 있다는 것인가? 그 말을 전해 들은 제 심정은 복잡했습니다. 체념과 절망의 감정이 지배하는가 하면 그 와중에 오기와 반감이 솟아오르기도 했습니다. 하지만 아직까지 우울증을 극복할 내면의 에너지가 채워지지 않았기 때문에 저는 상황을 타개하기 위해 어떤 노력도 할 수가 없었습니다. 당시 제가 할 수 있는 일은 죽음을 깊이 생각하지 않도록 사람들과 이야기를 나누고 점이라도 보는 것뿐이었습니다.

여전히 우울한 상태에서 용하다는 점집을 소개받았습니다. 그렇게 두세 군데의 점집을 가보았는데 제가 한 질문은 처음부터 끝까지 "저 잘 살 수 있을까요?"였습니다. 지금 들어보면 기가 막힐 노릇입니다. 내가 잘 살지 아닐지를 다른 사람에게 물어보고 있으니 말이지요. 당시 내 인생의 수레바퀴를 돌리고 있는 것은 내가 아니었습니다.

우리는 내 인생의 수레바퀴를 돌릴 사람, 예를 들면 종교지도자, 역술인, 부모, 친구, 통념 등을 끊임없이 찾아 나섭니다. 이러한 태도의 장점은 내가 지금 한 실패 역시 나 때문이 아니게 된다는 것입니다. 수레바퀴를 돌린 사람에게 실패의 책임을 묻고 나는 그저 그 사람을 원망하고 증오하면 됩니다. 이 얼마나 신박한 정신승리입니까. 우리는 그 실패의 결과를 오롯이 내 인생으로 감당해야 한다는 것을 깨닫지 못한 채, 이런 식으로 생각하길 포기하고 회피함으로써 문제를 계속해서 키워나갑니다.

인과율因果律, causality

인과율이란 '원인이 결과보다 시간상으로 앞서 일어나야 한다는 조건'으로 너무나 뻔하고 당연한 이야기입니다. 내 인생에서 어떤 결과가 발생했다면 그것은 반드시 내가 선택이라는 행위를 했기 때문입니다. 그렇다면 모든 책임은 나에게 있습니다.

공자는 "군자는 자기에게서 찾고(君子求諸己 군자구저기), 소인은 남에게서 찾는다(小人求諸人 소인구저인)"라고 하였습니다.[11] 당신은 실패의 원인을 나에게서 찾는 사람입니까, 아니면 남에게서 찾는 사람입니까? 긴 우울증의 터널 속에서 제가 끝내 해낸 일은 실패의 원인을 남에게서 나로 돌리는 것이었습니다. 저는 죽을 것 같은 고통의 시간을 겪고 나서야 너무나 당연한 진리인 인과율이 비로소 이해되었습니다. 결혼에 실패한 것은 결국 내가 나를 모른 채 단행했던 수많은 선택의 결과였습니다. 그것을 깨달은 이상 이제 더는 내 운명의 수레바퀴를 절대로 남이 돌리게 하지 않을 것입니다.

공자 역시 삶에서 인과율을 철저하게 관철한 사람입니다. 한번은 자로가 공자에게 귀신을 섬기는 일에 대해서 묻습니다. 제자라는 자가 스승의 삶의 태도도 모른 채 아무 말 대잔치를 시전합니다. 공자는 그런 자로를 꾸짖습니다.

"능히 사람도 잘 섬기지 못하는데(未能事人 미능사인), 어찌 귀신을 잘 섬길 수 있겠느냐(焉能事鬼 언능사귀)?"

원하는 답을 듣기는커녕 책망을 받았지만 스승이 자신을 꾸짖는 것조차 알아채지 못한 자로는 질문을 약간 바꿔서 이번에는 죽음에 대해서 묻습니다. 공자로서는 말귀를 알아듣지 못하는 자로가 어처구니가 없습니다. 삶이 무너진 후 역술인에게 '잘 살 수 있을까요?'라고 반복해서 물었던 제 모습과 다름이 없습니다.

"생도 모르는데(未知生 미지생), 어찌 죽음을 알겠느냐(焉知死 언지사)?"[12]

귀신과 죽음은 사람의 통찰로 알 수도 없고 의지로 통제할 수도 없는 영역입니다. 즉 인과율이 적용되지 않는 영역입니다. 그렇다면 그런 것에 힘을 쏟지 말고 네가 할 수 있는 것에 힘을 쏟으라는 것이 공자의 삶의 자세인 것입니다.

우리 삶에서 가장 기본적인 앎(知지)이란, '삶은 인과율이 지배한다는 사실을 아는 것'을 의미합니다. 모든 결과는 내가 한 선택이 가져온 것입니다. 그것을 안다면 우리는 좋은 결과를 내기 위해 사람으로서 할 수 있는 일에 최선을 다해야 마땅합니다. 공자가 번지로부터 '앎이란 무엇인가요?'라는 질문을 받았을 때 역시 이렇게 이야기합니다.

> 사람으로서 마땅히 해야 할 일에 힘쓰고(務民之義무민지의), 귀신에 대해서는 삼가되 가까이하지 않는다면(敬鬼神而遠之경귀신이원지) 가히 안다고 할 수 있다(可謂知矣가위지의).[13]

당신의 삶은 사주팔자가 지배하고 있나요, 아니면 인과율이 지배하고 있나요? 당신은 지금 어떤 일에 힘을 쏟고 있나요?

아는 변호사

여자 팔자 뒤웅박 팔자?

사주를 믿으십니까?

어떻게 살 것인가

삶의 방향성을 정하다

공자의 제자인 자하는 "죽고 사는 것은 명으로 정해져 있다(死生有命 사생유명)"라고 하였습니다.[14] 굳이 그런 표현을 빌릴 필요도 없이, 영생을 하지 못하는 사람의 삶이란 반드시 끝이 정해져 있습니다. 다만 그 끝을 알 수 없을 뿐입니다. 이렇듯 누구에게나 주어진 시간은 한정되어 있기 때문에, 삶을 대하는 자세를 정하지 않으면 우리는 아무런 성장 없이 그럭저럭 시간을 보내다가 죽을 때가 되어 죽음을 맞는 동식물과 다를 바가 없게 됩니다.

당신은 어떤 자세로 삶을 살아가고 있나요? 삶을 대하는 기본적인 태도라는 것은 인생의 부침에 따라 그때그때 변하는 것이 아니라 인생의 어느 시기에도 일관되게 적용되는 원칙을 말합니다.

극심한 우울증으로 생사의 기로에서 고군분투하던 제가 '그래, 살아보지!'라고 결심한 이후 삶에 대한 저의 태도는 완전히 바뀌었습니다. 제 삶은 우울증을 극복한 시점을 기준으로 크게 나뉘는데, 사실 우울증이라는 긴 터널에 빠지기 전인 서른여섯 살 이전의 저는 삶에 대한 태도니 방향이니 하는 것 자체가 없었습니다.

그렇다고 해서 제가 넋을 놓고 세월을 보낸 것은 아닙니다. 인생의 매 순간 저는 크고 작은 목표를 세우고 그것을 달성하기 위해 모든 것을 쏟아부었습니다. 그리고 그때그때 남들이 부러워할 만한 성과를 도출해냈습니다. 그런데 그런 노력에 대한 작은 성과들은 한편으로 저의 자만심을 키우고, 오히려 나의 본질을 들여다볼 수 있는 거울을 혼탁하게 만들었습니다. 저는 그저 세속적인 기준에서 성공을 하기 위해 노력했었던 것입니다. 세속적인 성공이 결코 나쁜 것은 아닙니다. 하지만 나라는 사람의 성장이 없는 성공이란 사상누각과 같아서 단 한 번의 작은 실패로도 나의 삶은 송두리째 흔들리게 됩니다.

우리가 삶에서 시도하는 모든 일이 언제나 성공하진 않는다는 진리를 깨닫는다면 오히려 지금 향유하고 있는 작은 성공의 취약함과 위험성에 큰 두려움을 느끼게 됩니다. 저는 비록 극도의 우울증을 겪고 나서야 삶을 생각하게 되었지만, 부디 당신은 이런 고통 없이 지금 당장 나를 세우는 일에 몰두하기를 진심으로 바랍니다.

내가 좋아하는 바를 따르겠다

결혼의 실패로 36년간 쌓아온 공든 탑이 와르르 무너지고 나서야 비로소 저는 삶의 방향성에 대한 질문을 하게 됐습니다. 그렇게 해서 설정한 삶의 태도는 '내가 좋아하는 일을 하고, 하기 싫은 일을 하지 않는다'입니다. 하기 싫은 일을 평판이나 사리에 맞지 않는 의무감을 위해 하지 않겠다는 것입니다.

너무 간단해서 실망하셨나요? 그런데 공자 역시 마찬가지였습니다.

> 부富라는 것이 구해서 얻을 수 있는 것이라면(可求也가구야) 나는 말채찍을 잡는 천한(雖執鞭之士수집편지사) 일이라도 하겠다(吾亦爲之오역위지). 하지만 구한다고 될 것이 아니라면(如不可求여불가구) 나는 내가 좋아하는 바를 따를 것이다(從吾所好종오소호).[15]

큰 부를 축적하고 귀하게 되는 것은 하늘에 달려 있습니다(富貴在天부귀재천). 이 역시 인간이 통제할 수 있는 영역이 아닙니다. 내가 좋아하는 일을 하는 것은 나를 부유하게 만들 수도 있고 가난하게 만들 수도 있지만 나를 행복하게 하는 가장 확실한 길입니다.

자신이 좋아하는 바를 따랐던 안회는 결과적으로 가장 도리에 근접한 삶을 살았지만, 먹을 것이 없어 자주 배를 곯았습니다(屢空루공).[16] 여기서 주의할 점은 내가 행복한 일을 하는 것이 나를 경제적으로 부유하게 해주지는 않는다는 것입니다. 재물을 불리는 데 능숙했던 자공은 자기 하고 싶은 대로 살았고 결과적으로 지천명에 이르지 못했지만(不受命불수명), 놀랍게도 자주 사리에 적중했습니다(億則屢中억즉루중).

당신은 안회와 자공 중 누구의 삶이 더 행복해 보이나요? 안회와 자공 모두 행복한 삶을 살았다고 할 수 있습니다. 행복은 비교에서 오지 않기 때문입니다. 굳이 비교하자면 안회는 그 덕이 지천명에 이르렀지만 자공은 불혹에 머물렀습니다. 자공은 호련이라는 그릇이지만 안회는 더 이상 그릇이 아닌 경지에 이르렀습니다. 이들의 스승인 공자는 위정자가 되지 못했지만 자기가 좋아하는 일, 즉 문을 익히고 널리 알리는 일에 평생을 바쳤습니다. 이렇듯 자기 자신이 어떤 사람인지 알고 가장 나답게 삶을 산 공자와 안회는 두려움 없이 자기가

정한 삶의 방향으로 나아갔습니다. 하지만 세속적인 기준으로 보았을 때 공명을 얻지 못했으니 실패한 사람들입니다.

실제로 공자는 이런 비판을 받기도 했습니다.[17]

"애석하구나 공자여(大哉孔子 대재공자)! 참 많이 배웠지만 그 이름을 이룬 바가 없구나(博學而無所成名 박학이무소성명)!"

수준 낮은 평가에 공자는 이렇게 대답합니다.

"내가 무엇을 딱 잡아야 하겠느냐(吾何執 오하집)? 하인이 되어 말을 모는 일에 전념해야 하겠느냐(執御乎 집어호)? 주인이 되어 말 위에서 활을 쏘는 일에 전념해야 하겠느냐(執射乎 집사호)? 둘 중의 하나만 고르라면 나는 차라리 말을 모는 일을 하겠다(吾執御矣 오집어의)."

누군가의 본질은 특정한 직업이나 재주에서 나오는 것이 아닙니다. 내가 진심으로 좋아하는 일을 하며 이립, 불혹, 지천명으로 덕을 성장시켜가는 것이 바로 군자의 삶입니다. 자리가 주어지는 것은 하늘에 달린 것일 뿐입니다. 그런 기회가 주어지지 않는다고 해서 내가 좋아하는 일을 하지 않을 것인가? 나답지 않게 살 것인가? 공자의 답은 '아니요'입니다. 세속적으로 '실패한' 공자와 안회는 죽는 순간 행복했을까요? 저는 매우 그렇다고 생각합니다.

전전긍긍戰戰兢兢

삶에 임하는 태도를 '내가 좋아하는 바를 한다'로 정했다고 하더라도 이것이 못 할 바가 없는 무소불위無所不爲를 의미하는 것은 결코 아닙니다. 그렇다면 구체적으로 어떤 모습으로 발현되어야 할까요? 삶은 죽음과 연결되어 있기 때문에 죽음의 순간을 떠올리면 쉽게 답을 얻을 수 있습니다.

어느 날 병이 깊게 들어 죽음을 앞둔 증자가 문하의 제자들을 불러 모았습니다.

> 제자들아, 이불을 걷어내고 내 발과 내 손을 보아라. 《시경》에 이르기를 삶을 살면서 절절하게 애를 쓰는 것(戰戰兢兢전전긍긍)이 마치 깊은 연못가에 있는 듯(如臨深淵여림심연)이 하고, 얇은 얼음을 밟는 듯(如履薄氷여리박빙)이 하라고 하였는데, 지금이 되어서야 비로소 내가 이것을 면하게 된 것을 알겠구나(而今而後 吾知免夫이금이후 오지면부).[18]

깊은 연못 근처에 있거나, 살얼음판 위를 걷고 있다면 혹시라도 빠지지 않기 위해 얼마나 조심할까요? 이와 같이 전전긍긍이란 항상 두려워하고 삼가는 마음을 의미합니다. 이런 자세로 삶의 매 순간을 대했고, 이는 생을 마칠 때까지 이어지는 것이기 때문에 증자는 죽음에 임박해서야 겨우 이것을 면할 수 있게 되었다고 말한 것입니다. 내가 좋아하는 바를 따르되 매사에 전전긍긍하는 자세를 유지하는 것, 이것이 바로 제가 《논어》에서 찾은 나의 이립입니다.

아는 변호사

무너진 마음을 다스리는 법

성공이란 무엇인가

성공은 자유다

마흔여섯, 중년의 나이에 다다라 삶을 돌이켜 봅니다. 설렘, 성공, 실패, 우울증, 죽음, 희망 등 다양한 감정을 느끼던 순간들이 주마등처럼 스쳐 갑니다. 이제 와서는 성공의 순간도, 죽음을 생각했던 순간도 모두 유쾌할 뿐입니다. 어릴 때부터 '성공'을 지향했던 저에게 20대에 만나게 된 헨리 데이비드 소로는 모호하기만 했던 인생에서 성공이란 무엇인지에 대한 확실한 개념을 심어주었습니다.

나는 실험에 의하여 적어도 다음과 같은 것을 배웠다. 즉, 사람이 자기의 꿈의 방향으로 자신 있게 나아가며, 자기가 그리던 바의 생활을 하려고 노력한다면 그는 보통 때는 생각지도 못한 성공을 맞게 되리라는 것을 말이다. 그때 그는 과거를 뒤로하고 눈에 보이지 않는 경계선을 넘을 것이다. 새롭고 보편적이며 보다 자유스러운 법칙이 그의 주변과 그의 내부에 확립되기 시작할 것이다. 그렇지 않으면 묵은 법칙이 확대되고 더욱 자유로운 의미에서 그에게 유리하도록 해석되어서 그는 존재의 보다 높은 질서의 허가를 받아 살게 될 것이다. 그가 자신의 생활을 소박한 것으로 만들면 만들수록 우주의 법칙은 더욱더 명료해질 것이다. 이제 고독은 고독이 아니고 빈곤도 빈곤이 아니며 연약함도 연약함이 아닐 것이다.

소로의 설명에 따르면, 성공이란 '경계를 넘는 것'입니다. 경계를 넘을 때마다 우리가 얻게 되는 것은 바로 자유입니다. 즉 우리의 삶은 결국 자유를 향한 투쟁인 것입니다.

공자는 "나에게 몇 년만 더 주어져 쉰 살까지 《주역》을 공부할 수 있다면(學易학역) 큰 허물은 없게 될 텐데(無大過무대과)"라고 얘기합니다.[19] 공자가 《주역》을 얼마나 탐독하였냐면 죽간을 이어 맨 가죽끈이 세 번이나 닳아 끊어질 정도였습니다(韋編三絕위편삼절). 그런데 공자가 그 어려운 《주역》까지 공부하여 이루고 싶었던 경지는 대단한 성공이 아니라 '큰 과오가 없는 것'입니다. 분명한 것은 아무리 《주역》을 공부한다고 하더라도 작은 과오까지 없앨 수는 없다는 점입니다.

우리 삶의 과오는 어디에서 올까요? 바로 말言에서 옵니다. 그렇기에 《논어》는 말을 삼가고 조심하기 위한 책이라고 해도 과언이 아닙니다. 공자가 큰 과오를 없애며 달성한 최종 경지는 70대에 도달했다던 종심소욕불유구從心所欲不踰矩입니다. 자연스럽게 마음이 하고자 하는 대로 해도 사리에서 벗어나는 일이 없게 된 상태, 즉 자유입니다.

그렇다면 도대체 자유는 뭘까요? 자유는 곧 선택지가 늘어나는 것을 의미합니다. 고독과 빈곤, 연약함은 부정적인 의미지만 내가 선택한 것이라면 나는 고독, 빈곤, 연약함에서 벗어나 그 누구보다도 자유롭게 됩니다. 이때부터 '경계를 넘어서 beyond boundaries'가 제 삶의 모토가 되었습니다. 물론 그 진정한 의미를 깨닫게 된 것은 끝이 없을 것 같은 우울증의 긴 터널을 벗어나고서였지만 말입니다.

나의 인생곡선

돌이켜 보면 롤러코스터같이 부침이 많은 인생을 살았습니다. 마흔여섯 살이 된 어느 날, 자유도를 기준으로 지난날의 부침을 그래프로 그려봤습니다. 먼저 규칙을 정합니다. 그래프의 위아래는 자유도를 나타냅니다. 위로 올라갈수록 자유가 많이 주어지고, 아래로 내려갈수록 자유가 없으며, 자유가 0인 맨 밑바닥은 죽음입니다. 실제 죽지 않아도 자유가 없는 삶은 죽은 것과 다름없습니다. 단계마다 주어진 자유의 양이 달라지는데 이를 순차적으로 '질서 1', '질서 2'라고 부르겠습니다. 우리가 말하는 성공의 크기는 곧 자유의 양을 의미하는데, 성공의 레벨마다 우리는 다른 법칙을 적용받으며 살게 됩니다. 이러한 규칙은 헨리 데이비드 소로의 설명에 따른 것입니다.

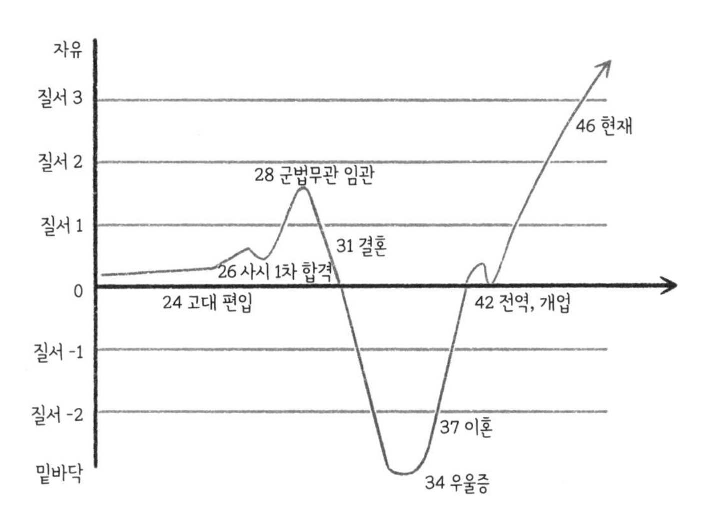

나의 인생곡선

자수성가하신 부모님의 2남 1녀 중 둘째로 태어나 유복한 어린 시절을 보냈고, 뛰어나지는 않지만 성실한 학생으로 무난한 학창 시절을 보냈습니다. 숙명여자대학교 경제학과에 입학하면서 성인이 된 저는 자유도가 약간 상승했습니다. 그렇게 노 대학 시절을 보내고 스물네 살에 고려대학교 법학과로 편입했습니다. 스물여섯 살 순탄하게 사법시험 1차에 합격하여 질서 0보다 자유로운 법칙이 적용되는 질서 1에 가까워졌습니다. 하지만 사법시험 2차에 낙방하고, 설상가상으로 젊은 나이에 난소종양으로 수술까지 받으면서 자유도가 하락하게 됐습니다. 스물여덟 살 군법무관 임용시험에 합격하여 변호사 자격증을 취득하면서 제 삶은 질서 2의 법칙이 적용되는 구간까지 수직 상승하였습니다. 사람들이 흔히 말하는 성공입니다.

그러나 서른한 살 결혼과 함께 시작된 여자의 일생, 자녀의 탄생, 조직 관계에서의 갈등을 겪으면서 제 삶은 심연으로 떨어지게 됩니다. 꾸준한 노력으로 진입할 수 있었던 질서 2의 세계에서 밑바닥으로 가는 데는 6년밖에 걸리지 않았습니다.

다른 사람보다 자유스러운 법칙을 적용받아 살아온 저였지만, 이제는 당장 살아갈 일을 걱정하는 신세가 되었습니다. 밑바닥으로 곤두박질친 저는 다시는 질서 2의 구간으로 올라갈 수 없다는 절망에 빠졌습니다. 실패를 만회할 길이 없다는 절망감이 저의 모든 에너지를 봉인하였습니다. 당시 저를 사로잡고 있던 질문은 '더 이상 노력하는 것이 무슨 소용이 있을까?'였습니다. 매일 밤 나를 이 실패로 이끈 원망의 대상을 찾아 헤맸는데, 결국 모든 것은 오만했던 나의 선택의 결과임을 깨닫게 되었습니다. 원망도 삶을 살아가게 해주는 원동력이 되는데, 더 이상 원망할 사람이 없게 되자 마지막 남은 원망이라는 에너지마저도 고갈된 저는 '그만 이 세상을 하직해야겠다'라는 생각에 이르렀습니다.

그야말로 생사의 갈림길에 서서 불면과 우울의 10개월을 보낸 뒤 드디어 밑바닥을 찍고 에너지를 반등시키는 데 성공했습니다.

그 뒤 저는 어떤 선택을 했을까요? 서른일곱 살에 이혼했고, 마흔두 살에 나와 맞지 않는 군법무관을 그만두고 변호사로 개업했습니다. 그리고 현재 저의 인생곡선은 비약적인 발전을 이루며 질서 4의 법칙이 적용되는 구간을 돌파하고 있습니다. 각각의 질서 구간이 바로 경계를 넘는 순간입니다.

아는 변호사

성공하고 싶으세요? 그럼 이렇게 하세요.

내가 무너져 내리던 날

내가 일어서던 날

나는 어떤 사람인가

가장 공포스러운 것은 나를 모른 채 살아간다는 것이다

부모님 댁의 거실과 주방을 잇는 꽤 긴 복도에는 원목으로 만든 고풍스러운 앤티크 스타일의 좁고 긴 테이블이 있습니다. 그 테이블을 중심으로 주변에는 가족들의 사진이 즐비하게 놓여 있습니다. 가족의 작은 역사관이라고 할 수 있는 추억의 공간입니다. 그중에는 스물아홉 살의 제 모습도 있습니다. 사진 속의 그녀는 어깨에 중위 계급장이 반짝거리고 반듯하게 각이 선 정복을 입고 있는데, 경북 영천에서 9주간의 군사훈련을 마친 뒤 군법무관으로 임관한 직후의 모습입니다. 그 후에도 테이블 주변은 가족들의 결혼사진과 아이들의 사진으로 하나둘씩 채워져 갔습니다. 오랜 시간이 흘러 제 리즈 시절의 그 사진은 그렇게 거실의 풍경이 되었습니다.

우울증의 터널에 빠져 허덕이던 어느 날, 서울 부모님 댁에서 무기력하게 시간을 보내고 있는데 우연히 정복을 입고 있는 그 사진에 눈이 갔습니다. 환하게 웃고 있는 사진 속의 그 얼굴은 너무나 낯설어 보였습니다. 그녀의 얼굴은 눈부시게 빛이 나고 있었기 때문에 똑바로 쳐다볼 수가 없었습니다. 그 모습은 분명히 스물아홉 살의 나인데도, 서른여섯 살의 내 모습과 너무도 달랐습니다.

'내가 이때 이렇게 아름다웠었나?'

사실 저는 그 사진 속의 사람이 얼마나 멋있고 아름다운지 전혀 알지 못했습니다. 아니, 관심도 없었습니다. 나라는 사람

리즈 시절

에게 관심이 없던 저는 심각한 우울증에 빠지고 나서야 비로소 스물아홉 살의 내가 얼마나 아름다웠는지를 깨닫게 되었습니다. 그녀는 의지가 충만했고 당당했으며, 세상에 대한 두려움이라고는 찾아볼 수 없었습니다. '내가 이렇게 멋진 사람인 것을 나는 왜 몰랐을까?', '다시는 저 때로 돌아갈 수 없을 거야'라는 절망감에 제 마음은 걷잡을 수 없이 무너져 내렸습니다. 내가 나를 모른 채 인생의 중요한 선택들을 하며 살아왔다는 어리석음은 공포 자체였습니다.

공자는 아들인 백어에게 사람으로서 제대로 말할 수 있게 해주는 《시경》을 배우지 않는 것은 '담장을 정면으로 마주하고 서서 인생을 사는 것(其猶正牆面而立也與기유정장면이립야여)'과 같다고 표현한 바 있습니다.[20] 나를 모른 채 인생을 산다는 것이 바로 이와 같은 형국입니다. 눈앞에 담장을 마주하고 있는 것은 눈뜬장님(瞽고)과 다름없습니다. 살고 있지만 진짜로 살고 있는 것이 아닌, 요행히 죽음을 면한 것(罔之生也 幸而免망지생야 행이면)에 불과합니다.[21] 스물아홉 살의 나를 직면할 수 없었던 서른여섯 살의 저는 아무도 모르게 그 사진을 고풍스럽고 멋진 테이블에서 치워버렸습니다.

당신은 어떤 사람이에요?

어느 날 자공이 공자에게 물었습니다.

"스승님, 저는 어떤 사람입니까(賜也何如사야하여)?"

공자의 제자 중 지자知者에 해당하는 자공이 지인의 달인인 공자에게 대놓고 자기를 평가해달라고 요청한 것입니다.

"너는 그릇이다(女器也여기야)."

공자의 거침없는 대답에 자공은 또다시 질문을 이어갑니다.

"저는 어떤 그릇입니까(何器也하기야)?"

우선 질문을 계속해나간다는 것은 매우 중요한 삶의 자세입니다. 또한 질문은 앞선 부분을 이해하지 못하면 할 수 없습니다. 자공은 사람을 그릇에 비유한 공자의 말을 이해했습니다. 그런데 그릇이란 그 크기와 재질은 물론 용도가 제각각입니다. 그렇다면 나는 도대체 어떤 그릇인가? 이것은 매우 타당한 질문입니다.

"너는 호련이다(瑚璉也호련야)."[22]

호련은 제사 때 쓰이는 옥으로 만든 귀한 그릇입니다. 공자는 재능이 탁월한 자공을 그릇 중에서도 으뜸인 '종묘에 바치는 예기禮器'로 표현하였습니다. 자공은 너무나 기뻐하며 돌아갔습니다.

사람을 높일 때조차도 더하거나 빼는 것이 없던 공자의 이 평가는 어느 정도의 칭찬이었을까요? 자공이 더 이상 질문을 하지 않을 정도로 마냥 기뻐할 만한 일이었을까요? 안타깝게도 아니었습니다. 자공이 매우 우수한 평가를 받은 것은 맞지만, 공자의 기준으로 봤을 때 호련은 최고 등급의 사람은 아닙니다. 호련 역시 그 용도가 한정되어 있기 때문입니다. "군자는 그릇이 아니다(君子不器군자불기)"[23]라고 한 말에서 알 수 있듯이, 공자가 최고로 꼽는 사람은 특정한 용도에 국한되지 않는 사람입니다. 우리의 삶은 그릇을 넓혀나가는 것입니다. 그리하여 결국 그릇이라는 한계가 없는 상태에 도달하는 것입니다.

그릇을 넓혀나가려면 우선은 내가 어떤 재질과 용도, 어느 정도 크기의 그릇인지를 알아야 합니다. 이것이 바로 나를 안다는 것입니다. 제가 결혼 및 이혼 상담을 할 때 반드시 하는 질문이 있습니다.

"결혼 전에는 어떤 사람이었어요?"

관계에서 오는 오랜 갈등 탓에 변질된 내가 아닌, 오로지 내면의 영향력으로 충만하던 때의 나는 어떤 사람이었습니까?

결혼 전에는 어떤 사람이었어요?

40대 중반의 김성미 님은 회사에 다니며 두 아이를 키우는

결혼 생활 10년 차 주부입니다. 퇴근 후 서둘러 어린이집에 들러 아이를 픽업하고 집에 와서 저녁을 준비합니다. 하지만 남편은 "애 키우는 게 세상에서 제일 쉬운 일이지"라고 말하며 성미 님의 노력을 폄하하고, 집안일에 대해서도 끝없는 책망과 비난을 하기 일쑤입니다. 가정을 위해 힘든 내색을 하지 않고 노력했지만 집 문을 들어서면 우울감이 엄습해옵니다. '난 왜 이렇게 살아야 하는 걸까?' 자존감은 바닥을 치고 스스로가 너무나도 형편없는 인간인 것 같아 속이 상합니다.

"성미 님은 결혼하기 전에는 어떤 사람이었어요?"

느닷없는 질문에 성미 님은 한참 동안 기억을 더듬습니다. 그러고는 결심한 듯 단호하게 말합니다.

"저는요, 자존감 하나는 끝내주는 사람이었어요. 밝고 명랑한 사람이었어요. 하고 싶은 일도 많았고요."

마치 젊은 시절로 돌아간 듯 성미 님의 얼굴에 잠깐 생기가 돕니다.

"그런데 지금은 어떠세요?"

"지금 저는 아이도 제대로 못 키우고, 돈도 못 버는 하찮은 인간이 되어버렸어요. 매일 남편의 눈치를 봐요. 이제는 제가 어떤 사람이었는지도 모르겠어요. 남편 앞에만 서면 저는 그냥 '등신'이에요."

"어떤 모습이 성미 님일까요?"

"결혼 전의 모습요. 저는 원래 이런 사람이 아니에요."

자신의 진짜 모습을 깨달은 순간, 비로소 내가 다른 사람과 관계를 맺을 준비가 된 것입니다. 그 관계의 싹을 어떻게 가꾸어나갈 것인지는 역시 당신에게 달려 있습니다.

아는 변호사

당신은 어떤 사람이에요?

어느 외계인의 지구별 생존기

자신을 탐험하는 방법, 이립

열정이 넘치던 스물다섯 살. 김선택 교수님을 통해서 접하게 된 《월든》의 작가 헨리 데이비드 소로는 지금 이 순간까지도 저에게 끊임없는 삶의 명령을 내립니다. 우리가 삶에서 맞닥뜨리는 대부분 문제는 자신을 알지 못한다는 데서 옵니다. 나를 모를뿐더러 나에 대해 관심도 없는 20대의 내가 앞으로 무슨 일을 할 것인지, 누구와 결혼할 것인지 등 인생의 중요한 문제들을 선택하고 있으니 그 결과가 어떨지는 불을 보듯 뻔합니다. 소로는 자기 자신을 탐험하라고 강조합니다.

진실로 바라건대 당신 내부에 있는 신대륙과 신세계를 발견하는 콜럼버스가 되라. 그리하여 무역을 위해서가 아니라 사상을 위한 새로운 항로를 개척하라. 각자는 하나의 왕국의 주인이며, 그에 비하면 러시아 황제의 대제국은 보잘것없는 작은 나라, 얼음에 의해 남겨진 풀 더미에 불과하다. 그러나 자기 자신에 대하여 아무런 존경심을 갖지 않는 사람이 애국심에 불타서 소小를 위해 대大를 희생시키는 일이 있다. 그들은 자기의 무덤이 될 땅은 사랑하지만, 지금 당장 자신의 육신에 활력을 줄 정신에 대해서는 아무런 공감을 느끼지 못하고 있다. 이런 사람들에게 애국심은 그들의 머리를 파먹고 있는 구더기라고 할 수 있으리라.

그대의 눈을 안으로 돌려보라, 그러면
그대의 마음속에 여태껏 발견 못 하던
천 개의 지역을 찾아내리라.
그곳을 답사하라. 그리고
자기 자신이라는 우주학의 전문가가 되라.

'나를 아는 것'은 바로 공자가 각고의 노력 끝에 30세에 달성했다는 이립입니다. 그런데 우리가 나 자신을 탐구하지 못하는 이유는 시선이 항상 다른 사람에게 향해 있기 때문입니다. 남이 나를 어떻게 생각하는지가 내 삶의 기준이 되기 때문에 좋은 평판에 신경을 씁니다. 본질이 아니라 보이는 겉모습만 가꾸니 나는 점점 사라집니다. 공자는 《논어》를 통해 이립을 달성하기 위한 중요한 삶의 자세를 가르쳐줍니다.

다른 사람이 나를 알아주지 않아도 조금도 서운해하지 않는다(人不知而不慍 인부지이불온).[24]

나를 알기 위해서는 '주변 사람을 개의치 않고 나아갈 수 있는 용기'가 필요합니다. 그리고 부디 좋은 평판 따위는 집어치우십시오. 공자는 "다른 사람이 너를 알아주지 않는 것을 걱정하지 말고(不患 人之不己知 불환 인지부기지), 네가 다른 사람을 제대로 알지 못함을 걱정하라(患 不知人也 환 부지인야)"라고 일갈합니다.[25] 내가 나를 아는 것은 모든 것의 시작입니다.

저는 서른여섯 살에 비로소 나 자신을 탐험하기 시작했습니다. 당시 강렬했던 우울증 때문에 다른 사람에 의해 만들어진 나는 이미 산산조각이 나 있었습니다. 그 덕분에 나라는 우주를 항해하기 시작한 지 얼마 지나지 않아 신대륙을 발견할 수 있었고, 지금도 항해를 계속하고 있습니다. 저는 지금 정복을 입은 스물아홉 살의 그녀를 자유롭게 마주합니다. 심지어 강연을 할 때 많은 사람에게 그녀를 소개합니다. 그리고 당당하게 말합니다. 마흔여섯 살 지금의 그녀가 스물아홉 살의 그녀보다 훨씬 더 매력적이라고.

아는 변호사

자신의 고유한 삶을 찾아서 당신이 지금 해야 할 것은

생각의 힘

생각하는 법을 잊어버린 사람들

근대 철학의 아버지라고 불리는 데카르트는 다음과 같은 말을 남겼습니다.

나는 생각한다. 고로 나는 존재한다I think therefore I am.

데카르트는 우리가 가지고 있는 모든 지식을 의심하는 것에서 생각이 시작된다고 말합니다. 그럼에도 데카르트는 첫째, 내가 생각한다는 사실과 둘째, 생각의 주체로서 나의 존재에 대해서는 절대로 의심하지 않습니다. 생각의 주체가 나라는 당연한 사실이 왜 데카르트를 근대 철학의 창시자로 만들었을까요? 그렇다면 그 전까지 생각의 주체는 누구였을까요? 바로 신입니다. 인간은 감히 생각을 할 수 없는 존재였습니다. 이런 시대적 상황에서 생각의 주체가 인간, 그중에서도 '나'라는 사실은 그것 자체로 대단한 발견이었습니다.

자, 이제 당신의 삶을 한번 돌아보십시오. 우리 인생은 선택의 결과입니다. 지금 당신의 모습은 스스로 생각하고 선택한 것들인가요? 아니면 주변 사람, 신, 사회통념, 통계, 권위 등에 의해 생각을 당한 것인가요? 특히 대학, 취업, 결혼, 출산 등 인생의 정말 중요한 선택일수록 스스로 생각해서 내린 결정이 아닌 경우가 의외로 많습니다. 도대체 왜 그럴까요? 중요한 선택일수록 내가 책임져야 할 결과가 매우 중대합니다. 그런데 우리는 자신의 생각을 의심합니다. 나보다 인생 경험이 많은 사람, 부모님, 배우자, 친구, 권위자 등 외부의 생각에 의존하려고 합니다.

시어머니로부터 남편의 잘못을 인정받지 못해 이혼 결정을 하지 못하는 며느리도 있습니다. 이분은 남편과 갈등이 있을 때마다 시어머니에게 전화를 합니다. 마치 아들을 잘못 키운 것에 대한 책임을 묻듯이 말입니다.

"아니, 왜 부부 사이의 문제를 시어머니에게 얘기해요?"

"제가 평소에 시어머니를 잘 모셨고, 남편이 자기 부모님이 아는 것을 무서워하거든요. 제가 아무리 말해도 소용없어요."

"그런 이야기를 하면 시어머니가 중재나 어떤 평가를 해주시나요?"

"아니요. 처음에는 좋게 좋게 타이르셨는데 나중에는 자기 아들이 그럴 리가 없다면서 부정하시더라고요. 역시 팔은 안으로 굽는 것 같아요. 심한 배신감을 느꼈어요. 같은 여자니까 그래도 제 입장을 이해해줄 줄 알았거든요."

세상에 어느 시어머니가 아들과 이혼하겠다며 아들의 잘못된 말과 행동을 문제 삼는 며느리의 말을 귀담아들을까요? 남편이 잘못해서 이혼한다는 사실을 다른 사람도 아닌 시어머니에게 인정받으려고 하는 것은 사실 내 판단을 의심하기 때문입니다. 이 상황을 잘 안다고 생각하는 누군가로부터 지지를 얻고 싶은 것입니다.

이와 같이 내 이혼의 정당성을 다른 사람에게 인정받으려고 노력하는 사람들이 의외로 많습니다. 주변 사람들에게 끊임없이 부부 사이의 갈등을 얘기합니다. 그런데 그 말을 들은 지인들이 "이혼할 사유가 없네", "야, 다 그러고 살아", "내 남편이 그 정도만 하면 나는 모시고 살겠다", "아주 복에 겨웠구나", "네가 너무 예민한 것 같은데?"라는 반응을 보이면 이내 자기의 생각을 의심합니다. 그렇게 내면의 소리를 외면하고 이러지도 못하고 저러지도 못하는 나날을 보냅니다.

이와 같이 우리는 스스로 판단하지 못하고 임의로 누군가에게 세상에서 가장 공정한 판단자의 역할을 부여하고 그 말에 구속되기를 자처합니다. 그리고는 그 공정하고 정의로운 판단자가 자기 말을 지지해주지 않는다고 좌절하고 괴로워합니다. 정작 가장 객관적인 제3자로부터 판단을 받는 소송은 진흙탕 싸움이라며 하찮게 여기면서 말입니다.

결혼과 이혼은 지극히 개인적인 문제입니다. 생각의 힘이 부족한 우리는 결혼과 이혼이라는 사적 영역에서조차 스스로 결정하지 못하게 되고 말았습니다. 생각하는 법을 잊어버리는 것, 이것이 바로 가스라이팅gaslighting입니다. 그렇다면 가스라이팅은 당하는 것인가요, 아니면 스스로 선택하는 것인가요?

아홉 가지 생각의 기술, 구사九思

공자는 생각하는 법을 잊어버린 우리를 위해 아홉 가지 생각의 기술을 알려줍니다. 보고, 듣고, 말하고, 행동할 때의 본질, 즉 반드시 생각해야 할 아홉 가지를 구사九思라고 합니다. 공자가 강조하는 구사[26]는 다음과 같습니다.

① **시사명**視思明: 볼 때는 눈밝음을 생각해라.

② **청사총**聽思聰: 들을 때는 귀밝음을 생각해라.

③ **색사온**色思溫: 낯빛을 지을 때는 온화함을 생각해라.

④ **모사공**貌思恭: 몸가짐을 행할 때는 공손함을 생각해라.

⑤ **언사충**言思忠: 말을 할 때는 스스로에게 거짓 없음을 생각해라.

⑥ **사사경**事思敬: 일을 할 때는 주도면밀함을 생각해라.

⑦ **의사문**疑思問: 의문이 날 때는 질문을 생각해라.

⑧ **분사난**忿思難: 화가 나면 그것을 그대로 표출했을 때 일어날 분란을 생각해라.

⑨ **견득사의**見得思義: 이익을 얻을 때는 내가 그것을 취해도 마땅한지를 생각해라.

이 아홉 가지 생각의 기술은 생각하는 힘을 잃어버린 우리에게 상황별로 생각해야 되는 기준을 제시해줍니다. 한 가지 예를 들어볼까요? 한번은 놀고먹는 남편을 대신해 가정을 부양하고 있는 아내분과 이혼 상담을 한 적이 있습니다.

“정말 우리 남편은 돈 욕심이 없어요. 그 정도만 벌어도 충분하대요.”

“그래요? 그런데 남편은 왜 외제차를 사려고 하죠? 그것도 아내가 힘들게 번 돈으로요? 제가 볼 때는 돈 욕심이 없는 게 아니라, 자신의 물욕을 아내한테 빨대 꽂아 해결하려는 것 같은데요."

"나는 돈에 욕심 없어", "뭐하려고 그렇게 아등바등 살아"라며 치열하게 사는 사람들을 비난하고 자신은 마치 청렴하고 도도한 것처럼 과시하는 사람의 행동을 잘 살펴보십시오. 자본주의 사회에서 돈에 욕심이 없다고 호언장담하는 사람은 결국 남의 돈으로 살겠다는 의미밖에 되지 않습니다. 호구 잡히고 싶지 않으면 서둘러 관계를 끊어야 합니다. 만에 하나 그런 사람이 돈을 많이 벌게 되면 그 돈을 지키려는 욕심에 못 할 짓이 없습니다. 영국의 철학자 프랜시스 베이컨은 이렇게 말합니다.

> 부를 경멸하는 사람들은 신뢰하지 않는 것이 좋다. 그들은 부를 얻을 가망이 없고, 혹여나 부를 얻게 되면 그들만큼 상대하기 곤란한 사람은 없기 때문이다.

능력이 부족하여 부를 얻지 못한 사람들은 끊임없이 이것들을 추구하지만, 겉으로는 초연한 듯 행세하고 타인을 경멸하며 관계에서 우위에 서고자 합니다. 공자는 이런 사람들을 비루(鄙夫비부)하다고 지칭하며 그들의 특징을 다음과 같이 설명합니다.

> 얻기 전에는 얻을 것만을 걱정하고(患得之환득지), 얻고 나면 잃을 것만을 걱정하며(患失之환실지), 정말로 그 자리를 잃을 상황이 되면 못 할 짓이 없다(無所不至矣무소부지의).[27]

베이컨과 공자의 생각은 실로 인간에 대한 깊은 통찰을 통해 도출된 것입니다. 만일 앞선 사례의 아내가 남편의 말과 행동을 밝게 보고, 밝게 듣고, 의심이 나면 물어보고, 남편이 취하는 이득이 마땅한 것인지 생각했다면 남편을 '욕심이 없는 사람'으로 평가하는 우를 범하지 않았을 것입니다. 이것이 바로 구사의 효용입니다.

가스라이팅은 선택이다

나를 버리다

어떤 이유로 경도의 우울증에 시달리던 저는 무언가 몰입할 것을 찾았고, 그렇게 시작한 것이 유튜브 크리에이터였습니다. 처음에는 흘러가는 시간이 아쉬워 지금의 내 모습을 담고자 찍기 시작한 일상 브이로그였는데 나중에는 공부법, 군알못 가이드, 결혼은 신중하게 이혼은 신속하게, 인간관계론, 아류논어에 이르기까지 주제가 점점 다양해졌습니다. 〈아는 변호사〉 채널을 통해서 제가 하고 싶은 것은 인간에 대한 통찰을 바탕으로 삶에 대한 전반적인 이야기를 다루는 것입니다. 누구나 그렇겠지만 구독자 한 명에서 시작한 〈아는 변호사〉

유튜브 채널은 현재 구독자 30만 명에 육박하며 많은 사람의 사랑을 듬뿍 받고 있습니다.

채널에 대한 팬덤층이 생기면서 언제 들어도 낯선 '팬미팅' 자리를 가졌는데, 그때 한 남성분이 이런 질문을 던졌습니다.

"아변님은 언제부터 생각을 당하셨어요?"

난생처음으로 받아보는 유형의 질문이었습니다. 음…, 내 인생을 돌이켜 보았을 때 나는 언제부터 생각을 당했을까? 이 질문에 답을 하기 위해서는 먼저 '나는 어떤 사람인가?'라는 질문부터 풀어야 합니다.

저는 어디에도 구애받지 않는 자유로운 영혼을 가진 사람입니다. 이런 성향을 가지게 된 데는 부모님의 영향이 매우 컸습니다. 제가 아주 어릴 때부터 아버지는 대만에서 공작기계를 수입해서 도매로 판매하는 일을 하셨습니다. 아버지는 때로는 전 세계의 무역전시회를 탐방하여 좋은 물건을 고르는 바이어이기도 했고, 때로는 코엑스에서 열리는 기계전에 참가하여 좋은 물건을 소개하는 셀러이기도 했습니다. 그런 아버지를 따라다니며 저는 무역이야말로 세상에서 가장 멋진 일이라는 생각을 하게 되었습니다.

직업 선택을 고민해야 하는 나이가 되고, 이것저것 모색을 하던 중 정말 우연하게 고려대학교 법학과에 편입하게 되었습니다. 이상하게도 법대에 편입한 순간부터 그다음 선택은 당연히 법조인이었습니다. 세상에! 누구보다도 자유로운 무역상이 세상에서 가장 고리타분하고 법이라는 틀에 갇혀 살아야 하는 법조인을 꿈꾸다니. 아이러니하게도, 제가 생각을 당하기 시작한 순간은 바로 남들이 가장 부러워하는 순간이었습니다.

그렇게 매몰비용이 쌓이다 보니 자유롭게 세계를 누비는 무역상의 길은 점점 멀어져만 갔습니다. 3년이라는 비교적 짧은 시간에 법조인이 된 것도 지금 생각해보면 제가 계속해서 생각을 당하고 살게 한 요소가 되었습니다. 이미 남이 세운 기준에 생각을 당하고 있던 제가 그다음에 선택한 것은 결혼이었습니다. 결혼과 자유는 양립할 수 없는 일인 데다 저는 당시 전통적인 결혼의 의미조차 알지 못하고 있었습니다. 생각을 당한 상태에서 전혀 나답지 않은 선택을 반복한 결과는 극도의 혼돈과 우울이었습니다.

공자는 일찍이 이렇게 한탄했습니다.

> 고가 모나지 않으면 고이겠는가! 고이겠는가!(觚不觚, 觚哉! 觚哉!고불고, 고재! 고재!)[28]

고觚는 각이 진 제례용 술잔을 의미합니다. 그런데 고에 각이 없다면 그것을 더 이상 고라고 할 수 있을까요? 스물다섯 살부터 서른여섯 살까지 10년간의 제 삶이 그랬습니다. 생각을 당한 사람은 나다운 삶을 살 수 없습니다. 고는 고다울 때 가장 행복합니다. 주의할 것은, 생각을 당하는 순간은 주변에서 나를 부러워할 때라는 점입니다. 폭력이 수반된 억압적인 상황이 아닌 이상 가스라이팅으로 인해서 내가 향유하는 이익이 반드시 있습니다. 보통 그 이익이란 것은 '안정'과 그로 인해 '생각을 하지 않아도 되는 것'입니다. 흔히 우리는 현 상태를 유지하는 것을 안정이라고 생각하는데, 안타깝게도 그것은 곧 '성장하지 않음'을 의미합니다.

내가 세속적인 기준에 부합하고 작은 성과에 도취되어 있을 때를 가장 조심하십시오. 그리고 자신에게 질문하십시오. '혹시 지금 생각을 당하고 있는 것은 아닌가?' 그것조차 당신의 선택입니다.

몇 퍼센트 확신하세요?

한 모임의 뒤풀이 자리에서, 우울증을 겪고 나서 진짜 내 모습을 탐구하기 시작한 저에게 누군가가 물었습니다.

"지금의 삶에 대해 몇 퍼센트 확신하세요?"

"100퍼센트요!"

좌중에서 놀라는 소리가 들립니다. 그런데 재미있는 것은 스스로를 잘 알지 못하던 과거 20~30대 때에는 삶을 살아가는 데 무려 5만 8,000퍼센트의 확신이 있었다는 사실입니다. 지금 생각하면 그 무모함과 경솔함에 그저 혀가 내둘러질 뿐입니다.

나를 알지 못하는 사람은 오히려 모르기 때문에 유아독존하며 거침없이 삶을 살아가기도 합니다. 어디로 가는지도 모르면서 말입니다. 공자의 표현에 따르면 바로 '광간狂簡'한 상태입니다. 광간의 사전적 의미는 '뜻하는 바가 크고 기상이 억세지만 치밀하지 못하고 조잡하여 행함에 소루하며 거칠어 부실함'입니다.

공자가 제자들과 함께 진나라에 머물고 있었습니다.

> 그만 돌아가자. 그만 돌아가자. 우리 당의 제자들은 뜻은 크나 이를 사리로 다잡지 못하니(狂簡광간) 찬란하게 문을 이뤘지만(斐然成章비연성장) 이것을 마름질할 줄을 모르는구나(不知所以裁之부지소이재지).[29]

큰 뜻을 품고 있으나 삶의 기준이 내가 아닌 다른 사람에게서 나오니 그저 좋은 평판이나 얻고 높은 자리나 얻으려는 제자들의 모습에서 공자는 그토록 경멸한 '부직不直'을 본 것입니다. 저 또한 열정을 사리로 마름질하지 못했으니 한바탕 깨지는 것은 어찌 보면 필연이었습니다.

사람들은 말합니다. "나이가 들면 변한다. 생각이 바뀔 것이다. 그러니 잘난 척하지 마라. 사람 사는 거 다 똑같다"라고요. 물론 제가 지금 하고 있는 생각이 틀렸을 수 있고, 제가 변할 수도 있습니다. 미래는 정해져 있지 않기 때문입니다. 하지만 20대의 저와 40대의 제가 다른 점은 '어떻게 살 것인지'에 대해 명확한 방향을 세웠다는 것입니다. 그 방향을 향해 나아가는 여정이 당초 생각과 다름을 깨닫는 순간 후회할 수도 있겠지만, 인생이라는 긴 시간 속에서 그 방향을 향해 나아가야 한다는 것 자체에 대해서는 일말의 의심도 망설임도 없습니다.

저는 이혼을 하고도 6년이나 지난 후에 X를 상대로 법원에 몇 개의 심판을 청구했습니다. X는 제가 아이들의 영상을 찍어서 유튜브에 올리는 것을 비난했습니다. 돈을 벌기 위해서 아이들을 이용한다는 것이었습니다. 조정위원은 그 비난이 타당하다고 생각했는지 저에게 이렇게 조언했습니다.

"10년쯤 후에 아이들이 당시의 순간을 후회할 수도 있지 않을까요? 〈순풍산부인과〉에서 미달이로 분했던 아역 배우가 어른이 되고 나서 심각한 우울증을 겪었던 것처럼요."

조정위원의 이 질문은 전형적인 우문으로 마치 '이혼하면 후회할 텐데 아예 결혼하지 않는 게 좋지 않을까요?'와 똑같습니다. 나라는 사람은 10년 후에 혹시나 후회하지 않을까 하는 생각에 지금 해야 할 선택을 주저하지 않습니다. 아이들의 양육자는 미성년인 자녀의 의사를 참고하여 아이들에게 가장 좋은 것을 주는 사람이지, 아이들이 원하는 대로 해주는 사람이 결코 아닙니다. X나 조정위원은 유튜브 영상을 제작하여 올려 본 적이 없으니 그 일에 어떤 노력이 필요한지 전혀 알지 못합니다. 또한 아이들과 함께 일상을 보내는 브이로그 영상은 자기계발, 북뽀개기, 아변브리핑 등을 다루는 〈아는 변호사〉 채널의 정체성과 맞지 않아 오히려 유튜브 알고리즘 측면에서는 유리하지 않습니다. 일찍이 공자는 알지도 못하면서 나대는 자로를 향해 이렇게 일갈한 적이 있습니다.

> 아는 것은 안다고 하고(知之爲知之지지위지지) 모르는 것은 모른다고 하는 것(不知爲不知부지위부지), 그것이 바로 진짜로 아는 것이다(是知也시지야).[30]

제가 아이들을 유튜브에 의도적으로 등장시킨 이유는 크게 네 가지입니다. 첫째, 아이들에게 이미 일상의 중요한 소통수단이 되어버린 영상 플랫폼에 대해 친근감과 호기심을 심어준다. 둘째, 그 호기심으로 아이들 스스로 창작할 수 있는 분위기를 조성한다. 셋째, 영상의 촬영과 편집을 함께하며 가족 간의 유대감을 돈독히 하고 역사를 만들어간다. 넷째, 이혼 가정의 일상을 공유하여 동시대의 사람들에게 이혼에 대한 막연한 두려움의 실체를 깨닫게 한다.

우리는 가끔 남들의 조언에 자신을 의심하게 되는데, '할 수 있다'는 선택지가 없는 사람이 하는 조언은 가치가 없습니다.

저는 제가 세운 인생의 방향성에 100퍼센트의 확신을 가지고 있고, 그것을 향해 앞으로 나아갈 뿐입니다. 후회가 없는 삶 따위는 애초에 존재하지 않습니다. 삶에서 맞닥뜨리게 되는 선택에서 100퍼센트 좋기만 한 것은 없기 때문입니다. 둘 다 나쁜 점이 있지만 그럼에도 나는 선택을 해야 합니다. 어느 선택이나 실패와 후회를 하게 됩니다. 중요한 점은 첫째 나의 실패를 있는 그대로 받아들이고 실패를 끊임없이 확대 재생산하지 않는 것, 둘째 우리는 그런 실패와 후회를 통해 성장해나간다는 것입니다. 그러니 제가 삶에 대해 100퍼센트 확신하지 않을 이유가 없습니다.

아는 변호사

딸이 셋인 집의 흔한 풍경

자녀와 슬기롭게 대화하는 법

아류천자문, 일월영측 진수열장

변호사 엄마가 요즘 초딩에게 묻다

가스라이팅은 선택이다

나의 우울증

그 지옥 같은 시간들

심각한 우울증을 자각한 것은 셋째를 출산한 직후였습니다. 서른여섯 살 인생이라는 거대한 파도에 정신을 잃고 말 그대로 수직 하강했던 당시 저는 육군본부 법무실 인권과 인권교육장교로 근무하고 있었습니다. 불행히도 저의 결혼 생활은 애정도 신뢰도 없는 파탄 상태였고, 어린 자녀들을 서울에 둔 채 주중이면 충남 계룡으로 내려와 일을 해야 했습니다.

제가 기거하던 여자 독신자 숙소 704동은 유난히 음산했던 것으로 기억하는데, 여군을 보호하겠다며 숙소 창문에 쳐놓은 쇠창살은 오히려 보호를 받는 사람들에겐 자유를 빼앗긴

감옥으로 느껴지게 하기 충분했습니다. 스산한 독신자 숙소의 3평 남짓한 원룸에서 저는 철저하게 혼자가 되어 나 자신을 갉아먹고 있는 우울증과 사투를 벌여야 했습니다.

매주 금요일 저녁이면 국군수송대에서는 계룡대에서 근무하는 군인들을 위한 주말열차를 운행하였습니다. 퇴근 시간인 오후 5시 30분이 되면 계룡역은 가족들을 만나기 위해 용산행 기차에 몸을 싣는 군인들로 인산인해를 이룹니다. 그 무리에 몸을 섞은 저는 스스로 좀비 같다는 생각을 하며 인파에 휩쓸려 다니곤 했습니다. 1시간 10분 남짓한 시간 뒤면 X를 만나야 한다는 생각에 저의 불안감은 극도로 고조되었습니다. 그렇게 지옥 같은 주말을 보내고 일요일에 계룡으로 내려옵니다. 그러고는 다시 일주일이 시작됩니다. 삶의 의미를 알 수 없는 맹목적인 하루하루가 10개월이나 계속되었습니다.

우울증과 함께 찾아온 불면증 때문에 뜬눈으로 밤을 새운 탓에 정신은 몽롱하고 전신에 흐르는 우울증의 기운이 나를 짓눌러 제대로 앉아 있을 힘조차 없었지만, 아무 일도 없는 듯이 출근을 해야 했습니다. 조직이란 일을 하는 곳이지 내 개인의 사정을 봐주는 곳이 아닙니다. 우울증으로 '그만 이 세상을 하직해야겠다'라는 생각에 사로잡혀 있을 때 저의 보직은 인권교육장교였습니다. 내가 당장 죽을 지경인데 전 육군의 인권교육 계획을 수립하고, 국군장병들의 인권 상담을 했다는 점은 정말이지 서글픈 현실이 아닐 수 없습니다.

아무리 티를 내지 않으려고 해도 당시 저의 상태는 매우 심각했기 때문에 작디작은 병과인 법무실 내에서는 이미 여러 소문이 난 상황이었습니다. 어떤 상관은 저를 대놓고 무시했습니다. 조직 생활을 이어나가는 것조차 어려운 지경인데 군 법무관은 의무복무 기간이 있어서 전역을 할 수도 없었습니다. 이렇게 사면초가의 나날을 보내던 어느 날 퇴근 시간이 다 된 무렵, 옆에 있던 후배 법무관에게 물었습니다.

"다른 사람들은 뭐가 그렇게 행복할까요?"

그러자 후배가 되물었습니다.

"수석님은 다른 사람들이 행복해 보이세요?"

갓 임관한 그 후배의 단호한 질문은 인생의 밑바닥에서 헤매던 저의 마음에 큰 반향을 불러일으켰습니다. 물론 그렇다고 해도 드라마틱한 반등은 우울증의 근본 원인을 자각하게 된 한참 후의 일이지만, 지금은 전역해서 변호사로 활동하고 있는 그 후배 법무관에게 이 자리를 빌려 깊은 감사를 전합니다.

무엇이 나를 죽지 않게 하였는가?

우울증의 늪에서 헤매던 저를 하루하루 지탱해준 것은 따뜻한 위로의 말이 아니었습니다. 그것은 놀랍게도 '죽음'이었습니다. '그래, 오늘은 퇴근하고 꼭 죽어야겠다'라고 다짐을 합니다. 그렇게 출근을 하고 퇴근을 합니다. 그리고 다시 죽음을 내일로 미룹니다. '내일은 꼭 죽어야지.' 이 각오는 최소한 오늘을 살 수 있는 힘이 되어 주었습니다. 당장 하루도 살 힘이 없었기에 죽음을 보상으로 여기며 하루하루 버텼습니다.

생사의 기로에서 그래도 저를 삶 쪽에 묶어두었던 것은 무엇이었을까요? 자녀가 셋이나 있으니까 자녀들 때문에 살 힘을 냈을까요? 아이들에게 미안한 일이지만 당시에 저는 그러지 않았습니다(물론 그때나 지금이나 저는 아이들을 너무나 사랑합니다). 오히려 아이들에 대한 책임감은 혼자서도 살 힘이 없는 저를 더욱 무겁게 짓눌렀습니다.

당시 저의 죽음을 가까스로 막아준 것은 바로 직업병이었습니다. 사법연수원생으로 군검찰 시보를 할 때부터 부검을 참관했고 군검사로서 변사자 부검을 지휘했기에 사람이 자연사하지 않았을 때 하는 부검의 이미지가 너무나도 생생했습니다. 군법무관인 내가, 계룡대 관사에서 죽음을 맞이했을 때의 사고 처리 과정은 정말 생각만 해도 끔찍함 자체였습니다.

'나답게 살지 못하게 된 상황에 직면해서 스스로 죽음을 선택한 것인데, 정작 죽은 후에는 인간으로서의 존엄조차 지키지 못한다니! 그렇다면 이렇게 죽을 수는 없다! 그래, 전역

하고 죽어야겠다.' 그렇게 저의 죽음의 시기는 내일에서 '전역 후'로 연기되었습니다.

아무튼 불행인지 다행인지 저는 그놈의 부검과 사고 처리 과정 때문에 간신히 죽음은 막을 수 있었지만, 밥을 먹어야 할 이유도 없었고 먹고 싶지도 않았습니다. 퇴근하면 잠을 못 잤다는 강박에 저녁 6시부터 침대에 누워 잠을 청하지만 정신은 잠에 들기를 거부합니다. 마치 고장 난 컴퓨터의 하드가 꺼지지 않고 굉음을 내며 돌아가는 형국입니다.

그렇게 10개월간이나 지속된 불면의 나날을 지새우며 제가 한 일은 과거의 여러 시점으로 회귀하여 특정 시점의 나와 끊임없이 대면하는 것이었습니다. 이상하게도 과거의 장면, 등장인물의 표정과 대사가 마치 영화를 보는 것과 같이 생생하게 재연되었고, 저는 관찰자처럼 그 옆에서 그들의 대화를 듣고 있습니다. 참으로 고통스러웠던 것은 내가 당연하게 생각해왔던 것들이 깨지는 순간들이었습니다.

▶ 아는 변호사

왜 나만 불행하지?

당장 우울증에서 벗어나는 가장 현실적인 방법

결혼한 당신이 우울한 이유

우울증에서 벗어나는 법

반등의 열쇠, 진짜 나를 아는 것

일본 애니메이션 중에 〈도쿄 구울〉이라는 작품이 있습니다. 지구상에 '인간'과 식인을 하는 '구울'이라는 생명체가 공존하는 가운데, 나약한 인간인 가네키 켄에게 리제라는 강력한 여자 구울의 장기가 이식돼 반인 반구울의 존재가 탄생하면서 이야기가 시작됩니다. 반구울인 덕분에 신체가 회복되는 능력을 가진 켄은 제이슨이라는 구울에게 매일 혹독한 고문을 당합니다. 켄은 반구울로서 엄청난 잠재력을 가졌지만, 자기로 인해 주변 사람이 고통받느니 그냥 내가 죽겠다는 체념의 법칙을 선택했습니다. 켄이 그런 선택을 하게 된 이유는 잠재의

식에서 스스로를 '다른 사람을 도와주기 위해 기꺼이 내가 고통받는 것을 선택한, 착한 엄마를 사랑하고 존경한다'라고 세팅해놓았기 때문입니다. 하지만 고문으로 의식이 끊긴 채 끊임없이 과거로 돌아간 켄은 어린 시절의 에피소드를 대면하고 사실 자신은 '다른 사람을 챙기느라 정작 자신을 지켜주지 못했던 엄마를 미워하고 증오했음'을 깨닫게 됩니다. 그리고 과거의 자신을 모두 부숴버리고 가장 자기답게 각성을 합니다. 하얗던 꽃밭이 새빨갛게 물들고 켄의 머리가 하얀색으로 변하는 그 순간은 전율 자체입니다.

제가 인생의 밑바닥까지 내려가 다시 올라올 수 있었던 과정을 문학적으로 표현하면 켄이 각성한 것과 동일합니다. 각성이란 곧 자기 자신을 아는 것입니다. 저는 고통스러운 불면의 시간을 통해 인생의 중요한 순간에 '왜 그런 선택을 하게 되었는지' 진짜 이유를 알 수 있었습니다. 수많은 질문은 궁극적으로 '나는 어떤 사람이지?'라는 근원으로 저를 이끌었습니다. 그렇게 우울증은 처음으로 저의 내면을 탐험하게 해주었습니다.

결혼을 선택할 당시 제 무의식은 여자가 행복하기 위해서는 '결혼을 해야 한다', '아이는 많은 것이 축복이다', '내 인생에 절대 이혼은 없다' 등의 근거도 없는 통념과 '우리 집은 참 행복해'라며 가정을 미화하는 생각이 지배하고 있었습니다.

저는 그런 통념에 '생각을 당한 상태'에서 그 기준으로 인생의 중요한 선택들을 해왔던 것입니다. 불면의 시간 동안 과거로 돌아간 저는 눈앞에 펼쳐진 과거의 에피소드들을 지켜보며 '이 가정을 유지하기 위해 엄마는 자기가 없는 삶을 살았구나', '사실 나는 이런 것을 싫어했구나. 근데 왜 나는 이게 좋다고 생각했지?'라는 질문과 깨달음을 얻게 되었습니다. 이때가 제가 변하는 순간이었습니다.

이와 같이 삶은 끊임없이 밀려오는 파도와 같아서 우리는 크고 작은 부침을 겪습니다. 영원한 실패도 영원한 성공도 없이 묵묵히 나의 인생곡선을 그려나갈 뿐입니다. 조앤 치티스터의 말처럼 우리는 그저 삶을 경험할 뿐입니다.

이립하지 못한 자에 대한 혹독한 대가이자 축복

평생을 애쓰며 전전긍긍 살아왔던 공자는 서른 살에 이립을 달성합니다. 이립이란 '사리로써 나답게 바로 서는 것'을 의미합니다. 즉 모든 것은 나에게서 시작됩니다.

중궁이 인仁에 대해서 묻습니다. 인이란 다른 사람을 사랑하는 것(愛人 애인)인데, 다른 사람을 사랑하는 방법은 어려운 것이 아니라 그저 '내가 원하지 않는 것(己所不欲 기소불욕)은 남에게도 하지 않는 것(勿施於人물시어인)'입니다.[31] 이는 우리 삶을 통틀어서 달성해야 할 처음과 끝입니다.

이런 공자의 뜻을 잘 알고 있는 재치 있는 제자인 자공이 한번은 스승님에게 이렇게 단언합니다.

"스승님, 다른 사람이 저에게 하기를 원하지 않는 것(不欲人之加諸我也불욕인지가지아야)은 저도 다른 사람에게 하지 않겠습니다(吾亦欲無加諸人오불역무가저인)."

바로 기소불욕 물시어인을 하겠다고 다짐한 것이니 이 정도면 칭찬해줄 만도 합니다. 하지만 공자는 오히려 자공을 나무랍니다.

"사야, 그것은 네가 할 수 있는 수준의 것이 아니다(非爾所及也비이소급야)."[32]

다른 사람을 사랑하는 것은 우리 삶의 목표이지만 최고의 경지이기 때문에 이를 위해서는 단계적으로 나아가야 합니다. 지금 필요한 것은 나를 사랑하는 것입니다. 나를 사랑하지 않으면서 다른 사람을 사랑한다고 말하고, 나를 알지 못하면서 다른 사람을 안다고 말하고, 나답게 바로 서 있지 않으면서 다른 사람을 세워준다고 하는 것은 모두 위선에 불과합니다.

나를 알지 못하고, 나를 사랑하지 않는 상태에 오래 노출된 사람이 도달하는 곳은 바로 우울증입니다. 하지만 모든 우울증이 실패로 끝나는 것은 아닙니다. 반대로 모든 패배자가 우울증을 겪는 것도 아닙니다. 우울증의 시간을 통해 우리는 비로소 그동안 잊고 있었던 나를 돌아볼 수 있습니다. 결국 우울증은 나답게 바로 서 있지 못한 사람들에 대한 혹독한 대가이자 이립할 기회를 부여하는 축복입니다. 행운과 불운은 이미 옆에 와 있는데 무엇을 선택할지는 당신에게 달려 있습니다.

중궁은 이렇게 대답합니다.

"제가 비록 불민하지만(雍雖不敏 옹수불민), 이 말씀 잘 새기겠습니다(請事斯語矣 청사사어의)."

행운의 여신, 포르투나

저는 그리스·로마 신화를 참 좋아합니다. 신화에는 인간에 대한 통찰이 들어 있기 때문인데, 그것이 비유적인 상징으로 묘사되고 스토리까지 더해지니 흥미진진합니다. 고대 그리스·로마인들이 숭배했던 신 중에는 행운의 여신 포르투나Fortuna가 있습니다. 포르투나의 상징들을 통해 우리는 사람들이 행운과 불운을 어떻게 인식해왔는지 알 수 있습니다.

인간에게 행운과 불운을 모두 가져다주는 존재인 포르투나는 보통 베일을 쓰거나, 눈을 가리거나, 아예 눈이 멀거나 없는 모습으로 묘사됩니다. 눈을 가린 채 자신의 기분에 따라 나약한 인간들에게 행운과 불운을 주니 그야말로 불안정하고 변덕스러운 신입니다. 운명이란 예측할 수 없는 행운과 불운의 결합물이라고 할 수 있는데, 그것이 서양 중세에서 행운과 불운을 관장하는 포르투나를 운명의 수레바퀴Wheel of Fortune를 밀아 사람의 운명을 결정하는 것으로 표현하는 이유이기도 합니다.

그녀가 얼마나 변덕스럽냐면 한 손에는 코르누코피아Cornucopia라는 풍요의 뿔을 들고 마음에 드는 인간에게 행운을 줍니다. 하지만 눈먼 포르투나는 방금 행운을 준 그 사람에게 아무런 논리적 설명 없이 불운을 내리기도 합니다. 미치고 환장할 노릇입니다. 이를 표현하기 위해 그녀는 다른 한 손에는 사람의 운명을 조종하기 위한 조타키를 쥐고 있습니다. 그녀는 행운과 불운이란 정해지지 않았다는 것을 알려주기 위해 어디로 굴러갈지 알 수 없는 불안정한 구체와 함께 등장합니다. 이 외에도 행운이란 도망치기 쉽다는 의미에서 날개가 달린 구두를 신고 등장하거나, 행복이 가득 찰 리가 없다는 것을 상징하기 위해 바닥이 빠진 항아리를 들고 있기도 합니다. 또 기회는 나중에 잡을 수 없다는 것을 나타내기 위해 뒤통수에는 머리카락이 없고 앞에만 있거나, 모든 머리카락을 앞으로 묶은 이미지로 형상화되기도 합니다. 그야말로 온몸으로 우리에게 행운과 불행에 대해서 깨닫게 해주니 이 정도면 살신성인의 화신이라고 할 만합니다.

우울증은 불행이지만 곧 행운입니다. 결국은 나의 선택이 눈먼 그녀로 하여금 마침내 신선한 음식과 재물이 끝없이 나오는 코르누코피아를 건네주게 할 것입니다.

행운과 불행, 그 변덕스러움이란

▶ 아는 변호사

내 안에 잠든 거인을 깨우는 방법

경계를 넘는 법

절차탁마

인생이란 끊임없이 경계를 넘어서 나를 성장시켜나가는 것입니다. 그런데 어떻게 해야 나를 성장시킬 수 있을까요? 나를 둘러싼 경계를 넘으려면 어떻게 해야 할까요? 이 모든 것에 대한 해답이 《논어》에 있으니 공자는 실로 뛰어난 선진先進이라고 할 수 있습니다. 제가 《논어》에서 너무나 좋아하는 다음의 문장은 우리에게 첫째 경계를 넘는 구체적인 법, 둘째 사람의 단계, 셋째 사람을 평가하는 방법과 기준, 이 세 가지를 알려줍니다.

하루는 자공이 공자에게 묻습니다.[33]

"스승님, 가난하지만 아첨하지 않는 사람(貧而無諂빈이무첨)과 부자이면서 교만하지 않은 사람(富而無驕부이무교)은 어떻습니까(何如하여)?"

가난한 사람은 대체로 비굴해지기 쉽고 부유한 사람은 대체로 교만에 빠지기 마련인데, 만약 그렇지 않다면 사람으로서 경계를 넘은 것으로 볼 수 있지 않냐는 질문입니다. 공자도 자공이 제시한 인간 유형에 대해 긍정적인 답변을 줍니다.

"괜찮지(可也가야)."

하지만 자강불식을 통한 성장을 강조하는 공자는 여기에 머물지 않습니다.

"그런데 가난하면서 사리에 머무는 것에서 즐거움을 느끼고(貧而樂빈이락), 부유하면서 사리를 따르는 것을 좋아하는 사람(富而好禮者부이호례자)보다는 못하다."

공자의 가르침은 가난하면서 당당한 것과 부유하면서 교만하지 않은 것만으로도 대단히 훌륭하지만, 거기서 멈추지 말고 적극적으로 사리에 맞게 행동하여 삶의 즐거움을 찾으라는 것입니다. 이것이 바로 끊임없이 노력하여 경계를 넘는 행위입니다. 결국 우리가 삶을 살아가는 기준은 '사리事理'이며 사리를 바로 세울 때 비로소 성장할 수 있게 됩니다.

그렇다면 경계를 넘기 위해서는 어떻게 해야 할까요? 공자의 제자 중 똑똑하기로 소문난 자공은 공자의 말을 듣고 금방 깨닫습니다.

"아, 《시경》에서 말하기를 '여절여차여탁여마如切如磋如琢如磨' 라고 하였는데 아마도 이것을 두고 말하는 것인가 봅니다."

지금의 상태에 가만히 머물러 있지 말고 끊임없이 경계를 넘기 위해 노력하는 모습을 자공은 '절차탁마切磋琢磨'로 비유하였습니다. 절차탁마는 돌을 자르고, 줄로 쓸고, 끌로 쪼고 다듬은 뒤 연마하여 마침내 옥을 빚어내는 과정입니다.

切	磋	琢	磨
끊을 절	갈 차	다듬을 탁	갈 마
cutting	filing	chiselling	grinding

경계를 넘어 성장한다는 것은 나 자신을 끊임없이 절차탁마하는 것입니다. 즉 '나'라는 옥을 다듬어가는 과정입니다. 자신의 말을 듣고 《시경》의 절차탁마를 유추해낸 자공이 공자는 너무나 대견하기만 합니다.

"사야, 드디어 너와 함께 시를 말할 수 있게 되었구나(始可與言詩시가여언시)! 지나간 것을 얘기해주었더니(告諸往而고제왕이) 앞으로 올 일을 아는구나(知來者지래자)!"

너무나 기뻤던 공자지만 자공에 대한 평가는 '《시경》에 대해 함께 말할 수 있는 정도'까지입니다.

이것으로 우리는 사람의 단계가 있음을 알 수 있습니다. 또한 사람을 평가하는 방법과 기준을 유추할 수 있습니다. 우리는 타인을 평가할 때 그 사람의 1을 보고 나머지 99를 과대평가하거나 과소평가하는 경우가 허다합니다. 이때 99의 근거는 나의 희망과 욕망입니다. 특히 이혼 상담을 할 때 이런 경우를 많이 봅니다. 99를 가진 사람이 1을 가진 사람과의 결혼을 선택하는 이유는 내가 가지지 않은 1을 가진 상대방을 100을 가진 사람으로 평가하기 때문입니다. 사람을 정확하게 평가하는 것은 일생을 두고 배우고 익혀야 하는 일입니다.

공자는 자공을 '지나간 것을 얘기해주었더니 앞으로 올 것을 아는 자'라고 평가합니다. 즉 자공은 하나를 배우면 그것을 가지고 그다음 것까지 미루어 짐작할 수 있는 자인 것입니다. 이와 같이 우리가 경계를 넘어 성장한다는 것은 '앞으로 올 것을 아는 자'가 되어간다는 것을 의미하기도 합니다. 그리고 이것은 그대로 사람을 평가하는 기준이 됩니다. 이날 자공은 한 가지를 물어 세 가지를 얻게 되었습니다(問一得三문일득삼).

단 하루라도 힘을 쏟아본 적이 있는가

우리 삶은 나를 둘러싼 경계를 넘어 쉬지 않고 성장하는 것입니다. 공자는 그 방법론으로 절차탁마를 제시합니다. 그러면 공자의 절차탁마는 어느 정도였을까요?

인생에는 무슨 일이든지 발생할 수 있기 때문에 항상 여지를 남겨두는 공자지만 자기 자신을 평가할 때는 조금도 양보가 없습니다.

> 열 가구 정도 사는 작은 마을에도(十室之邑십실지읍) 나만큼 충하고 신한 사람은 있겠지만(必有忠信如丘者焉필유충신여구자언), 나만큼 배우기를 좋아하는 사람은 없다(不如丘之好學也불여구지호학야).[34]

공자가 스스로에 대해 이 정도로 자신할 수 있는 이유는 그가 바로 행동하는 사람이었기 때문입니다. 공자의 절차탁마는 꿈속에서조차 주공을 볼 정도였습니다. 노나라의 시조인 주공은 사람으로서 최고의 경지에 오른 자로 공자가 학이시습하여 닮으려고 부단히도 노력한 선진先進입니다. 《논어》에는 노쇠해진 공자가 이제는 꿈에서 주공을 보지 못한 지가 오래되었음을 한탄하는 장면이 나옵니다(久矣吾不復夢見周公구의오불복몽견주공). 잠을 잘 때조차 주공을 만났으니 깨어 있을 때의 열렬함이 어느 정도였을지는 짐작하기도 어렵습니다.[35] 공자는 역부족이라고 핑계대며 노력하지 않는 제자들에게 이렇게 일갈합니다.

단 하루라도 인하려고 힘을 쏟아본 적이 있는가(有能一日用其力於仁矣乎유능일일용기력어인의호)? 나는 지금까지 힘이 부족해서 인을 행하지 못하는 사람을 보지 못했다(我未見力不足者오미견역부족자).[36]

공자가 철인 같은 의지로 절차탁마를 할 수 있었던 이유는 삶이 소중하기 때문입니다. 소로는 일찍이 삶에 대한 자세를 이렇게 표현하였습니다.

나는 생을 깊게 살기를, 인생의 모든 골수를 빼먹기를 원했으며, 강인하고 엄격하게 살아, 삶이 아닌 것은 모두 때려 엎기를 원했다.

인생의 골수를 빼먹는다니 비장함이 느껴집니다. 저는 사법연수원 시절에 옛 실크로드 지역을 여행한 적이 있습니다. 현재는 중국의 신장자치구인 실크로드는 이슬람 문화권으로, 이곳 사람들의 주식은 단연코 양고기입니다. 우리나라 사람들이 돼지를 알뜰히 먹는 것처럼 이 사람들은 양을 남김없이 먹습니다. 양꼬치, 양갈비, 양다리, 양 기름으로 볶은 양밥 등 온갖 종류의 양 요리 덕분에 여행하는 20일 내내 온몸에서 양 냄새가 진동했습니다. 한번은 양골羊骨이라는 음식을 시켜보았습니다. 점원이 쟁반에 뼈다귀 감자탕과 같은 형태의 양골을 내주면서 몇 개의 빨대를 함께 주었습니다. 그 빨대의 용도가 뭐냐고 묻자, 점원은 양 뼈의 구멍에 빨대를 꽂고 빨아먹는 시늉을 합니다. 골수를 빼먹는다는 것은 아마도 이런 느낌일 것입니디.

삶이 얼마나 소중한지 허투루 버리는 것 없이 남김없이 먹겠다는 자세는 공자의 열렬함과 연결됩니다. 공자는 스스로를 "분발하느라 먹는 것도 잊고(發憤忘食 발분망식), 진심으로 도리를 즐기느라 근심과 걱정이 없으며(樂以忘憂 낙이망우), 늙어가는 것도 모를 정도(不知老之 將至云爾 부지노지 장지운이)"라고 절차탁마를 하였습니다.[37] 이는 나에게 주어진 삶이 소중하기 때문입니다.

언제나 치열하게 삶을 살아왔다고 자부하지만, 조금이라도 나태해지려고 할 때는 소로와 공자의 일갈이 여지없이 귓가에 들려옵니다. 당신의 삶에 대한 열렬함은 어느 정도입니까?

아는 변호사

인생은 스파르타 1

인생은 스파르타 2

99를 가진 사람이 1밖에 가지지 못한 사람과 결혼하는 이유와 대처법

내가 품고 있는 옥은 얼마짜리인가

2년 차 사법연수생들은 법원, 검찰, 변호사로 각각 실무수습을 나갑니다. 저는 남부지방법원과 국방부 검찰단에서 실무수습을 하고, 중국 베이징의 한 로펌에서 변호사 실무수습을 하게 되었습니다. 당시 군법무관이 해외에서 변호사 시보를 한 사례가 없었기 때문에 허가를 받기 위해 국방부, 합동참모본부, 육군본부 등을 오가며 그야말로 각고의 노력을 해야 했습니다. 그런 저를 보고 쓸데없는 짓을 한다고 비난하는 사람이 있는가 하면, 멋있다고 지지해주는 사람도 있었습니다.

2007년 3월, 그렇게 저는 베이징으로 향했습니다. 사실 제가 중국으로 향한 이유는《서유기》때문이었습니다. 근두운과 여의봉으로 무장한 손오공은 자신의 욕망에 충실한 존재입니다. 그 욕망이 비천하게 과잉되지 않도록 다잡아가는 과정을 기상천외한 모험으로 표현한 책, 그것이 저를 서역으로 이끌었습니다. 저에게 실크로드 여행은 꿈을 찾는 여정이었습니다.

베이징의 어느 로펌에서 한 달 정도 중국의 법률 시장에 대한 견문을 넓힌 뒤, 드디어 실크로드를 함께 여행할 동료들을 찾을 수 있었습니다. '실크로드'로 의기 투합한 원표 선배, 성구 그리고 저. 이렇게 모인 세 명은 '베이징 싼거른北京 三個人'을 결성하고 우루무치를 시작으로 둔황, 자위관, 투루판, 카슈가르, 호탄, 타클라마칸사막, 시안을 여행하며 꿈 같은 시간을 보냈습니다. 19박 20일의 여정 동안 경험하고 느낀 것을 말하자면 천일야화가 될 것이지만, 제가 소개하고자 하는 이야기는 바로 호탄에서의 일화입니다.

오후 6시경 호탄역에 도착한 우리 일행은 시골에서는 최고급 숙소인 3성급 교통빈관에 여장을 풀었습니다. 호탄은 옥과 양탄자로 유명한 도시인데, 예로부터 교역이 많이 이루어져서 그런지 도시가 기대 이상으로 컸습니다. 호기롭게 택시기사에게 '이곳에서 제일 비싼 집'을 안내받아 저녁을 먹고, 원표 선배와 성구의 바람잡이로 엉뚱하게도 조그만 양탄자까지 구경하며 한가로운 저녁 시간을 보냈습니다.

다음 날은 마침 일요일이라 잔뜩 기대를 하고 호탄의 일요

시장인 대 바자르를 찾았습니다. 어디에서 그 많은 사람이 쏟아져 나온 것인지 엄청난 규모의 시장은 인산인해를 이루고 있었습니다. 시장에는 생필품은 물론이고 비둘기, 염소 등 온갖 동물로 넘쳐났습니다. 한쪽 대로변에는 옥을 가공하는 노점상과 가공된 옥을 파는 상점들이 즐비했습니다. 북적대는 사람들을 가만히 살펴보니 모두 손에 옥을 들고 있었는데 서로에게 자기의 옥을 보여주기 바빴습니다. 아마도 물물교환을 하는 모양입니다. 아니면 단순히 '내 옥이 최고다'라고 자랑하러 모인 것일 수도 있습니다.

성구가 여자친구에게 선물할 옥을 구경하는 동안 저는 잠시 의자에 앉아 쉬면서 한가로이 카메라를 정비하고 있었습니다. 그런 제 옆으로 나이가 지긋한 한 위구르 아저씨가 슬쩍 다가와 앉습니다. 그 아저씨는 손에 수박만 한 돌덩이를 안고 있었는데 아저씨 말로는 옥이라고 합니다.

'글쎄 저 바위를 깨면 옥이 나오려나?'

아저씨는 제 카메라를 곁눈질해가며 관심 있게 살펴보았습니다. 제가 한 장 찍어주겠다고 하자 아저씨는 자세까지 고쳐 앉습니다. 순수함이 느껴지는 아저씨의 모습을 보고 웃음이 나왔습니다. 아저씨는 파인더에 비친 자신의 모습이 무척이나 마음에 들었는지 자신의 옥과 제 카메라를 바꾸자고 합니다. 순간 너무나 놀란 저는 하마터면 웃음이 나올 뻔했습니다. 필시 디지털카메라라는 것을 처음 보는 것이 틀림없습니다. 그래도 아저씨 입장에서는 제일 귀한 물건을 내놓은 셈이니 어쩌면 저에게도 그렇게 밑지는 장사는 아닐지 모릅니다. 어찌나 매만졌는지 온통 맨들맨들해진 수박통만 한 돌을 보면 그 아저씨가 얼마나 애지중지하는 돌인지 상상하고도 남습니다. 저는 웃으면서 "부야오(不要 싫어요)"라고 짧게 말한 뒤 서둘러 자리를 떴습니다.

우리는 누구나 옥을 품고 있습니다. 당신이 품고 있는 옥은 얼마짜리인가요? 다른 사람에게 그 값을 받고 팔 수 있습니까? 만약 아무도 사지 않는다면 당신은 어떻게 하겠습니까?

아는 변호사

남의 말을 듣지 마라 | 다른 사람은 너의 성공을 원하지 않는다

앞으로 올 것을 아는 자

하나를 들으면 열을 미루어 헤아리다

경계를 넘는다는 것은, 공자에 따르면, '앞으로 올 것을 아는 것'입니다. 그렇다면 성장이란 미루어 짐작하여 앞으로 올 것을 아는 것이 점점 많아지는 것이라고 할 수 있습니다. 《논어》에는 앞으로 올 것을 어디까지 아는지를 성장의 척도로 삼는 사례가 많이 나옵니다. 하루는 공자가 자공에게 묻습니다.[38]

"너하고 안회 중 누가 더 나으냐(女與回也孰愈여여회야숙유)?"

자공에게 마치 자아비판을 시키듯이 안회와 누가 더 나은지를 단도직입적으로 물어보는 공자가 잔인하게 느껴지기까지 합니다. 하지만 역시 똑똑한 자공은 정확한 답변을 합니다.

"제가 어찌 감히 안회를 바라볼 수 있습니까(賜也何敢望回사야하감망회)? 회는 하나를 들으면 열을 알지만(回也聞一以知十회야문일이지십), 저는 하나를 들으면 두 개를 알 뿐입니다(賜也聞一以知二사야문일이지이)."

자공은 지지에 머물렀지만 안회는 인자의 경지에 이르렀습니다. 공자는 일찍이 안회의 인함은 스승인 자신조차 따라갈 수 없다고 인정한 바 있습니다. 즉 사람으로서 안회는 수많은 경계를 넘어 자공보다 더 큰 성장을 한 것입니다. 그래서 자공은 하나를 들으면 생각을 통해 두 단계 정도까지 미루어 짐작할 수 있지만, 안회는 열 단계까지 미루어 짐작하는 수준까지 나아간 것입니다. 명확한 근거를 가지고 자신의 위치를 정확하게 평가할 줄 아는 자공이 공자는 만족스럽습니다.

"그래 너는 안회만 못하다. 네가 자기 자신을 정확하게 아는 것을 인정해주겠다(吾與女弗如也오여여불여야)."

이와 같이 모든 것은 나를 제대로 아는 것에서 시작합니다. 이혼 상담을 하면 상대방과 말이 통하지 않아 결국 대화가 단절되는 부부의 사례를 많이 봅니다. 하나를 듣고 그 하나도 제대로 이해하지 못하는 사람과는 대화를 할 수 없습니다. 답답함, 불편함을 떠나 그런 사람이 위험한 이유는 그 자리에서 꼼짝도 하지 않고 변하지 않는다는 점입니다. 미루어 짐작하지 못하고 사람으로서 성장을 하지 않으니 고집불통이 될 수밖에 없습니다. 썩은 나무입니다. 절차탁마를 해본 적도 없으니 그 사람이 내면에 아름다운 옥을 품고 있다고 하더라도 세상에 빛을 발할 일은 절대 없습니다. 호탄에서 만난 아저씨가 애지중지 안고 있던 돌덩이가 옥이 될 리 없는 것처럼 말입니다.

그런 사람은 변할 생각이 전혀 없기 때문에 타고난 경계 안에 갇혀 평생을 살게 될 것입니다. 성장은 요원한 일입니다. 그런 사람과는 관계를 끊어야 합니다. 그러지 않는다면 당신의 옥 역시 더러운 먼지 구덩이 속에서 나뒹굴 것입니다.

하나를 물어 세 개를 알다

미루어 짐작하여 앞으로 올 것을 안다는 것의 의미를 좀 더 살펴보겠습니다. 백어는 공자의 아들입니다. 공자에게는 진강이라는 제자가 있었는데 진강은 평소 '스승님이 아무리 위대하다고 칭송을 받더라도 친아들에게는 무언가 특별한 가르침을 주었을 것'이라고 생각했습니다. 합리적인 의심입니다. 하루는 진강이 백어에게 은근히 물어보았습니다.

"자네는 정말로 아버지에게 특별하게 들은 것이 없는가?"

"그런 것은 없네. 다만 일찍이 아버지가 홀로 뜰에 서 계실 때 내가 종종걸음으로 지나가는데, 나에게 '시를 배웠느냐?'라고 물으시기에 '아직 배우지 못했습니다'라고 대답하였네. 그러자 아버지께서 '시를 배우지 않으면 제대로 말을 할 수가 없다(不學詩無以言 불학시무이언)'라고 하셔서 시를 배웠네. 다른 날에 아버지께서 또 홀로 뜰에 서 계시기에 내가 종종걸음으로 지나가는데 이번에는 '예를 배웠느냐?'라고 물으셨네. 내가 '아직 배우지 못했습니다'라고 대답하자, 아버지는 '예를 배우지 않으면 제대로 설 수 없다(不學禮無以立 불학례무이립)'라고 하시기에 예를 배웠네. 나는 아버지에게 이 두 가지를 들었을 뿐이네."

이에 진강이 크게 기뻐하며 말했습니다.

"나는 오늘 하나를 물어서 세 가지를 얻었다(問一得三 문일득삼). 시를 듣고, 예를 들었으며, 또 군자가 그 아들을 공정하게 대하는 것을 들었구나."[39]

공자를 의심한 진강 덕분에 후대의 우리도 공자의 가정교육 상황을 듣게 되었으니 진강에게 고마워해야 할 일입니다. 여기서 우리는 진강의 미루어 짐작하는 힘을 알 수 있습니다. 진강이 백어의 답변을 듣고 세 가지를 깨친 것이 바로 그것입니다. 앞으로 올 것을 알기 위해서는 생각의 힘이 탄탄해야 하는데, 그것은 다름 아닌 '질문'이라는 행위에서 시작합니다.

▶ 아는 변호사

내 인생의 주인공으로 살기 위한 매우 구체적인 방법 | 매사문

어떻게 질문할 것인가? | 매사문의 기술

선택 잘하는 법

우리는 언제 이혼을 결심하는가

변호사로서 이혼 상담을 하다 보면 결혼 생활이 1개월이 채 되지 않은 신혼부부부터 40년 차에 접어든 부부까지 다양한 분들의 사연을 듣게 됩니다. 저는 상담자들이 처한 구체적인 상황에 따라 다른 질문을 하며 결혼 생활을 평가해나가지만, 어느 경우에나 하는 질문이 있습니다.

"배우자와 '지금' 이혼을 해야겠다고 결심한 이유는 무엇인가요?"

이혼에는 타이밍이 있습니다. 이혼은 마지막 문제 해결 방법인데, 상대방 배우자에게 이혼을 화두로 제시하려면 그에 걸맞은 갈등 상황이 발생해야 합니다. 그런데 우리 사회는 이혼은 해서는 안 될 몹쓸 짓, 무책임한 행동, 이혼 가정의 아이들은 불행한 것으로 상정하며 이혼을 죄악시합니다. 그 때문에 우리는 어지간해서는 이혼을 선택 가능한 해결책으로 생각하지 못합니다. 그렇게 길거나 짧은 시간 동안 수많은 갈등을 겪으면서도 이혼의 타이밍을 속절없이 흘려보내곤 합니다. 그런데 왜 하필 '지금' 이혼을 결심하게 된 것일까요? 그 부정적인 이혼을 선택하게 한 동력은 무엇일까요?

- 경제적으로 부당한 처신, 감시와 통제받는 삶, 처가에 대한 무시 폭언 등으로 오랫동안 정신적 스트레스에 노출되었어요. 이제 더는 참을 수 없는 지경에 이르러 이혼을 요구하게 되었어요.
- 남편에게 사랑받고 싶었고, 남편의 요구를 들어주는 것이 행복한 결혼 생활이라고 생각해서 순종적인 아내로 살았어요. 그런데 저는 그저 이 집의 가정부 같다는 느낌이 들었어요.
- 이 사람하고 안 살아야 내가 살겠다는 심정이에요.
- 결혼하고 너무 불행해요. 내 모습대로 살지 못하고 시들어가는 것 같아요. 이렇게 살다가는 내가 죽을 것 같아요.
- 이렇게 죽을 수는 없어요.

- 상대방이 제 인생에 더 이상 영향을 안 미치게 하고 싶어요.
- 나는 이렇게 살다가 죽어야 하나? 그럼 내가 행복할까? 미래에 대한 희망이 없어요.
- 이렇게 60대, 70대가 되면 너무 후회스러울 것 같아요.
- 너무 힘들고 괴로워서 죽고 싶어요.
- 그냥 혼자 요양병원에서 몇 달 쉬다가 죽고 싶어요.
- 숨이 막혀요. 이 사람과 노후를 함께 보낸다는 것은 생각만 해도 끔찍해요.

사람마다 겪게 되는 구체적인 사건은 다를 수 있지만 이혼으로 가게 되는 생각의 흐름은 대동소이합니다. 이분들의 공통점은 무엇일까요? 답은 바로 '죽음'에 있습니다.

우리는 모두 죽지만 일상에서는 마치 영생이라도 누리는 듯 죽음을 나와 분리하여 생각합니다. 우리는 죽음을 생각하는 것 자체를 기피하지만 사실 우리의 삶은 죽음이라는 종착지를 향해 나아가고 있습니다. 나와 관련 없을 것 같은 죽음을 떠올리는 순간 비로소 우리는 스스로를 돌아보게 됩니다. 그동안 내가 금과옥조처럼 지켜왔던 것들, 일, 가정, 자녀 등도 내가 제대로 나답게 서 있어야 가치가 있는 것입니다. 우리는 죽음을 떠올릴 때 진정한 나 자신을 만나게 됩니다.

제가 죽음과 가장 근접했던 때에 나를 둘러싸고 있던 모든 가식을 부숴버리고 내면의 나를 직면할 수 있었던 것도 그 때문입니다. 철저하게 부서지고 난 다음 가장 나다운 나를 대면하고 저는 이혼을 선택할 수 있었습니다.

선택의 기술, 죽음을 생각하라

죽을 때가 되어서야 나를 돌아보게 된 것은 공자의 수제자인 증자도 마찬가지였습니다. 증자가 중병에 걸렸을 때 노나라의 대부인 맹경자가 병문안을 왔습니다. 증자는 맹경자에게 다음과 같이 운을 뗍니다.

> 새는 죽으려 할 때(鳥之將死조지장사) 그 울음소리가 슬프고(其鳴也哀기명야애), 사람이 죽을 때(人之將死인지장사)는 그 말이 바르다고 했습니다(其言也善기명야선).[40]

이윽고 증자는 맹경자에게 군자가 귀하게 여겨야 할 세 가지 도리에 대해서 조언을 하기 시작합니다.

이와 같이 우리는 평소에는 하지 못하던 것도 죽을 때가 되면 과감하게 선택하곤 합니다. 언젠가부터 버킷리스트라는 것이 유행했습니다. 버킷리스트란 '죽기 전에 꼭 해야 할 일이나 하고 싶은 일들을 적어놓은 것'입니다. 그런데 그것들이 대단한 것이 아닙니다. 저의 버킷리스트 중 일부는 문신하기, 엄마랑 세계 여행하기, 인라인 배우기, 복근 만들기, 소설 쓰기 등입니다. 이것들은 제가 평소에 하고 싶은데 바쁘다는 핑계로 아니면 남의 시선을 이유로 하지 못했던 일들입니다. 주변의 시선, 시간이 없는 것, 돈이 없는 것 등은 죽음 앞에서는 전혀 중요하지 않습니다. 그렇기에 죽음에 임해서 우리는 가장 나다운 선택을 할 수 있게 됩니다.

삶은 크고 작은 선택으로 이루어져 있습니다. 나의 삶을 주체적으로 살아가기 위해서는 가장 나다운 선택을 해나가야 합니다. 그런데 선택을 한다는 것은 여간 어려운 일이 아닙니다. 결정이 어려운 당신을 위해 효과적인 선택법을 알려드리겠습니다. 먼저 죽음을 떠올리십시오. 그런 상태에서 자신에게 질문하십시오.

'나의 삶에서 중요한 것은 무엇이고, 중요하지 않은 것은 무엇인가?'

그렇다면 몇 날 며칠을 고민했던 문제가 사실은 그렇게 큰 문제가 아님을 알게 될 것입니다. 죽음 직전까지 가지 않고 단지 죽음을 떠올리는 것만으로도 나다운 선택을 할 수 있습니다. 내가 평생을 두고 집중하고 노력해야 하는 문제는 단편적으로 발생한 사건이 아니라 어떠한 상황에도 흔들림 없도록 나를 바로 세우는 것입니다. 참고 참으면서 죽을 만큼 괴로울 때까지 기다리지 말고, 매번의 선택을 할 때마다 자기 자신을 돌보시기 바랍니다.

아는 변호사

내가 이혼을 선택한 이유

여자의 일생

〈아는 변호사〉 유튜브 채널에는 '우울하시죠?'라는 영상이 있습니다. 조회수가 100만에 육박할 만큼 꾸준히 인기가 있는 이 영상은 제 경험을 바탕으로 한 것입니다. 저는 그 영상을 통해 '과거에 대한 후회, 미래에 대한 걱정으로 현재를 살 수 없는 상태'를 우울증이라고 정의했습니다. 그리고 그 원인은 결국 내가 나답지 못한 상태에 너무 오랫동안 노출되었기 때문입니다. 길고 어두운 우울증의 터널에 갇혔던 저는 빛을 향해 나왔고, 이제는 나를 나답게 바로 세우기 위해 노력하고 있습니다.

여기까지는 우울증이라는 심연의 나락으로 떨어진 과정과 그 깨달음을 형이상학적으로 표현한 것입니다. 그런데 사람들은 "변호사님 같은 분이 왜 우울증에 빠지셨어요?"라고 물으며 저를 절망에 빠뜨린 그 사건에 대한 이야기를 듣고 싶어 합니다. 역시 결혼을 잘못한 것인지? 고부간의 갈등인지? 아니면 남편의 문제인지? 하지만 저는 이 모든 것을 통틀어서 나를 나답지 못한 상태로 만든 것은 '여자의 일생'이라고 다시 한번 형이상학적인 설명을 시도해봅니다. 그리고 그 여자의 일생이라는 것에 대해서 말씀드리고자 합니다.

결혼이 이런 건 줄 알았으면 안 했다

여러 가지 선택 중에서 제 삶을 나락으로 떨어뜨린 강력한 선택은 바로 결혼이었습니다. 인생의 다양한 선택은 잘못했다고 하더라도 나의 노력으로 문제를 시정해나갈 수 있습니다. 하지만 결혼에는 인생의 여타 선택들과 다른 세 가지 특징이 있습니다. 첫째, 배우자의 가족과 매우 강력한 인척관계를 맺는다. 둘째, 결혼 생활 중에 불거지는 대부분의 문제는 내가 통제할 수 없는 영역에서 발생한다. 셋째, 그 문제는 부부, 부모님, 형제자매 등 이해관계인이 다 함께 노력해야 겨우 해결할 수 있는데 그럴 가능성은 놀랍게도 제로에 가깝다.

결혼 생활에서 발생한 복잡다단한 문제는 저 하나의 노력으로 해결할 수 없었습니다. 그나마 미봉책은 내가 나를 죽이는 것이었습니다. 스스로 이런 선택을 하게 된 가장 근본적인 원인은 바로 '여자의 일생'이었습니다. 결혼과 동시에 시작된 여성으로서의 성역할 부여는 저를 혼란스럽게 했습니다. 결혼한 여성은 더 이상 자기 계발이나 업무성과로 평가를 받지 않습니다. 이런 요소들은 오히려 이기적이라는 부정적인 평가를 받게 할 뿐입니다.

그럼 달라진 평가 기준은 무엇이냐? 바로 시부모님에 대한 효도, 남편 내조, 자녀 출산과 양육입니다. 30 평생을 인간 이지훈으로 치열하게 살아오던 저는 이제 며느리, 아내, 엄마로서 살아야 했습니다. 인생에서 치열하게 노력하여 달성하고 싶은 목표였던 적이 단 한순간도 없었던 효도하는 며느리, 사랑받는 아내, 좋은 엄마라는 역할들은 제 멘탈을 붕괴시키기에 충분했습니다. '결혼이 이런 건 줄 알았다면 안 했을 텐데!'라고 울부짖는 저에게 성당의 신부님은 "결혼이 그런 건 줄 몰랐어요?"라고 일침을 놓았습니다.

'나는 이제 끝났다.' 이미 결혼을 한 이상 돌이킬 방법은 없는 것 같았습니다. 그렇게 평생을 모범생으로 살아온 제가 선택한 방법은 서서히 나를 죽여가며 그 새로운 평가 기준에 맞춰 그럭저럭 살아가는 것이었습니다.

궤도에서 이탈하기로 하다

문제란 회피하여 방치되면 시간이 갈수록 부패해져 악취가 진동하기 마련입니다. 관계에서 발생하는 문제를 외면하고 그저 참고 인내하며 굴려온 결혼생활도 마찬가지였습니다. 이해관계인 모두가 예의범절을 지키며 그 상태를 받아들일 수 없는 지경에 다다르게 되었습니다. 그때가 바로 서로의 본성이 나오는 시점입니다. "이럴 거면 너랑 결혼 안 했지!"라고 후회하지만 안타깝게도 피차일반입니다. 이 때문에 결혼이라는 인간관계를 맺을 때 가장 중요하게 체크해야 하는 요소가 '서로 매사문每事問이 되고 있는지?'입니다.

관계에서 해결하지 않고 나를 약간씩 변형시키는 것으로 문제를 회피해온 결과 저는 심연의 나락으로 떨어지게 되었습니다. 처음에 주먹만 하던 문제는 5년을 묵혀두자 집채만 한 눈덩이로 불어났고, 그 무게로 인해 비탈길을 따라 흘러 내려오는 동력을 얻기 시작했습니다. 저는 이러지도 못하고 저러지도 못한 채 선택의 기로에 놓이게 되었습니다. 하나는 '그냥 저 눈덩이를 정면으로 맞고 죽자. 그렇게 남은 인생을 죽은 듯이 살자'였습니다. 다른 하나는 '이대로 죽을 수는 없어. 저 눈덩이의 이동 경로에서 벗어나자'였습니다. 두 선택의 차이를 요약하자면 '이 인생의 궤도를 따르느냐 아니냐'입니다. 표면적인 차이를 들자면 전자는 실패로 보이지 않지만 그 목적지는 1,000퍼센트 실패이고, 후자는 당장은 실패지만 그 끝이 성장일지 실패일지 알 수 없다는 점입니다.

저는 우울증이 안겨준 생사의 갈림길에서 나 자신의 진짜 모습을 발견하고 궤도를 이탈하기로 했습니다. 사실 남이 만들어놓은 궤도에 올라타 있다는 것 자체가 인생을 주체적으로 살기를 갈망하는 제 삶의 자세와 이미 충분히 괴리되어 있었습니다. 어떻게 보면 우울증은 결혼과 동시에 예견되어 있었던 것일지도 모릅니다. 결혼을 통해 저는 스스로의 삶을 통제할 수 없었고, 그 사실이 저를 수동적인 인간으로 변질시켰습니다. 그리고 그것이 더 이상 삶을 살 이유가 없다는 생각으로 저를 이끌었습니다. 결혼이라는 제도를 통해 잠깐 남의 궤도에 올라간 것뿐이니 이제 그만 그 궤도에서 내려오는 것이 가장 나다운 선택이었습니다. 이것이 바로 제가 이혼을 선택한 이유입니다.

그 후 피를 토하는 심정으로 '헛똑똑이를 위한 결혼수업', '징징이를 위한 이혼수업'과 더불어 나를 알기 위한 '아류논어 나무심기' 등 다양한 강의를 진행하고 있으니, 스스로를 '자기다움을 잃고 거짓과 위선이 난무한 지 이미 오래된 이 세상(天下之無道也久矣 천하지무도야구의)을 깨워줄 목탁'이 된 공자에 비견해봅니다.[41]

▶ 아는 변호사

실패했다고 생각하는 당신에게

우울증을 극복하는 3가지 방법

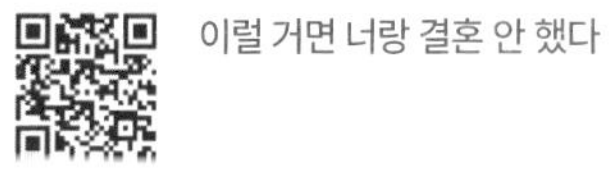
이럴 거면 너랑 결혼 안 했다

인생은 원래 빡세다

인생은 살아가는 것이다

2008년 베이징에서 변호사 시보를 하던 시절, 저는 한국 사람들이 많이 거주하는 왕징의 싼취라는 아파트에서 묵었습니다. 당시에는 중국어를 공부하기 위해 DVD를 닥치는 대로 사다 보는 것이 유행이었습니다. 그때 우연히 공리 주연의 〈훠저活着(살아가는 것)〉라는 영화를 보게 되었습니다. 원래 작품성 있는 영화는 재미가 없기 마련이라 별다른 기대도 없이, 아무런 배경지식도 없이 영화를 틀었습니다. 그런데 웬걸, 영화는 처음부터 제 시선을 사로잡았습니다. 지금도 생각하면 가슴 한구석이 아련해지는데, 우리의 인생을 이렇게 잘 표현한 영

화가 또 있을까 싶을 정도입니다. 국내 개봉 당시 제목은 명사로 〈인생〉이었는데, 이것보다는 한시도 쉬지 않고 흘러가는 인생을 살아간다는 의미의 원제목이 훨씬 울림이 있습니다.

영화는 청나라 말기 한 부잣집 도련님 내외의 이야기에서 시작합니다. 이들 가족은 중화민국, 대장정, 신중국 건국을 거쳐 광란의 문화대혁명까지 그야말로 격변의 시기를 묵묵히 살아갑니다. 내가 선택할 수 없는 시대적 배경을 무대로 이들은 죽음이 아닌 삶을 선택합니다. 차라리 죽거나 미치는 것이 더 나을 수도 있어 보이지만, 아무도 죽음을 선택하지 않습니다. 이 영화는 살아남은 가족끼리 식사를 하며 일상적인 대화를 나누는 것으로 마무리됩니다. 그 장면을 떠올리면 지금도 눈시울이 붉어지고 코끝이 찡해지곤 합니다. 왠지 그 모습은 저에게 끝이 아니라 끊임없는 시작으로 느껴졌습니다. 인생이란 매 장면이 끊어지는 정적인 것이 아니라 모든 순간이 하나로 연결되는, 사실상 한 번도 끝난 적이 없는 '살아가는' 동적인 것이 아닐까?

극심한 우울증에 시달리고 있을 때 저를 힘들게 한 것은 '아직 끝나지 않았다는 사실'이었습니다. 비극은 '이번 생은 망했어'가 아니라 '그 망한 인생을 나는 아직도 살아가야 한다는 것'이고 '빌어먹게도 시간이 아직도 많이 남았다는 사실'입니다. 우리의 삶은 죽어야 비로소 끝이 납니다. 끝날 때까지는 끝난 것이 아닙니다.

임무는 무겁고 갈 길은 멀다

공자의 수제자인 증자는 우리 삶에 대해서 이렇게 이야기 합니다.

> 군자는 넓고(弘홍) 의연(毅의)하지 않으면 안 된다. 임무가 무겁고 갈 길이 멀기 때문이다(任重而道遠임중이도원). 인仁을 임무로 하니 어찌 무겁지 않겠고 죽어서야死 비로소 끝나니 어찌 멀지 않겠느냐?[42]

언제나 유쾌함을 잃지 않았던 공자와 달리 지나치게 비장했던 증자는 삶의 자세로 홍과 의를 제시합니다. 그 이유를 살펴보겠습니다. 우리의 임무는 인仁, 즉 다른 사람을 사랑하는 것인데 이 임무는 너무 무겁습니다. 왜냐하면 먼저 나를 사랑할 줄 알아야 비로소 다른 사람을 사랑할 수 있기 때문입니다. 이를 위해서 우리는 끊임없는 배움을 통해 나와 너, 즉 사람에 대해 깊고 넓게 이해해야 합니다. 그렇기 때문에 끊임없이 덕을 넓혀가는 홍은 살아가는 기본자세가 됩니다.

다음으로 의가 필요한 이유입니다. 우리가 짊어지고 있는 그 무거운 임무는 죽을 때까지 내려놓을 수 없습니다. 우울증의 긴 터널에 있을 때 저를 괴롭혔던 것은 바로 시간이었습니다. 당장 1년 전 일도 기억이 나지 않는데, 앞으로 살아온 것보다 더 많은 시간이 남아 있다는 사실은 저를 각성시키는 계기가 되었습니다. 그 긴 시간을 같은 방향으로 한결같이 나아가기 위해 굳셈과 의연함이 필요한 것입니다.

그만둘 수가 없다

이와 같이 홍과 의는 무거운 짐을 지고 삶이라는 먼 길을 가는 우리에게 반드시 필요한 삶의 자세이자 공자의 가르침입니다. 하지만 어렵습니다. 공자에게 '날 때부터 아는 자(生而知之者생이지지자)'라고 극찬을 받은 안회지만, 공자의 가르침을 실천하는 것이 얼마나 어려웠던지 어느 날 자기도 모르게 이렇게 탄식합니다.

스승님의 도는 우러러볼수록 점점 더 높아지고(仰之彌高앙지미고), 구멍을 뚫으려 할수록 더욱더 견고해지며(鑽之彌堅찬지미견), 스승님의 가르침이 앞에 있는 것 같아 '아, 알겠다' 하며 앞을 보면(瞻

之在前첨지재전) 홀연히 내 등 뒤에 가 있다(忽焉在後홀언재후). 스승님께서 차근차근(循循然순순연) 잘 이끄시어(善誘人선유인) 나를 넓혀주시고(博我以文박아이문), 예로써 나를 잡아주시니(約我以禮약아이례), 너무 즐거워 그만두고자 해도 그만둘 수가 없다(欲罷不能욕파불능). 내 재주를 다하여(旣竭吾才기갈오재) 무언가 우뚝 세운 바가 있는 것 같은데(如有所立卓爾여유소이탁이) 막상 그것을 행하려고 하니(雖欲從之수욕종지) 어디를 실마리로 삼아 행해야 하는지 모르겠다(末由也已말유야기).[43]

삶을 치열하게 살고자 노력하는 사람의 답답한 마음을 이만큼 잘 표현한 글은 없지 않나 싶습니다. 저 역시 우울증의 긴 터널에서 안회와 같이 무언가 세워지는 것 같다가도 금세 와르르 무너져 내리는 경험을 했습니다. 안개에 갇혀서 헤매다가 방향을 찾은 것 같아 몇 발자국 나아갔는데 여전히 제자리에서 맴돌고 있었다는 사실을 깨달았을 때 우리는 허탈함과 나아가 두려움까지 느낍니다. 하지만 중요한 것은 내가 성장하고 있다는 사실입니다.

심각한 우울증에서 완전히 벗어난 2019년경 아이들과 춘천 김유정역에 놀러 가서 레일바이크를 탄 적이 있습니다. 그때 전시된 레일바이크에 올라타 자전거를 돌리면서 아이들에게 이렇게 얘기해주었습니다.

"인생은 원래 빡세다."

하지만 빡셈을 통해 나는 조금씩 성장해감을 느낍니다. 안회가 "너무 즐거워서 힘들어도 그만둘 수가 없다"라고 한 것처럼 저 역시 빡센 인생의 여정에서 희열을 느낍니다.

인생을 살아가는 비법 따윈 없다

한순간도 쉬지 않고 스승의 가르침을 좇으려고 노력했던 안회조차도 좌절감을 느낄 정도이니 평범한 제자들이 보기에 공자라는 인물은 거의 사기캐에 가까웠습니다. 그래서 분명히 자기들에게 알려주지 않는 치트키cheat key가 있으리라고 믿었습니다. 어이가 없었던 공자는 제자들에게 이런 답을 줍니다.

> 너희는 내가 무언가 숨기고 있다고 생각하느냐(二三子以我爲隱乎이삼자이아위은호)? 나는 숨기는 것이 없다(吾無隱乎爾오무은호이)! 나는 지금까지 행하면서 너희와 함께하지 않은 것이 없다(吾無行而不與二三子者오무행이불여이삼자자). 이것이 바로 나 공자라는 사람이다(是丘也시구야).[44]

인생에 치트키 따위는 없습니다. 그렇다면 공자가 사람답게 살기 위해 행한 것은 무엇일까요? 공자는 걱정과 탄식으로 하루하루를 보내지 않고, 늘 학이시습과 절차탁마를 하였습니다. 끊임없는 성장의 비법이 있다면 '삶에 대한 열렬함'뿐입니다.

주변에서 열정이 넘치는 사람들을 많이 봅니다. 하지만 대부분의 경우 그 열정은 고갈되고 성장은 멎게 됩니다. 숭고한 열정이 비천하게 과잉되고 나면 그다음에 그 사람을 기다리는 것은 '순응과 체념'입니다. 하지만 공자의 열렬함은 방향도 없이 여기저기 열정만 쏟아내는 것과는 다릅니다. 공자는 "나는 알지 못하면서 행한 적이 없다(蓋有不知而作之者 我無是也 개유부지이작지자 아무시야)"라고 단언합니다.[45] 그만큼 공자는 무턱대고 행동하는 것이 아니라 먼저 사리를 세우는 것에 온 힘을 쏟았고, 그 뒤에 하고자 하는 바를 행했습니다. 바로 그 점 때문에 그의 행함이 우리의 행함과 다른 것입니다. 이것이 제가 이립을 강조하는 이유이기도 합니다.

모든 것은 마음에서 시작합니다. 하고자 하는 마음이 없으면서 역부족이라고 떠벌리는 사람을 종종 봅니다. 힘이 달리는 것이 아니라 할 마음이 없는 사람입니다. 당신은 어디에 속하나요?

▶ 아는 변호사

죽을 만큼 힘들 때 왜 살아야 하는가?

인생은 원래 빡센 겁니다 | 레일바이크

PART 2

타인人

사람의 종류

혹시, 불편하세요?

사람은 언제 행복할까요? 돈을 많이 벌면 행복할까요? 그렇다면 돈이 차고 넘치는 부자들이 우울증에 걸려 끝내 극단적인 선택을 하는 이유를 설명하지 못합니다. 그들이 단순히 복에 겨워서 그렇다고 치부할 수 있을까요?

저는 사람의 행복과 불행은 관계에서 온다고 생각합니다. 우리 삶은 부부, 자녀, 친구, 연인, 직장 동료 등 수많은 관계로 이루어져 있습니다. 좋은 관계는 나를 행복하게 하고, 나쁜 관계는 나를 불행하게 합니다. 그러면 무엇이 좋은 관계일까요? 관계는 상대적이며 출발점은 '나'입니다. A라는 사람이 B와의 관계는 좋아도 나와의 관계가 나쁘다면, 나에게 A는 나쁜 사람입니다. 그로 인해 나는 불행합니다. 이혼을 고민하는 부부에게 종종 듣는 말은 "그래도 아이한테는 잘해요. 좋은 아빠예요", "아이들에게는 좋은 엄마예요"입니다. 좋은 아빠이면 좋은 남편이 아니어도 당신은 괜찮은가요? 혹시 나의 성장에 대해서 생각해본 적이 있나요?

공자는 평생을 절차탁마, 전전긍긍하는 자세로 덕을 닦아나갔습니다. 그 성장해나가는 모습이 바로 이립, 불혹, 지천명, 이순, 종심소욕불유구인 것입니다. 각각의 성장은 나이가 든다고 해서 거저 얻어지는 것이 결코 아닙니다. 이 말은 그대로 성장해가는 사람과 그렇지 못한 사람을 구분합니다. 모든 사람은 똑같지 않습니다. 군자가 되기 위해 끊임없이 애썼던 공자 역시 철저하게 사람을 분류합니다. 사실 《논어》는 사람을 어떻게 평가할 것인가에 대해 매우 구체적인 기술을 다룬 책입니다.

그런데 혹시 당신은 다른 사람을 평가한다는 사실이 불편한가요? 유튜브 〈아는 변호사〉 채널에는 '당신의 배우자를 평가해드립니다: 9단계 인간분류', '내 배우자는 몇 등급일까?', '그 사람 착한 사람 아니에요: 무엇을 가지고 사람을 판단할 것인가?' 등 사람의 등급에 관한 영상이 제법 많습니다. 이러한 영상들은 조회수도 제법 많은데 항상 달리는 비판 댓글이 있습니다.

- 사람 다 똑같다.
- 사람은 그렇게 딱딱 정형화해서 나눌 수 있는 게 아니다.
- 기본적으로 남편, 자녀 또는 본인이 사랑하는 사람을 평가한다? 참 피곤하게 사시네요.
- 그 누구도 등급을 매길 수 없고, 매기는 사람도 없습니다.
- 자신의 색안경으로 등급을 매기고 나누며 타인을 판단, 평가하는 것은 참으로 위험한 생각입니다.
- 사랑, 박애 등 인간적 가치에 대한 믿음이 없다.
- 마인드가 제대로 썩었네요. 그런 마인드로 친구를 만들 수 있을까요? 창피한 줄 아세요.
- 사람이 사람을 평가한다? 대단한 사람이네. 누굴 평가하겠다는 생각 자체도 너무 무지하고 불손하며 오만한 생각이다.

당신의 생각은 어떤가요? 사람이 다 똑같다면, 우리가 좋은 사람으로 성장하기 위해서 노력할 필요가 있을까요? 당신이 성장하기 위해 애쓰고 있다면, 성장하지 않고 정체해 있는 사람과 관계를 맺고 싶을까요? 이런 댓글을 다는 사람은 다음 두 부류 중 하나에 해당할 가능성이 매우 큽니다. 첫째, 성장을 하기 위해 전혀 노력하지 않는 사람. 고집불통입니다. 둘째, 자신은 성장할 생각이 없으면서 좋은 사람과 관계를 맺고 싶어 하는 사람. 무임승차입니다.

역시 사람은 구별하지 않을 수 없습니다. 그래서 공자는 이런 고집불통들을 고치는 것을 자신의 사명으로 삼았습니다(疾固질고).[46]

사람을 나누는 기준

그러면 우리는 어떤 기준으로 사람을 나눌 수 있을까요? 공자는 다양한 기준으로 사람을 구분합니다.

① 성장 또는 변화

공자는 함께 형이상을 말할 수 있는 사람과 그렇지 못한 사람을 구분합니다.

> 중인 이상의 사람(中人以上중인이상)과는 형이상을 말할 수 있지만(可以語上也가이어상야), 중인 이하의 사람과 형이상을 말하는 것은 불가능하다(不可以語上也불가이어상야).[47]

'형이상'의 사전적 의미는 '이성적 사유 또는 직관에 의해서만 포착되는 초경험적이며 근원적인 영역'입니다. 듣기만 해도 주눅이 들 만큼 고차원적이고 철학적이지만 그저 '대화가 되는 것' 정도로 이해하면 됩니다. 여기서의 대화는 일방적인 의사전달이 아니라 생각과 마음을 나누는 행위입니다.

이혼 상담을 할 때 가장 많이 듣게 되는 사유는 놀랍게도 폭력이나 불륜이 아닙니다. 성별을 불문하고 이혼 사유 1위는 바로 '배우자와 대화가 되지 않는다'입니다. 마음을 나누는 대화가 이뤄지기 위해서는 서로가 '다음에 올 것을 아는 사람', 즉 지래자知來者가 되어야 합니다. 지래자는 하나를 들으면 그것을 유추해서 두 개, 세 개까지 나아가 생각할 줄 아는 사람입니다. 공자는 일찍이 자공과 자하에게 "지나간 것을 얘기해 주었더니 앞으로 올 것을 안다"라며 칭찬한 바 있습니다. 대화가 되는 것이 중요한 이유는 바로 성장과 연결되어 있기 때문입니다.

공자는 "오직 상지자와 하우자만(唯上知與下愚 유상지여하우) 변하지 않는다(不移 불이)"라고 하였습니다.[48] 상지자는 더 이상 배울 것이 없는 성인을 의미하고, 하우자는 최고로 어리석은 사람을 의미합니다. 상지자는 더 이상 성장할 곳이 없으니 변하지 않기 위해 노력하는 것 자체가 성장입니다. 하지만 어리석은 하우자는 사람다움을 배우고 익혀 성장해가야 할 길이 먼데, 무엇이 문제인지조차 모르기 때문에 그 자리에서 꼼짝달싹도 하지 않으니 사람으로서 최악입니다.

다양한 상담을 하다 보면 하필 하우자와 관계를 맺고서 헛된 노력을 계속하며 고통받는 분들을 많이 만납니다. 그분들은 현재의 고통을 잊기 위해 '나이가 들면 변할 거야', '나아지겠지'라고 자신에게 주문을 겁니다. 하지만 잊지 말아야 할 것은 하우자의 종특은 변하지 않는다는 점입니다. 하나를 얘기해주면 그 하나도 알아듣지 못하니 문제는 해결되지 않고, 성장은 고사하고 악화되지나 않으면 다행입니다. 그런 상황에서 관계 개선은 요원한 일입니다.

② 문과 질

사람은 겉으로 드러나는 태도, 낯빛, 말투 등의 문文과 타고나는 품성, 천성 등의 질質로 이루어져 있습니다. 공자는 사람으로서 최고를 문과 질이 잘 어우러진 상태, 즉 '문질빈빈文質彬彬'이라고 표현합니다.[49] 이와 같이 사람은 문과 질로 구분할 수 있습니다.

교언영색(巧言令色교언영색)하는 사람 중에 인한 사람은 드물다(鮮矣仁선의인).[50]

아름다운 낯빛과 정교하고 세련된 말은 문이고, 인은 질입니다. 문만 뛰어나고 질이 나쁜 사람(文勝質則문승질즉)은 겉만 번지르르합니다(史사). 반대로 문은 형편없는데 질이 뛰어난 사람(質勝文則질승문즉)은 거칩니다(野야). 둘 다 좋은 사람이 아닙니다. 여기서 우리가 많이 범하는 실수가 겉으로 드러나는(따라서 눈만 뜨고 있으면 볼 수 있는) 말과 태도가 형편없는 사람을 갖다 놓고 '저 사람이 그래도 마음은 착해', '나를 사랑하는데 표현을 못 할 뿐이야', '설마? 실수한 거겠지', '나를 사랑하는 건 진심인 것 같아'라며 기어코 관계를 맺는다는 점입니다. 사람으로서 교언영색은 기본입니다. 그 정도 애도 쓰지 않는 사람이라면 역시 변하지 않을 사람입니다.

③ **배움**

공자의 치열한 삶은 '학이시습'으로 요약됩니다. 사람답게 살기 위해 늘 배우고 그것을 끊임없이 다잡아 내 것으로 만드는 것이 공자의 삶이었습니다. 따라서 '배우기를 좋아하는(好學호학)' 태도에 따라 사람을 구분할 수 있습니다.

나면서부터 아는 사람(生而知之者생이지지자)은 최고요(上也상야),
배워서 아는 사람(學而知之者학이지지자)은 그다음이요(次也차야),
어려움을 겪고 난 다음에 배우는 사람(困而學之곤이학지)은 또 그

다음이요(又其次也우기차야),

어려움을 겪고 나서도 배우려 하지 않는 사람(困而不學곤이불학)

은 사람으로서 최하위다(民斯爲下矣민사위하의).[51]

공자는 스스로를 배워서 아는 사람이라고 평가합니다. 우리는 최소한 어려움을 겪고 나서라도 배우려고 노력하는 사람이 되어야 할 것입니다. 또한 어려움을 겪고도 배우려고 하지 않는 사람은 인간으로서 최악이기 때문에 관계를 맺어서는 안 됩니다.

사기를 당하거나 결혼에 실패한 분들은 '다시는 이런 사기를 당하지 않을 거야', '다시는 결혼하지 않을 거야'라고 다짐하곤 합니다. 하지만 사기는 당하는 사람이 계속 당합니다. 왜 그럴까요? 그런 다짐과 각오만으로는 변화할 수 없고, 안타깝게도 경험 자체만으로는 아무것도 배울 수가 없기 때문입니다. 우리는 보통 A라는 경험이 실패로 끝나면 그 반동으로 상반된 곳에 있는 Z를 향해 돌진하곤 합니다. 하지만 Z 역시 답이 아닙니다. Z에서 실패한 당신은 이번에는 B를 선택합니다. 이 절차를 무한 반복하면서 불평불만을 합니다. 그런 부류의 사람을 공자는 '인간으로서 최악'이라고 표현합니다. 실패한 원인에 대한 배움이 없이는 성장할 수 없습니다.

아는 변호사

당신의 배우자를 평가해드립니다

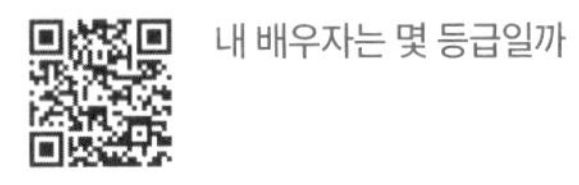

내 배우자는 몇 등급일까

등급 외 인간, 쓰레기

일상에 만연한 쓰레기

'당신의 배우자를 평가해드립니다'라는 유튜브 영상은 31만의 조회수를 기록할 정도로 인기가 있습니다. 그래서인지 결혼 생활에서 발생하는 갈등으로 사무실을 찾는 상담자들의 공통된 질문은 이것이 되었습니다.

"제 배우자는 몇 등급일까요?"

저는 객관적으로 드러난 사실들을 근거로 상담자와 그 배우자를 평가합니다. 그런데 내 배우자가 몇 등급일지는 사실 내가 제일 잘 알고 있습니다. 저는 그저 그 생각을 정리하고 이름을 붙여 끄집어내 줄 뿐입니다. 사람의 등급을 구분 짓는 기준은 '변하느냐, 변하지 않느냐'입니다. 변한다는 것은 어려운 일입니다. 변하기 위해서는 첫째 문제의식이 있어야 하고, 둘째 성장하려는 의지가 있어야 합니다. 문제의식이 없거나, 의지가 없거나, 아니면 둘 다 없는 경우 사람은 변할 수 없습니다. 자기가 서 있는 곳에서 꼼짝도 하지 않는 고집불통固執不通은 옆에서 아무리 노력한다고 해도 변하지 않습니다.

놀라운 사실은 고집불통은 그래도 인간이라는 점입니다. 등급 외 인간, 인간의 범주에도 속하지 않는 쓰레기가 있으니 그것은 바로 예의염치가 없는 사람입니다. 인간으로서 '부끄러움'이 없으면 못 할 짓이 없게 됩니다. 그런 사람은 벌레 또는 쓰레기라고 할 수 있습니다.

"결혼이라는 것이 주말 드라마에 나오는 것처럼 살아가는 삶이라고 생각했어요. 인간이 이렇게 다양한지 몰랐고요. 이런 생명체가 존재한다는 것을 몰랐어요. 다 상식적인 범위 안에 있는 줄 알았어요. 이런 사람을 아이의 생물학적 아버지로 만든 사실에 저 자신이 죽이고 싶을 만큼 원망스러워요."

주의할 점은 이 고집불통과 쓰레기가 폭언이나 폭행을 하는 사람들만을 의미하는 것은 아니라는 겁니다. 쓰레기는 우리 일상에 만연해 있고 그렇지 않은 사람들과 쉽게 구분되지 않습니다. 벌레나 쓰레기 같은 사람도 열정이나 긍지, 곧음과 같은 좋은 모습을 하나 정도는 갖고 있기 때문입니다. 우리는 가끔 최악의 인간은 극악무도하고 악행을 일삼을 것으로 생각하지만, 그 정도라면 이미 사람의 범주에 들지 않습니다. 교언영색조차 하지 않는 이런 사람들은 애초에 우리가 공들이며 배우고자 하는 지인의 대상이 아닙니다. 이런 사람은 장점으로 보이는 바로 그 모습 때문에 결국 화를 당하고, 주변 사람에게까지 그 화가 미치게 하고 맙니다.

열정은 좋은 것이지만, 지나치면 나쁜 것과 똑같다

열정이 있는 사람들은 방향성은 없어도 소소한 것에 구애받지 않고 이것저것 시도해보는 긍정적인 면이 있습니다(古之狂也 肆고지광야 사). 그런데 오늘날 열정이 있다는 사람들은 열정을 핑계로 아무런 소득도 없이 넘어서는 안 될 선을 넘어 주변 사람들을 힘들게 합니다(今之狂也 蕩금지광야 탕).[52]

저는 악기 하나 정도는 다룰 줄 아는 사람을 지향합니다. 그래서 딸들에게 교양으로 피아노를 배우게 했습니다. 다행히도 바쁜 저를 대신해 친정엄마가 집 근처의 실력 좋은 선생님이 운영하는 피아노 학원을 찾아냈고, 아이들은 그 학원을 다냈습니다. 선생님은 그야말로 열정 자체였습니다. 언제나 약속된 시간 이상으로 아이들을 가르쳤고, 아이들의 피아노 실력은 문외한인 제가 보아도 월등할 정도로 향상되었습니다. 친정엄마는 저에게 "세상에 이런 선생님이 어디 있냐"면서 극찬을 아끼지 않았습니다. 이보다 완벽한 선생님은 없었습니다.

그런데 한 가지 고민거리가 생겼습니다. 막내딸이 피아노 학원에 가는 토요일에는 가족 모임이나 딸 친구들 생일파티가 종종 있었습니다. 그런데 언젠가부터 막내가 학원을 빠지는 것에 대해 극심한 스트레스를 받는 것이었습니다. 잦은 결석으로 진도를 빼지 못한다며 선생님에게 꾸지람을 듣던 막내는 가족 행사를 하는 내내 얼굴빛이 어두웠습니다. 심지어 자기 생일파티에 친구들을 초대해놓고 중간에 학원에 갔다 오기까지 했습니다. 결국 저는 이 비정상적인 관계를 끊기로 했습니다. 물론 그 과정에서 친정엄마의 극심한 반대에 부딪혀야 했고, 선생님의 훈계까지 들어야 했습니다.

이 관계에서의 문제는 무엇일까요? 열정 자체는 물론 좋은 것입니다. 하지만 좋은 것도 지나치면 나쁜 것과 똑같습니다. 피아노 선생님은 사리에 맞지 않는 열정으로 주변에 고통을 준다는 것을 전혀 이해하지 못했습니다. 선생님에겐 계획대로 진도를 나가는 것이 매우 중요한 일이었지만, 저와 아이들에게 진도를 빼는 것은 전혀 중요한 일이 아니었습니다. 상대방이 필요하지 않다고 하는 것을 억지로 쥐여주고는 자기 노력을 알아주지 않는다고 되레 화를 내는 것. 이것이 바로 열정을 핑계로 아무런 소득도 없이 넘어서는 안 될 선을 넘어 주변 사람들을 힘들게 하는 것입니다. 열정이 있다는 건 좋은 것이지만 선을 넘는다면 이 역시 끊어야 하는 관계일 뿐입니다.

공자도 포기한 쓰레기

자질도 엉망인데 노력도 하지 않는 사람, 고固하기 때문에 꼼짝달싹도 하지 않고 전혀 개선할 생각조차 없는 유형의 사람은 공자조차도 지인할 수 없습니다. 아니, 함께하지 않을 것이기 때문에 더 이상 지인할 필요가 없습니다. 다른 사람을 일깨워주기를 조금도 게을리하지 않았던(誨人不倦회인불권)[53] 공자지만 더 이상 어떤 인간인지 알고 싶지 않다고 포기한 유형이 있는데(吾不知之矣오부지지의), 바로 질이 나쁜데 노력조차 하지 않아 문마저 나쁜 사람들입니다.[54]

① 거만한 데다 곧지도 못한 사람(狂而不直광이부직)

공자는 제자들을 '광간狂簡하다'고 평가하며 극기복례를 강조한 바 있습니다. 광간한 사람은 열정이 많아 뜻하는 바가 크지만 제대로 방향을 잡지 못하고 이것저것 시도만 하며 세월을 낭비합니다. 광간한 사람은 바르기 때문에 다른 사람의 뒤통수를 치지 않는다는 점이 장점입니다. 그런데 광간한 데다 바르지도 않다면 나쁜 점만 가지고 있으니 어디에도 쓸 데가 없습니다. 첫 번째 쓰레기입니다.

② 어리석은 데다 공손하지도 못한 사람(鰊而不愿동이불원)

어리석은 사람은 보통 공손합니다. 어리석은 사람은 자신의 어리석음을 알기에 이를 커버하기 위해 공손함이 몸에 배도록 노력합니다. 그런데 어리석은 데다 공손하지도 못하다면 성장하기 위해 전혀 애쓰지 않는 사람입니다. 두 번째 쓰레기입니다.

③ 머리가 텅텅 빈 데다 신의도 없는 사람(悾悾而不信공공이불신)

머리가 나쁜 사람은 그래도 신의가 있습니다. 무능한 사람이어도 신의가 있다면 관계를 맺고 함께 일할 수 있습니다. 그런데 무능한 데다가 거짓말까지 일삼는다면 더 볼 것도 없습니다. 그런 사람은 쓸 곳이 없습니다. 세 번째 쓰레기입니다.

아는 변호사

천하에 쓸모없는 놈

친구를 가려서 사귀어야 하는 이유

무엇을 배우느냐에 따라 서로 멀어진다

중1인 딸과 친구들이 직업 체험학습을 한다고 사무실에 견학을 왔습니다. 변호사라는 직업에 관심이 많은 어린 친구들에게 변호사 배지를 나눠준 뒤, 함께 골무를 끼고 엄청난 양의 기록을 살펴보고 변호인 의견서를 작성해보는 시간을 가졌습니다. 또한 사무실에 걸려 있는 유튜버 〈아는 변호사〉의 실버버튼도 보여주었습니다. 작은 것에도 연신 감탄하고 자신의 감정 표현을 숨기지 않는 아이들을 보면서 저는 교육의 무게감을 새삼 느꼈습니다. 그런데 재미있는 사실은 거기 모인 여섯 아이의 성향과 느낌이 비슷비슷하다는 것이었습니다.

당신의 친구는 어떤 사람인가요? 저는 친구가 많지 않습니다. 인생을 살아가는 가치관이나 태도가 독특한 저는 저와 비슷한 생각과 행동을 보이는 사람을 많이 만나보지 못했습니다. 아니, 사실 거의 만난 적이 없습니다. 처음에는 스스로 외계인임을 자각하지 못하고 적당히 지구인 코스프레를 하다가 인생의 구렁텅이로 곤두박질치기도 했습니다. 지금은 제가 지구인이 아님을 인정하고 지구인과 조화롭게 살아가는 방법을 모색하고 있습니다.

그나저나 우리는 왜 친구들과 닮게 될까요? 처음부터 닮은 사람들이 친구가 된 것일까요? 아니면 친구가 되어서 서로 닮게 된 것일까요? 이 질문에 답하기 전에 먼저 사람의 본성을 살펴볼 필요가 있습니다. 사람의 본성은 선할까요, 악할까요? 사람의 본성은 선善이라며 성선설을 주장한 맹자와 사람의 타고난 본성은 악惡이라며 성악설을 주장한 순자, 둘 중 누가 옳을까요? 우리는 그것을 논증할 수 있을까요?

공자는 사람의 본성에 대해서는 거의 언급하지 않습니다. 왜냐하면 그것은 사람의 사고력으로 증명할 수 없는 문제이기 때문입니다. 사람의 본성이 선한지 악한지는 사람이 판단할 수 없는 문제이니 이립은 물론 불혹을 달성한 공자는 그 이상의 생각으로 나아가지 않습니다. 다만 공자는 인간의 본성에 대해 다음과 같은 말을 남겼습니다.

사람들의 본성은 서로 비슷하지만(性相近也성상근야), 무엇을 익히느냐에 따라 서로 멀어진다(習相遠也습상원야).[55]

우리는 태어났을 때는 서로 비슷한 본성을 가지고 있습니다. 그게 선이든지 악이든지 말입니다. 그런데 살아가면서 무엇을 배우고 익히느냐에 따라서 누구는 선하게 되고 누구는 악하게 돼 서로 멀어집니다. 사람을 선과 악으로 구분하게 하는 것은 인간이 논리적으로 규명할 수 없는 본성 자체가 아니라 각자가 살아가면서 익히는 것(習습)이 무엇이냐에 달려 있는 것입니다. 친구들의 성향이 비슷해지는 것은 같은 것을 배우고 익히기 때문에 본성이 서로 닮아간 결과입니다. 그러므로 내 주변에 어떤 사람이 있느냐는 나를 변화시키는 중요한 문제가 됩니다. 이렇듯 사람이란 주변 환경에서 영향을 받는 바가 크기 때문에 공자는 적극적으로 자기 자신을 좋은 사람들 사이에 두라고 강조합니다.

마을조차도 인한 마을이 있다

사람이란 그 본성조차 주변 환경에 영향을 받는 존재입니다. 누구에게나 선과 악이 공존하지만, 누구와 관계를 맺느냐에 따라 어떤 경우는 악이 발현되고 어떤 경우는 선이 발현되는 것입니다. 이렇듯 누구와 관계를 맺느냐에 따라 나라는 사람의 성향이 결정됩니다. 사람은 물론이고 마을조차도 인을 중요시하는 마을이 있습니다. 그렇다면 누구나 마땅히 인한 마을에 머물기를 선택해야 하지 않을까요(擇處仁 택처인)?[56]

이혼 상담을 하다 보면 '사람 다 똑같다'라거나 개선되지 않는 나쁜 관계를 어쩌지 못하고 그대로 둔 채 계속해서 안 좋은 영향을 받으면서, '나는 인내심이 많으니 참자'라고 되뇌며 종교나 마음수련을 통해서 고통을 참아내며 세월을 보내는 사람을 많이 만나게 됩니다. 참으로 답답한 노릇입니다. 문제는 내 안에 있는 것이 아니라 관계에 있는 것인데, 나쁜 관계를 정리하지 못하고 겨우 비워낸 마음을 끊임없이 나쁜 것으로 가득 채웁니다. 그러고는 다시 마음수련을 통해서 정화합니다.

영원히 굴러떨어지는 돌을 산 정상으로 올려다 놓아야 하는 저주를 받은 시시포스는 자신이 영원히 그 바위를 굴려야 한다는 사실을 알지만 그 무의미한 노동을 반복합니다. 시시포스는 회피와 무기력을 선택한 우리의 모습입니다. 하지만 사리에 맞지 않는 공손함은 나를 비굴하게 할 뿐입니다(恭而無禮則勞 공이무례즉로).[57] 나를 좋은 환경에 두는 것의 관건은 '선택'입니다. 그 선택을 위해서 우리는 먼저 누가 좋은 사람이고 나쁜 사람인지 알아내는 눈을 길러야 합니다.

친구를 통해서 배운다

우리 삶은 '끊임없이 성장해나가는 과정'이라고 요약할 수 있습니다. 그런데 우리는 벗을 통해서 덕을 쌓아가고 인을 배워나갑니다(友以友輔仁 우이우보인).[58] 즉 친구를 통해서 다른 사람을 사랑하는 법을 배워가는 것이 인생입니다. 친구란 그저 만나서 수다 떠는 사이가 아니라 '사람으로서 성장하기 위해 함께 애쓰는 관계'입니다.

그토록 간절하던 이혼을 한 후 자녀 때문에 고민하는 분들을 많이 봅니다. 한번은 여섯 살짜리 딸아이의 가장 친한 친구가 부모님의 이혼 사실을 알고나서부터 거리를 두기 시작했고, 그로 인해 딸아이가 상처를 받을까 봐 걱정하는 엄마와 상담을 했습니다. 순수함의 다른 표현은 잔인함입니다. 가끔 아이들의 잔인함은 어른들의 상상을 초월합니다. 어린아이들 역시 이미 학습한 것들이 있기 때문에 좋고 나쁨의 구별이 있는데 그 어린아이들의 학습은 사리 분별이 없이 무의식에 각인된 것이기에 더 무섭고 강력합니다.

"딸에게 친구들을 평가할 수 있는 힘을 길러주시는 것은 어떨까요? 부모님이 이혼했다는 사유로 나와 거리를 두는 친구라면 좋은 친구라고 할 수 없을 것 같은데요."

"저는 교육적으로 아이들을 좋고 나쁨으로 구분하고 싶지는 않아요. 그런 아이도 교육을 통해서 달라질 수 있잖아요."

"그렇다면 그 아이가 개선될 때까지(언제가 될지, 또 그런 날이 오긴 할지 모르겠지만) 내 아이가 이혼한 우리 가정은 비정상적이고 비난받아 마땅한 것으로 생각할 텐데요. 괜찮으세요?"

이 사례의 상담자처럼 우리는 여전히 사람을 구분하는 것에 거부반응이 있습니다. '나는 뭐 얼마나 잘났다고'라며 스스로를 깎아내리며 나쁜 사람과 관계 맺기를 선택합니다. 그 결과로 나와 내 아이가 악에 물들어가는 것조차 인지하지 못합니다. 재미있는 것은 우리 스스로를 낮추는 겸손함으로 질이 안 좋은 사람과 관계를 맺었다고 생각하지만, 사실은 내가 남을 바꿀 수 있다고 믿은 오만함의 결과일 뿐이라는 점입니다. 당신은 결코 그 사람을 변화시킬 수 없습니다. 설령 변화시킨다고 하더라도 이미 당신은 인생에서 가장 가치 있는 것을 잃게 될 겁니다.

아는 변호사

왜 친구가 필요한가?

성숙한 친구 관계 만드는 7가지 방법

누구와 함께할 것인가

반드시 이루어내는 사람

'누구와 함께할 것인가?'에 대한 답을 논하기 위해서는 먼저 두 가지 전제 조건이 있습니다. 첫째 우리는 관계를 맺지 않고는 살 수 없다는 것이고, 둘째 모든 사람과 함께할 수는 없다는 점입니다. 사람은 구분되기 때문에 질이 나쁜 사람을 곁에 두고 하루하루 마음수양을 하며 살아갈 필요는 없습니다.

수천 명의 제자 중 유독 안회에게는 칭찬일색이었던 공자에게 어느 날 자로가 재미있는 질문을 합니다.

"스승님이 삼군을 통솔하신다면 누구와 함께하시겠습니까(誰與 수여)?"

삼군은 병력 3만 7,500명 규모의 군대를 의미합니다. 자로는 좋은 질을 갈고닦지 않아 매번 야단을 맞지만 평소 공자에게 '두려워하지 않는다'라는 평가를 받고 있었습니다. 그래서 자신이 가진 뛰어난 자질을 발휘할 수 있는 군대를 통솔한다는 상황을 설정하여 스승님의 인성을 받고자 한 것입니다. 사람 보기의 달인인 공자의 대답은 어땠을까요?

> 맨손으로 호랑이를 때려잡고 맨몸으로 황하를 건너다가(暴虎馮河포호빙하) 죽게 생겼는데도 조금도 후회하지 않는 사람(死而無悔者사이무회자)과 나는 함께할 수 없다(吾不與也오불여야).[59]

군대를 통솔하는 일은 '용맹함'이 필요해 보이지만, 사실 용맹함보다 더 중요한 것이 있습니다. 자로는 그 용맹함이 공자를 넘어선 지 오래였습니다. 맨손으로 호랑이를 때려잡는다니 이보다 용감할 수는 없습니다. 하지만 이것은 매우 위험천만한 일입니다. 여차하면 죽을 수도 있는 무모한 일입니다. 용맹함이 지나치면 가깝게는 나와 가족을 죽게 하고, 그런 사람이 공직에 있으면 나라를 말아먹을 뿐입니다. 더욱 무서운 사실은 자신의 무모함으로 다른 사람들이 죽게 생겼는데도 '후회할 줄 모른다'는 것입니다. 이런 사람과 함께 삼군을 통솔한다면 그 군대는 패하고 말 것이 불을 보듯 뻔한 일입니다. 결국 중요한 일을 망치게 됩니다.

진나라가 춘추전국시대를 통일해가는 과정을 그린 애니메이션 〈킹덤〉에는 다양한 전투가 등장합니다. 장군의 말 한마디에 수백, 수천 명의 명운이 달려 있기에 장군은 뛰어난 지략가를 군사로 두고 생각에 생각을 거듭하여 전략을 짭니다. 사리 분별 없이 감정에 따라 포호빙하하던 주인공 이신은 군대의 초급 간부인 5인장에서 시작해 전장에서의 사리를 갈고닦아 가며 10인장, 100인장, 5,000인장을 거쳐 점차 장군으로 성장해갑니다. 수만 명의 목숨줄을 쥐고 있는 삼군을 통솔하는 장군에게 사리 분별이 얼마나 중요한지는 말할 것도 없습니다.

만일 당신이 자로의 이런 말을 듣고 '싸울 때는 용맹함이 최고지', '호랑이와 맨손으로 대적하다니 용감하다', '멋있다', '책임감이 있구나', '믿음직스럽다', '이 사람이랑 함께하면 내가 보호받을 수 있겠다'라고 평가하고 그 사람과 함께 일하기로 결정했다면 당신은 혹惑한 것입니다.

그렇다면 어떤 상황에서도 공자가 함께하고 싶은 사람은 누구일까요?

> 일에 임할 때는 일을 망치지는 않을까 두려워하고(必也臨事而懼 필야임사이구), 계획을 잘 세워 반드시 이루어내는 사람과 나는 함께할 것이다(好謀而成者 호모이성자).

앞선 자로의 질문에 대한 공자의 답은 '반드시 일을 이루어내는 사람'입니다. 《춘추좌씨전》에는 '처음을 삼가고 마지막까지 조심하면(愼始敬終신시경종) 곤란하지 않다(終而不困종이불곤)'라는 말이 나옵니다. 처음은 물론이고 끝까지 삼가고 조심하는 사람들은 일을 하는 과정에서 발생하는 문제들을 해결해나갑니다. 문제를 해결해나가면 그 일은 반드시 이루어집니다. 그렇기에 곤란함에 봉착하지 않게 됩니다. 어떤 상황에서도 함께할 수 있는 사람은 '반드시 일을 이루어내는 사람'입니다.

나보다 못한 사람과 친구 하지 마라

우리의 삶은 덕이라는 그릇을 점점 넓혀가 결국에는 그릇이라는 형태가 없어질 때까지 성장해가는 것입니다. 그런데 우리는 주변 사람들과 서로 영향을 주고받으며 성장해갑니다. 사람에 대한 깊은 통찰의 결과 공자가 깨달은 점은 좋지 않은 사람과 함께 있으면 나도 모르게 그것에 젖어든다는 것입니다. 그래서 공자는 나보다 못한 사람과는 친구 하지 말라고 조언합니다(毋友不如己者무우불여기자). 그런데 이 말은 굉장한 반감을 불러일으킵니다.

• 와, 마인드가 제대로 썩었네. 나보다 못한 사람과 친구 하지 마라? 그럼 나보다 나은 사람들은 나와 친구 하려 할까? 그런 마인드로 친구를 만들 수 있을까?

이 댓글을 작성한 사람은 나보다 못한 사람과 친구 해줌으로써 나보다 좋은 사람과 친구를 먹으려는 심산입니다. 그렇게 해서 자신은 성장하지 않기로 결정한 것입니다. 논리적인 것으로 보이지만 궤변에 불과합니다. 여기서 나와 너를 비교하는 기준은 경제력이나 신분이 아니라 배우려고 애쓰는 자세, 즉 '호학好學'입니다. 성장하지 않으려는 사람과는 친구를 해서는 안 됩니다. 이것은 나에게도 그대로 적용됩니다. 내가 성장하지 않고 있다면 다른 사람이 나와 친구 하려고 하지 않을 것입니다.

헨리 데이비드 소로는 성장하지 않는 사람을 '곰팡내 나는 치즈'라고 표현합니다.

대체로 사람들의 사교는 값이 너무 싸다. 우리는 너무 자주 만나기 때문에 각자 새로운 가치를 획득할 시간적 여유가 없다. 우리는 하루 세끼 식사 때마다 만나서 우리 자신이라는 저 곰팡내 나는 치즈를 새로이 서로에게 맛보인다. 이렇게 자주 만나는 것이 견딜 수 없게 되어 서로 치고받는 싸움판이 벌어지지 않도록 하기 위하여 우리는 예의범절이라는 일정한 규칙들을 협의해놓아야 했다.

나의 좋은 점을 이끌어 이루어지게 해주는 사람

세상에 오롯이 좋은 사람과 오롯이 나쁜 사람은 없습니다. 누구나 내면에 좋은 점과 나쁜 점을 모두 가지고 있습니다. 우리는 다른 사람의 좋은 점을 보면 따라 하려고 노력하고(擇其善者 而從之 택기선자 이종지), 좋지 않은 점을 보면 혹시 나에게도 저런 모습이 있지는 않은지 생각하며(其不善者而 改之 기불선자이 개지) 성장해나갑니다. 그렇기에 세 사람이 걸어가면 반드시 나의 스승이 있는 것입니다(三人行 必有我師焉 삼인행 필유아사언).[60]

그런데 우리는 보다 적극적으로 다른 사람의 도움을 받아 성장할 수 있습니다. 우리의 성장을 도와줄 사람은 군자입니다. 군자는 다른 사람의 좋은 점을 발현시켜주고(成人之美 성인지미), 나쁜 점을 막아서 이루어지지 않게 해줍니다(不成人之惡 불성인지악). 그런데 소인은 그 반대로 합니다(小人反是 소인반시).[61] 즉 나의 좋은 점을 잘 끌어내 발현되도록 도와주는 사람이 군자, 나도 몰랐던 나쁜 점을 기어코 유발해내는 사람은 소인입니다.

이혼 상담을 하다 보면 배우자와의 관계에서 자기도 몰랐던 폭력성이 튀어나와 스스로 놀라는 분들을 종종 봅니다.

- 정신을 차려보니 제가 아내의 목에 손을 대고 있더라고요. 힘을 주지는 않았지만 저도 너무 놀랐어요. 그 자리에서 집을 뛰쳐나갔어요. 이제는 저 자신이 너무 무서워요.
- 저는 남편과 있으면 극심한 스트레스를 느꼈고, 분노조절장애처럼 갑자기 미친 듯이 화를 낸 적도 있습니다. 함께 쌍욕을 한 적도 있어요. 그렇게 하지 않으면 대화가 되지 않으니까요. 그런 제 모습을 보면 자괴감도 느껴지고…. 저도 배우자도 큰 상처를 입어서 더 말을 줄이게 되었어요.

무엇이 문제일까요? 이유 여하를 불문하고 폭력과 폭언은 나쁜 거니까 내가 잘못한 것일까요? 결혼 전과 결혼 후가 달라진 이유는 무엇일까요? 나의 좋은 점은 다 어디로 갔을까요? 처음부터 군자와 관계를 맺어야 하는 것은 내 인생이 심연의 나락으로 떨어지는 것을 방지하기 위한 최선의 방법입니다.

아는 변호사

쓰레기같은 교제

누구와 함께할 것인가?

뭘 믿고 인생을 걸어요?

나쁜 것을 피하는 것은 본능이다

끓는 물이 손에 닿은 듯

지금까지 사람은 똑같지 않다, 그러므로 가려서 관계를 맺어야 한다는 이야기를 했지만 사실 나쁜 것을 피하는 것은 인간의 본능입니다. 공자는 "인하지 않은 요소가 내 몸에 닿지 않도록 하라(不使不仁者加乎其身불사불인자가호기신)"라고 당부합니다.[62] 비유를 들어 설명하면 다음과 같습니다.

> 좋은 것을 보면 도달하지 못하면 어떡하지 하는 절절한 자세로 대하고(見善 如不及견선 여불급), 좋지 않은 것을 보면 끓는 물에 손이 닿은 듯이 해라(見不善 如探湯견불선 여탐탕).[63]

뜨거운 물에 손이 닿으면 누구나 화들짝 놀라서 손을 뗍니다. 그것은 스스로를 보호하기 위한 본능의 작동입니다. 눈으로 버젓이 나쁜 사람임을 보고도 관계를 끊지 못하는 것은 손이 끓는 물에 닿았는데도 떼지 않고 아픔을 참고 있는 것과 같은 형국입니다. 좋은 것에 도달하려고 애쓰는 것에 모든 노력을 쏟아 부어도 모자랄 판에 언제 끝날지 모르는 고통을 참는 것에 모든 에너지를 쓰고 있습니다. 이 얼마나 어리석은 일인가요?

• 어릴 때 가정폭력이 일상적이던 집안에서 자란 남편이 불쌍했어요. 저의 패기와 넓은 마음으로 충분히 그 사람에게 긍정적인 영향을 주고 조금씩 나아갈 수 있다고 생각했어요. 저의 오만입니다.

• 신혼 때 따귀를 때리는 남편의 폭행에 항의하지 못했어요. 저는 연애 때 이 사람이 나를 좋아했던 모습에 미련이 있었어요. '아니야, 이 사람은 한결같은 사람이야. 지금은 나를 너무 싫어해서 그래. 내가 말을 잘 들으면 괜찮아질 거야'라고 생각했어요. 저에게 남편은 세계예요. 그때부터 남편이 원하는 사람이 되기 위해서 납작 엎드렸어요. 폭력도 참았어요.

위의 두 사례는 연애 때 혹은 신혼 때 배우자의 폭력성을 이미 경험했습니다. 하지만 손을 떼지 못했습니다. 관계를 바로 끊지 못한다고 하더라도 관계가 무너지게 두어서는 안 됩니다. 더 나아가 공자는 위험한 나라는 처음부터 들어가지 말고(危邦不入 위방불입), 무질서한 나라는 들어가게 되더라도 머물지 말라고(亂邦不居 난방불거) 조언합니다.[64] 만져보고 나서야 끓는 물임을 아는 것은 하수이고, 닿기 전에 끓는 물인지 알고 미리 그 화를 피하는 것은 상수입니다. 그런데 만져서 뜨겁다는 걸 알고서도 손을 떼지 않는 것은 도대체 어느 정도 등급의 인간일까요? 가늠조차 되지 않습니다. 우리가 집중해야 할 부분은 끓는 물인지 아닌지를 알아보는 안목, 즉 사람을 보는 눈을 기르는 것입니다.

본능을 마비시키는 욕심과 두려움

얼마나 강력한 것이기에 위험을 피하려는 본능마저 마비시키는 것일까요? 끓는 물에서 손을 떼지 못하게 하는 것은 무엇일까요? 이 사람과 '관계를 맺은 이유' 또는 '관계를 끊지 못하는 이유'에 대한 질문에 상담자들은 여러 가지 피상적인 이유를 나열합니다. 하지만 하나씩 껍질을 벗겨가다 보면, 마음

한가운데 똬리를 틀고 있는 근원적인 이유는 첫째 욕심과 둘째 변화에 대한 두려움임을 알게 됩니다.

- 엄마가 돌아가시고 너무 외로워서 제가 먼저 연락했어요. 주변 사람들이 돈 많은 사람 중에 악한 사람은 없다고 해서 그 말을 듣고 결혼했어요.
- 딱히 이상형은 아니었는데 남편을 통해서 제가 하고 싶은 것을 할 수 있겠다는 생각이 들었어요.
- 제가 경제력도 없고 자존감이 매우 바닥인 상태였어요. 그다지 사랑한다는 생각은 들지 않았지만 이 사람이라면 내가 하고 싶은 것에 딴지를 걸거나 인생의 걸림돌은 되지 않을 것 같아서 결혼을 결정했어요.
- 이 집, 돈, 제가 누리고 있던 것이 다 없어지는 것이 무서웠어요.
- 결혼 생활 내내 이혼하고 싶었지만 아이가 성인이 될 때까지 참기로 했어요.
- 저도 이성적인 생각이 가능할 때는 이 사람이 아닌 것을 알겠어요. 그런데 우울증과 공황장애가 올 때는 너무 무서운 거예요. 혼자 살아갈 수 있을까?

모두 이립이 되지 않은 상태입니다. 변해야 할 때 변하지 못하는 사람이 바로 하우자입니다. 하우자들의 간절한 바람은 현상 유지(그것을 안정이라고 표현하기도 합니다)이지만, 안타깝게도 상황은 더욱 악화될 것입니다. 공자는 이런 사람들을 위해 극기복례克己復禮를 강조합니다. 욕심을 버리고 사리로 돌아가라는 말입니다. 사리가 아니면 보지도 말고(非禮勿視비례물시), 듣지도 말고(非禮勿聽비례물청), 말하지도 말고(非禮勿言비례물언), 행동하지도 마십시오(非禮勿動비례물동).[65] 혹시 결혼과 이혼을 결정하는 데 외로움, 무임승차, 두려움 등의 감정이 개입하고 있다면 멈추십시오. 그리고 먼저 이립을 하십시오.

아는 변호사

왜 그러고 살았어요?

결혼은 무임승차가 아니다

내가 있어야 할 곳에 머물다

먼저 내가 있다

이립이란 나를 먼저 세우고 다른 사람을 세워주는 것입니다. 공자는 끊임없이 '나'에서 시작해서 '타인'으로 넘어갈 것을 강조합니다. 이러한 이치는 동서와 고금을 막론합니다. 그런데 우리는 내면을 탐구하기도 전에 남을 먼저 바라보라는 교육을 받습니다. '나'보다 '우리'가 강조되는 사회에서 우리는 저마다의 개성을 잃은 채 동화되어 살아가게 됩니다. 그런 사회에는 필연적으로 삶의 바람직한 타임 테이블이라는 것이 존재하는데, 구성원들은 무의식적으로 그 기준에 따르는 것이 안정이라고 생각합니다. 이제 변화와 일탈은 두려운 것이 되고, 그 당연한 결과로 나를 점점 잃어갑니다. 군자는 조화를 꾀하되 동화되지 않는데(和而不同화이부동),[66] 나를 없애는 것에 길들어 있으니 무리에 동화라도 되지 않으면 인생을 살아갈 수가 없습니다. 이제 우리는 화와 동을 구분하지 못하는 지경에 이르렀습니다.

삶은 결코 나를 없애는 과정이 아닙니다. 오히려 나를 알아가고 나를 성장시켜가는 것이 인생입니다. 나라는 나무를 가꿔가듯이 말입니다. 항상 잊지 말아야 할 것은 먼저 내가 있다는 사실입니다. 먼저 내가 행복하지 않으면 나와 관계를 맺고 있는 그 누구도 행복할 수 없습니다.

내 삶의 북극성은 나다

《논어》에는 무릎을 탁 칠 정도의 주옥같은 표현들이 많이 등장하지만 제가 가장 좋아하는 표현은 단연코 '북극성'입니다. 북극성은 밤하늘에서 거의 움직이지 않는데, 다른 별들은 그런 북극성을 기준으로 삼아 각자의 자리를 잡습니다. 북극 가까이에 있고 위치가 거의 변하지 않는 북극성의 특성상 옛날 사람들은 북극성을 보고 방위를 찾을 수 있었고 그 덕에 길을 헤매지 않을 수 있었습니다. 공자는 이런 북극성의 특징을 정확히 집어내 우리에게 큰 깨달음을 줍니다.

> 정치를 덕으로써 한다는 것(爲政以德위정이덕)은 비유하자면 북극성(北辰북진)이 마땅히 있어야 할 곳에 있으면(居其所거기소) 뭇별들이 그곳으로 향하는 것과 같다(而衆星共之이중성공지).[67]

우리는 모두 가슴에 하나의 우주를 품고 있습니다. 각자는 저마다의 삶의 북극성입니다. 내가 아무리 못났더라도 내 인생의 북극성은 바로 나입니다. 나보다 똑똑해서, 능력이 있어서, 믿을 수 있다고 해서 다른 사람에게 내 인생의 북극성 자리를 내주어서는 안 됩니다. 북극성은 곧 천체의 질서입니다. 북극성이 자기의 역할을 포기하는 순간, 그 우주는 아무것도 없는 텅 빈 공간인 카오스chaos가 됩니다. 그 상태에서 보이는 모든 것은 망상과 허구에 불과합니다. 이는 너무나 당연한 결과입니다. 별들은 북극성을 보고 비로소 자리를 잡는데, 북극성이 자기 자리를 지키지 못하면 나머지 별들은 기준으로 삼을 것이 없으니 자기가 있어야 할 곳을 찾지 못하게 됩니다. 내가 내 삶의 북극성임을 깨닫는 것이 이립의 시작입니다.

내가 있어야 할 곳은 어디인가?

북극성이 할 일은 마땅히 있어야 할 자리에 머무는 것뿐입니다. 그러면 다른 별들은 알아서 질서를 잡아갑니다. 내가 나로서 나다운 삶을 살아가고 있으면 부모님, 배우자, 자녀, 친구, 회사 동료 등 나를 둘러싼 모든 관계가 자기 자리를 잡아갑니다. 그런데 우리는 정작 나는 자리를 잡지 못한 상태에서 관계에만 매달립니다. 이혼을 고민하는 분들에게 가장 많이 듣는 얘기는 자녀 걱정입니다.

"이혼 후에 아이가 상처받지 않을까요? 아이를 잘 키우려면 어떻게 해야 할까요?"

자녀를 잘 키우고 싶은 마음은 이혼한 부모이건 하지 않은 부모이건 동일합니다. 그러니 없던 문제가 새로 생긴 것도 아니고 문제가 달라진 것도 아닙니다. 부모라는 북극성이 마땅히 있어야 할 곳에 머물면 자녀라는 별은 알아서 자기 자리를 잡아갑니다. 마치 공자가 노나라로 돌아와 음악을 바로잡았더니(然後樂正연후악정) 아雅와 송頌이 저절로 자기 자리를 잡아간 것(各得其所각득기소)과 같습니다.[68]

몇 년 전에 출연하던 프로그램이 종영해서 제작자 및 출연자들과 함께 회식을 하게 되었습니다. 이런저런 이야기를 하다가 저마다의 가정생활에 대한 이야기가 나왔습니다. 마침 결혼을 앞둔 예비 신부가 있어서, 결혼 준비 과정에서 있었던 갈등부터 시작해서 다양한 가정불화에 대한 이야기가 오갔습니다. 그런데 가만히 듣고만 있던 한 남자 PD님이 한마디 하셨습니다.

"어머니에게 배우기를 부모가 자기를 생각하는 순간 자식 인생은 망한다고 하셨어요. 그래서 참고 있습니다."

부모라는 역할의 무게감 때문에 떠들썩하던 분위기는 순식간에 숙연해졌습니다. 자, 우리를 구속하는 그 '역할'에 대해서 한번 생각해보겠습니다. 역할이란 곧 '~다움'이라고 할 수 있는데, 먼저 이와 관련한《논어》의 대표적인 구절을 살펴보겠습니다.

> 제나라 경공이 공자에게 묻습니다.
>
> "정치란 무엇인가?"
>
> "임금은 임금답고, 신하는 신하답고, 부모는 부모답고, 자식은 자식다운 것(君君, 臣臣, 父父, 子子 군군, 신신, 부부, 자자)입니다."[69]

정치는 곧 질서입니다. 각자가 맡은 바 역할을 다하면 임금이 따로 무엇을 하지 않아도 정치는 이루어집니다. 그런데 여기에서 주의할 점은 역할 이전에 먼저 그 역할을 담당할 내가 있어야 한다는 것입니다. '나다움'은 모든 것의 출발점입니다.

내가 먼저 있고 그다음에 임금, 신하, 부모, 자식이라는 역할도 부여되는 것입니다. 자기 자신을 북극성으로 생각하지 않는 사람은 안타깝게도 역할에 맞는 '~다움'을 가질 수 없습니다.

나는 거기에 머물고 있는가?

내가 마땅히 있어야 할 자리에 있다면, 그다음은 그 자리에서 이탈하지 않으려고 노력하는 것입니다. 즉 오래 유지하는 문제입니다. 내 삶의 북극성이 되기 위한 방법은 두 가지입니다. 첫째는 내가 마땅히 있어야 할 곳을 탐색하는 것이고, 둘째는 그곳에 머무는 것입니다. 내가 마땅히 있어야 할 자리를 찾을 때는 '도달하지 못하면 어떡하지(學如不及학여불급)' 하는 절절한 마음이 필요하고, 도달한 후에는 그 자리를 이탈하지 않고 머물기 위해 '이것을 잃으면 어떡하지(猶恐失之유공실지)' 하는 두려운 마음이 필요합니다.[70]

그런데 안타깝게도 현실에서는 결혼이라는 이벤트를 통해 내가 있어야 할 자리에서 이탈하는 경우가 많습니다. 이런 경우 오랜 결혼 생활은 내가 어떤 사람인지를 철저히 잊게 할 뿐입니다. 서로가 하향평준화를 향해 나아가며 동이불화同而不和를 시전하고 구차한 사람이 되어갑니다. 끊임없이 '나는 어떤 사람인가?' 하고 묻는 것은 나를 잊지 않는 방법입니다. 내가 북극성임을 잊지 않을 때 비로소 좋은 관계를 맺을 수 있습니다.

아는 변호사

네가 있어야 할 곳에 있어라

아무리 못났어도
내 인생의 북극성은 나다

북극성의 모습은 저마다 다르다

우리 모두는 '나라는 우주의 북극성'입니다. 아무리 못났어도 내 우주의 북극성 자리를 다른 사람에게 내주어서는 안 됩니다. 아마도 당신은 마음속으로 이런 질문을 떠올리실 겁니다. '어떻게 하면 북극성이 될 수 있을까?', '내가 마땅히 있어야 할 자리는 어디일까?' 그러고는 또다시 평균적인 북극성의 모습을 찾아 헤매는 과오를 범합니다. 하지만 안타깝게도 이에 대한 해답은 누구도 줄 수가 없습니다. 내가 어떤 모습의 북극성인지는 오로지 나만이 알고 있습니다. 저는 단지 그것을 알아낼 방법을 말씀드릴 수 있을 뿐입니다. 그것은 '나를 아는 것', 즉 '나를 탐구하는 것'입니다. 그리고 나를 알아가기 위한 도구가 바로 아류논어입니다.

분명한 것은 북극성은 저마다 다른 모습을 하고 있다는 점입니다. 이를 모양에 비교하자면 별, 네모, 동그라미, 마름모 등 다양합니다. 똑같은 별이라도 완벽히 같을 수는 없습니다. 예를 들어서 절차탁마하는 자세로 나를 탐구한 결과 내가 별의 모습을 하고 있는 사람이라면, 내 우주의 북극성은 별 모양입니다. 즉 나는 별의 모습을 하고 있을 때 가장 나답고 거기에 머무는 것이 진심으로 편안하기 때문에 그곳에 계속 머물 수 있습니다. 내가 마땅히 있어야 할 곳은 바로 그곳입니다.

이상적인 관계에 대하여

내 우주의 북극성이 마땅히 있어야 할 곳에 있는 상태, 즉 이립이 되었으면 이제 다른 사람과 관계를 맺어야 합니다. 그 관계의 모습이 결혼이라고 가정해보겠습니다. 상대방을 지인한 결과 상대방의 북극성은 네모입니다. 그렇다면 그 사람은 네모일 때 가장 밝게 빛납니다. 이제 별과 네모가 만납니다. 별과 네모가 완벽하게 일치할 수는 없습니다. 겹치는 부분이 있는가 하면 모자라는 부분도 있고 넘치는 부분도 있습니다. 좋은 관계란 서로가 별의 모습과 네모의 모습을 유지할 수 있게 해주는 것입니다. 그런데 만일 네모가 별의 부족한 부분을 채우려 하고 넘치는 부분을 없애려고 한다면 어떨까요? 처음에 별은 상대방을 위해서 자신의 넘치는 한 부분을 네모 안에 들어가게 욱여넣을 수도 있습니다. 그 고통은 이루 말할 수 없지만 네모를 위해서 참습니다. 그런데 이제 네모는 별의 튀어나온 나머지 네 부분도 네모 안에 넣을 것을 원합니다. 더도 말고 덜도 말고 딱 자기처럼 똑같은 네모가 되게 하려는 것입니다.

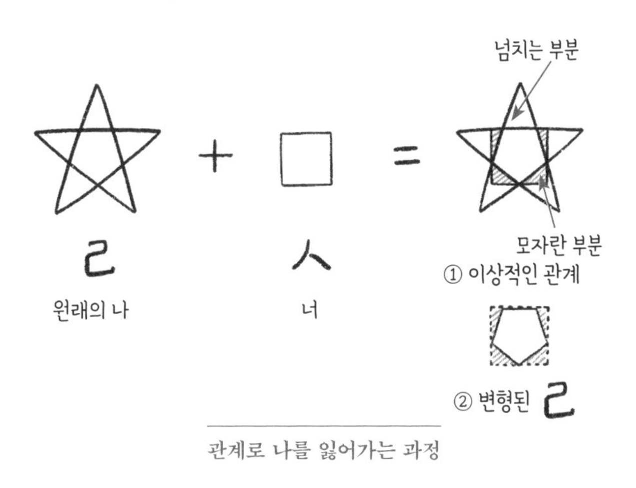

관계로 나를 잃어가는 과정

별은 선택의 기로에 놓이게 됩니다. 나를 더욱 없애서 네모인 것처럼 살 수도 있습니다. 바로 그것이 나를 잃고 살아가게 되는 것입니다. 이제는 내가 별이었는지도 기억이 나지 않습니다. 우리는 쉽게 참고 살 수 있다고 생각하며 자신을 기만하지만 별은 네모인 척하며 살아갈 수 없습니다. 그것은 나라는 존재의 소멸이며, 그 상태의 종착지는 우울증입니다. 또 하나의 선택지는 네모가 정해놓은 틀에서 벗어나 웅크리고 있던 몸을 활짝 펴는 것입니다. 그런데 이것은 수동적으로 회피하는 것보다 훨씬 더 어려운 일입니다.

스스로 한계를 긋다

벼룩은 자기 몸의 200배에 달하는 높이를 뛸 수 있다고 합니다. 마치 인간이 63빌딩을 뛰어넘는 것에 비유된다니 참으로 대단한 능력입니다. 그런데 이처럼 재능 있는 벼룩을 높이 10센티미터 통에 가둬두면 어떻게 될까요? 틀 안에 갇혀버린 벼룩은 충분히 더 뛸 수 있지만 뛸 때마다 머리가 천장에 부딪히는 경험을 합니다. 아프고 고통스럽습니다. 그래서 스스로 덜 뛰기로 선택합니다. 그렇게 시간이 흐른 뒤 이제는 10센티미터 높이밖에 뛰지 못하는 벼룩으로 전락하고 맙니다. 이때 벼룩은 '나는 원래부터 그 정도밖에 뛰지 못했어'라고 생각하게 됩니다. 나중에 그 잔악무도한 통을 치워도 벼룩은 더 이상 높이 뛰지 못합니다.

공자는 하고는 싶은데 역부족이라고 변명하는 염유를 향해 “너는 지금 스스로 한계를 그었다(今女畫금여획)”라고 일갈합니다. 우리는 관계에서 영향을 받기 때문에 내 옆에 누가 있는지는 일생일대의 문제입니다. 관계는 이렇게 무서운 것입니다. 따라서 섣불리 관계를 맺기 전에 내가 별인지, 네모인지, 동그라미인지에 대한 확고한 인식이 선행되어야 합니다. 그래야만 나의 별다움을 해치려고 시도하는 사람을 단번에 알아보고 절지節之를 할 수 있습니다. 벼룩에게 10센티미터의 한계는 주어진 것이지만, 우리의 한계는 스스로 만든 것입니다.

아는 변호사

당신은 간절함이 있나요?

거리 두는 법

타인성을 인정하라

지금까지 무엇보다 먼저 각자 삶의 북극성이 되어야 한다는 점을 강조했습니다. 그것이 바로 이립입니다. 절차탁마 끝에 북극성으로서 나라는 우주의 중심에 자리를 잡았다면, 이제는 관계를 맺어야 할 때입니다. 우리는 살면서 다양한 인간관계를 맺습니다. 인간의 행복과 불행은 관계에서 오기 때문에 좋은 사람과 관계를 맺고 나쁜 사람과 관계를 끊는 것이야말로 행복한 삶을 위한 유일무이한 조건이 됩니다. 그렇다면 어떻게 해야 좋은 관계를 맺을 수 있을까요?

일찍이 공자는 정치에 대해 '리더는 리더답고, 부하는 부하답고, 부모는 부모답고, 자식은 자식다운 것'이라고 정의했습니다. 정치란 것이 나와 네가 모인 우리의 관계를 바르게 하는 것이라고 본다면, 공자의 정치에 대한 생각은 관계 맺기의 기준이 됩니다. 어떻게 보면 각자의 역할에 충실하라는 뻔한 이야기로 들리지만, 이는 서로의 '타인성'을 인정하는 것을 전제로 합니다.

리더가 아무리 조직을 사랑해도 스스로 부하가 되어 일을 할 수 없고, 부모가 아무리 자식을 사랑해도 자식이 되어 살 수는 없습니다. 반대의 경우도 마찬가지입니다. 이것은 내가 바로 서지 않은 사람은 다른 사람도 바로 세워줄 수 없다는 공자의 말과 연결됩니다. 우리는 저마다 자기 우주의 북극성입니다. 부모가 부모답기 위해서는 우선 나와 자식이 다른 존재임을 인정해야 합니다. 이것이 거리 두기입니다.

관계마다 거리는 다르다

우리가 살면서 맺게 되는 부모, 형제, 친구, 직장 동료, 배우자, 자녀 등 수많은 관계는 나에게 동일한 가치를 가질까요? 전혀 그렇지 않습니다. 나라는 북극성을 중심으로 우리는 각각의 관계마다 일정한 거리를 유지해야 합니다. 그것이 질서입니다. 각각의 거리는 사람마다 다르게 설정할 수 있겠지만, 대개는 나를 중심으로 배우자가 1번, 자식이 2번, 부모가 3번이 될 것입니다(그 순서는 당신이 결정하는 것입니다). 그다음은 친구, 직장 동료, 이웃 사람, 먼 친척 등이 될 수 있습니다. 제가 설정한 거리는 다음과 같습니다.

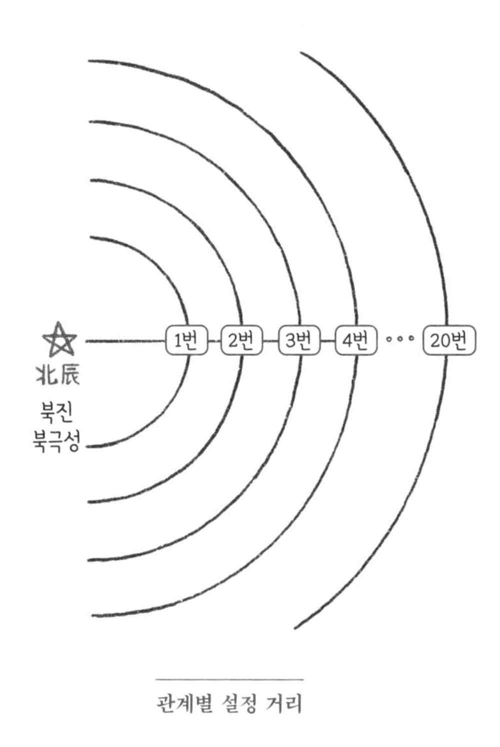

관계별 설정 거리

거리는 그대로 가중치가 됩니다. 가장 중요한 것은 나이고, 그다음이 배우자입니다. 이 거리 간격이 무너지게 두어서는 안 됩니다. 그런데 우리는 특히 자식과의 관계에서 거리를 쉽게 무너뜨립니다. 어떤 엄마가 '자식의 행복이 곧 나의 행복'이라는 신념을 가지고 자식을 내 우주의 북극성 자리에 앉혀놓았다고 해봅시다. 하지만 자식은 결코 엄마라는 우주의 북극성이 될 수 없기 때문에, 자식이라는 별은 기준점이 없는 칠흑같이 어두운 엄마의 우주에서 결국 자신을 밝히지 못하고 소멸하게 됩니다. 다른 사람을 자기 우주의 북극성에 앉혀놓은 그 엄마 역시 더 이상 인간으로서의 성장은 기대하기 어렵습니다. 자식이 자기 우주의 북극성이 될 수 있도록 도와주는 것이 부모의 역할이고, 사랑입니다. 그리고 그것이 바로 '부모다움'인 것입니다.

거리 두기가 제대로 되려면 결국은 사람을 볼 줄 아는 눈이 있어야 합니다. 부모와 자식이야 천륜이라서 끊어낼 수는 없지만 우리는 적정한 거리를 설정할 수 있습니다. 나와 가장 가까운 1번 배우자의 자리는 100퍼센트 나의 선택이기 때문에 가족 관계보다 수월합니다. 10번 정도의 거리를 유지하는 친구로 두어야 할 만한 사람을 외롭다는 이유로, 아니면 그냥 말이 잘 통한다는 이유로 1번 자리에 놓는다면 어떻게 될까요? 이혼 상담을 하다 보면 이런 경우를 많이 봅니다. 10번 정도의 거리에서 가끔 만나면 평생을 두고 참 좋은 친구로 남았을 관계인데 나의 욕심 때문에 1번 배우자의 자리에 앉혀놓았으니,

서로에게 곤욕스러운 관계가 형성되고 결국 서로를 망치게 됩니다. 지인을 통해 상대와의 정확한 거리를 정하고, 그 거리를 철저하게 유지하는 것이 좋은 관계를 맺는 방법입니다.

1번 자리는 비워둬라

삶을 살면서 가장 경계해야 하는 감정은 '외로움'입니다. 모든 생명체 중에 인간만이 스스로 생각해서 선택할 수 있는 자유의지를 신으로부터 부여받았고, 그 때문에 인간은 존재하는 동안 외로움을 느낄 수밖에 없습니다. 사람의 성장은 이 외로움을 어떻게 다스리느냐에 달려 있다고 해도 과언이 아닙니다. 외로움을 에너지로 전환하는 사람은 끊임없는 성장의 동력을 얻게 되지만, 외로움에 압도당한다면 매번 잘못된 선택을 하다가 결국 나락으로 떨어지게 됩니다.

이혼 상담을 할 때 사람들은 '결혼 적령기', '자녀 출산 연령', '이만하면 괜찮다', '운명', '안정' 등 결혼을 결심했던 다양한 사유를 말하지만, 그 내면에 자리 잡은 감정은 결국 외로움인 경우가 대부분입니다. 하지만 외로움이라는 매우 불합리한 생각으로 아무에게나 1번 자리를 내준다면, 나는 물론이고 다른 관계 역시 엉망진창이 될 가능성이 큽니다.

1번은 북극성이 자기가 있어야 할 자리에 머물 수 있도록 도와주고 더욱 밝게 빛나게 해줄 매우 중요한 자리입니다. 1번 자리는 채워져 있지 않아도 됩니다. 비워두십시오. 외로움에 취해 2번을 1번 자리에 놓아서도 안 됩니다. 이혼 후 저의 1번 자리는 공석입니다.

아는 변호사

외로운 이유와 대처법

사람을 보는 법

눈을 감고 사람을 보다

우리는 회사 업무 파트너, 동업자, 친구, 배우자 등 다양한 관계를 맺으며 살아갑니다. 각각의 관계에 따라 내가 중요하게 생각하는 기준은 다를 수 있습니다. 일 잘하는 사람, 신뢰할 수 있는 사람, 착한 사람, 가정적인 사람, 내 말을 잘 들어주는 사람, 나를 사랑하는 사람, 어른을 잘 모시는 사람, 말이 잘 통하는 사람 등등 여러 가지 기준이 있을 것입니다. 내가 누군가와 관계를 맺을 때 체크하는 요소가 바로 내 가치관의 표현입니다. 그렇기에 내가 인생에서 가치 있게 생각하는 것이 그대로 사람을 평가하는 기준으로 드러나는 것입니다.

삶에서 무엇을 가치 있게 생각하는지는 사람마다 다르기 때문에 당신이 제시하는 기준이 어떤 것이든 상관없습니다. 애초에 우월한 조건이라거나 보다 나은 조건이란 것은 없습니다. 그러니 내 기준을 다른 사람의 기준과 비교할 필요도 없습니다. 그런데 우리는 내 기준이 이상하지는 않은지, 잘못된 것은 아닌지, 내가 너무 예민한 것은 아닌지 등 스스로가 세운 기준 자체를 의심합니다. 인간관계가 실패로 치닫게 되는 대부분의 이유는 기준 자체에 있는 것이 아니라 그 기준에 부합하는 사람인지 아닌지 가려내지 못하는 것에 있습니다.

이혼 상담을 할 때 배우자와 결혼을 선택한 이유나, 이혼을 선택하지 못하는 이유를 물으면 많은 분이 '착함'을 근거로 제시합니다. "그래도 사람은 착하잖아", "세상에 그런 사람이 어딨니? 그 정도면 양반이야" 등 밑도 끝도 없이 착한 것을 기준으로 내세우는 경우가 종종 있습니다. 착한 것이 나쁜 기준은 아닙니다. 문제는 상대가 착한지 아닌지를 가려내지 못하는 것입니다.

- 착해 보였어요. 그런데 살아보니 우유부단한 것이었더라고요. 어떤 일이 닥치면 결정을 못 내리고 가족에 대한 책임감도 없어요.
- 착하다고 생각했어요. 항상 제 의견을 따라주었고요. 그

런데 그저 자기 생각을 조리 있게 말하지 못하는 거였더라 고요. 제 의견을 따라준 게 아니라 싫은데 말을 하지 못했던 거였어요.

우유부단한 것과 말수가 적은 것을 착한 것이라고 잘못 평가한 것입니다. 그렇게 잘못 판단하게 된 이유는 아마도 결혼 적령기에 들어서 더 이상 늦추면 결혼을 못 할 수도 있다는 두려움, 이 정도면 괜찮다는 조급함 등의 욕심이 작용했기 때문일 것입니다. 아무리 우리가 사리 분별이 없어도 우유부단한 사람과는 결혼할 수 없습니다. 그래서 이미 결혼을 향해 달려가기로 결정한 당신은 그 사람의 '우유부단함', '말주변이 없음' 등의 단점을 꾸역꾸역 '착함'이라는 모호한 기준에 꿰맞춥니다. 즉 착하다는 것이 나쁜 기준인 것이 아니라 그것을 제대로 평가해내지 못하는 것이 잘못입니다. 눈을 질끈 감은 채 내 욕심대로 또는 당위에 맞춰 사람을 평가하니 눈을 뜨고도 보지 못하는 지경에 이르게 됩니다.

반드시 살핀다

점쟁이가 아닌 이상 사람을 평가하는 특별한 비법은 없습니다. 우리가 할 수 있는 일은 겉으로 드러나는 말과 행동을 잘 살피는 것뿐입니다. 중요한 점은 '어떤 상황에서도 살펴야 한다'는 것입니다. 공자는 "많은 사람이 미워하더라도(衆惡之중오지) 따라 하지 말고 반드시 살피고(必察焉필찰언), 많은 사람이 좋아하더라도(衆好之중호지) 따라 하지 말고 반드시 살펴라(必察焉필찰언)"라고 합니다.[71] 그런데 우리는 직접 눈으로 본 것을 의심하고 주변 사람들의 평가에 생각을 당하곤 합니다.

- 남편은 회사 내에서 평판이 좋아요. 자상하고 친절하며 일도 잘하는 사람으로 유명해요. 저는 남편이 저에게만 잘하는 줄 알았어요. 그런데 연애할 때 이미 다른 여자가 있었어요. 남편이 그 여자하고는 끝났다고 해서 믿었어요.
- 무언가 싸한 느낌이 계속 들었어요. 그런데 그 사람을 소개해준 친척분이 "네가 잘 몰라서 그래. 그런 사람 아니야"라고 했어요. 그때는 파혼이라는 것을 결정할 만큼 제 생각에 확신이 없었고, '그래, 어른들이 더 보는 눈이 있겠지'라고 생각했어요. 그런데 나중에 알고 보니 그 친척분은 남편을 본 적도 없고 그냥 여기저기서 들은 이야기를 전달해준 거였어요.
- 앞으로 벌어질 일들에 대한 힌트가 조금씩 보였지만 멈추지 못했어요.

한가로이 남을 품평하는 것을 경계하다

사람을 평가하는 것은 맹목적으로 품평하는 것과는 다릅니다. 공자의 제자인 자공은 대표적인 지자로 평가받는데, 지자답게 사람들을 비교하기를 좋아했습니다. 공자가 지인을 강조하는 이유는 다른 사람의 좋은 점을 보고 따라 하고, 나의 나쁜 점을 개선하여 스스로 좋은 사람으로 성장하기 위함입니다. 하지만 자공은 그저 사람을 비교하며 장단점을 논하는 행위 자체에 심취하고 자기 자신은 돌아보지 않습니다. 공자는 한가로이 남을 품평하는 자공을 돌려깝니다.

> 자공은 참으로 나보다 뛰어난가 보구나(賜也賢乎哉사야현호재). 나는 그럴 틈이 없다(夫我則不暇부아즉불가).[72]

우리가 다른 사람과 관계를 맺는 이유는 그 관계를 통해서 나를 알아가기 위함입니다. 그렇게 해서 나다운 사람이 되어가는 것, 그것이 바로 공자가 강조하는 지인입니다. 자공처럼 주변 사람을 비교만 해서는 불평과 불만 외에는 얻을 것이 아무것도 없습니다.

사람을 살피는 세 가지 방법

공자가 사람을 살피는 방법으로 제시하는 것이 성기사省其私입니다. 공자가 수제자인 안회를 관찰하여 제대로 평가해낸 방법 역시 성기사였습니다. 성기사란 나른 사림의 사사로운 모습을 작은 것부터 세세하게 살피는 것입니다. 이 성기사는 3단계로 심화되는데, '시視 → 관觀 → 찰察'이 그것입니다. 이 3단계의 과정을 모두 거치면 누구도 자기 자신을 숨길 수 없습니다. 성기사의 핵심은 아홉 가지 생각의 기술, 즉 구사九思 중 하나인 의사문疑思問, '의문이 들면 물어봐라'입니다. '설마 아니겠지', '에이, 그럴 리가 있겠어?'라며 생각을 포기하지만 않는다면 우리는 상대방이 어떤 사람인지 반드시 알아볼 수 있습니다.

• 남편은 연애할 때 혼자 살고 싶다는 말을 많이 했어요. 부모님에게 연락도 잘 안 해서 부모님과 애착도 별로 없다고 생각했어요. 그래서 남편이 저처럼 독립적인 사람이라고 판단했어요. 하지만 남편은 제가 착해서 자기 부모에게 순종할 거라고 생각해서 저와 결혼했다고 하더라구요. '지금과 그때의 태도가 크게 다르지 않구나.' 그때 문제제기를 했다면 남편의 본모습을 볼 수 있었을 텐데 후회돼요.

우리가 질문을 제대로 하지 못하는 이유는 상대가 불쾌해할까 봐, 나랑 헤어질까 봐, 관계가 어색해질까 봐 등 다양한데 이 모든 이유의 바탕은 바로 '욕심'입니다. 나의 욕심이 스스로 눈을 멀게 하고 스스로 귀를 닫게 하여 그나마 있는 분별력까지 작동하지 못하게 합니다. 물어보는 행위인 의사문과 성기사를 통해 우리는 비로소 상대를 정확히 살필 수 있습니다.

- 1단계: 시視, 보다Observe what he does

성기사의 첫 번째 단계는 시기소이視其所以입니다. 시視는 그냥 눈에 보이는 그대로 보는 것입니다. 상대방의 말과 행동을 눈으로 보는 것을 말합니다. 이는 가장 얕은 단계의 보는 것으로 별 노력이 필요 없습니다. 그런데 우리가 욕심에 눈이 먼 상태로 상대를 보기 때문에 이마저도 제대로 못 해내곤 합니다.

- 2단계: 관觀, 살피다Look into his motives

성기사의 두 번째 단계는 관기소유觀其所由입니다. 동사 관觀은 단순히 눈으로 보는 것이 아니라 관찰하는 단계까지 깊이 내려가는 것을 의미합니다. 유由는 이유입니다. 상대방이 왜 그렇게 말하고 행동하는지 그 이유를 살피는 단계입니다. 이유는 눈으로 본다고 해서 바로 보이는 것이 아니기 때문에 관을 하여 살필 줄 알아야 합니다.

- 3단계: 찰察, 고찰하다 Fine out in what he rests

성기사의 세 번째 단계는 찰기소안察其所安입니다. 안安은 편안한 것을 의미합니다. 우리는 자기 자신을 속이지 않을 때 비로소 편안함을 느낍니다. 어떤 목적을 위해서 '없으면서 있는 척', '텅 비어 있으면서 가득 찬 척'을 할 때 우리는 불안합니다. 따라서 성기사의 마지막 단계는 상대방의 말과 행동이 정말 마음에서 우러나온 것인지, 그래서 현재 상태를 편안해하는지를 고찰하는 것입니다. 이것은 내면에 있기 때문에 이를 알아내는 데 필요한 동사가 '찰察'입니다. 우리는 상대의 진심을 살피는 것은 불가능하다고 섣불리 단정합니다. 하지만 사람을 살피는 세 가지 방법은 결코 관심법을 의미하지 않습니다. 내면의 마음이란 결국 그 사람의 말과 행동으로 드러나기 때문에 고찰하면 상대방이 어떤 사람인지 반드시 알아낼 수 있습니다. 이와 같이 마지막으로 찰하여 상대방이 자신을 속이는 것인지 아닌지까지 들여다봐야 비로소 지인이 끝납니다.

아는 변호사

연애의 목적은 결혼이 아니다

연애의 법칙

나쁜 놈 판별법

나를 모르는 사람은 다른 사람을 알 수 없다

배우자가 결혼 후에 180도 달라졌다고 하소연하는 분들이 있습니다. 배우자가 변한 것인지, 아니면 원래부터 그랬는지는 질문을 통해서 확인할 수 있습니다. 저는 이혼 상담을 할 때 결혼 전 연애할 때 확인한 상대방의 말과 행동에 대해서 묻습니다. 대부분의 경우 배우자는 연애 시절부터 '나는 이런 사람이야'라며 온몸으로 말해왔습니다. 그리고 더욱 놀라운 것은 당신도 이미 상대방의 그런 모습을 다 봤고 문제가 있다고 생각했다는 것입니다. 그런데도 결혼에 이르게 된 이유는 바로 생각을 포기했기 때문입니다. 배우자가 변한 것이 아닙니다. 배우자는 원래 그런 사람입니다.

"그때 남편이 이런 사람이란 것을 이미 알고 계셨잖아요. 왜 결혼하셨어요?"

"제가 좀 긍정적이고 낙천적이라서요. 결혼하면 괜찮아질 줄 알았어요."

긍정적이고 낙천적인 것은 좋은 자질이지만 엉뚱한 곳에 쓰이면 내 인생을 호구 잡히는 데 일조할 뿐입니다. 나를 정확하게 평가할 줄 아는 것이 성기사의 출발점입니다. 이혼 상담을 할 때 반드시 지금의 배우자와 결혼을 결정한 이유를 물어봅니다. 왜냐하면 이혼 후에도 삶은 계속되고 우리는 또 새로운 관계를 맺게 될 것인데, 내가 어떤 부분에서 지인을 잘못했는지를 알아야 같은 잘못을 저지르지 않게 되기 때문입니다. 그것이 성장입니다.

결혼은 평생을 함께할 것이 법적으로 강제되는 정신적·육체적 결합으로, 배우자를 선택하는 것은 수많은 지인 중에서도 최고 난이도의 경지입니다. 김영희(가명) 님의 사례를 들어보겠습니다.

"영희 님은 왜 이 사람하고 결혼하셨어요?"

"남편이 만나자마자 결혼 이야기를 꺼냈어요. 그때 저는 결혼할 생각이 없었어요."

"영희 님은 인생 계획이 뭐였어요?"

"저는 좀 더 공부하고 경력을 쌓아서 해외지사에 나가고 싶었어요."

"그러면 애초에 결혼할 상황이 아니었는데 왜 결혼하셨어요?"

"주변 친구들도 대부분 결혼했고 저도 좀 외로웠어요. 그리고 '이 남자가 결혼하자고 할 만큼 나를 좋아한다면 결혼해도 나쁘지 않겠다'라고 생각했어요. 저도 사실 주변에 만날 수 있는 남자들이 많은 것도 아니었고요."

"그럼, 남편은 어떤 사람이에요?"

"믿음직스럽고 성실했어요. 장거리 연애인데도 연락을 주기적으로 했고요. 싸움이 나면 남편이 적극적으로 풀려고 했어요."

"결혼하고 나서는 어땠어요?"

"결혼하면 본색이 드러난다고 하잖아요. 싸우면 말을 안 하더라고요. 말을 한번 안 하기 시작하면 한 달까지도 하지 않아요. 너무 답답해서 미칠 것 같아요. 결국 우울증까지 왔죠. 지금은 거의 대화를 하지 않아요. 그래야 서로 편해요."

"그런 사람이 결혼 전에 적극적으로 화해하면서 관계를 풀려고 했던 이유는 무엇이었을까요?"

"지금 생각해보면 그냥 저하고 결혼하려고 그랬던 것 같아요. 당시 남편은 직장 특성상 주변에 여자들을 만날 기회 자체가 없었거든요."

"결혼 당시에는 그런 점을 모르셨어요?"

"사실, 그때도 다 알고 있었어요. 하지만 저도 결혼 적령기가 되었고, 남편 정도면 나쁘지 않다고 생각했어요. 또 계속 마주치게 되는 것이 운명인가 보다 생각하고 결혼하게 되었어요."

김영희 님은 상대방이 나에게 잘해주는 말과 행동을 보았고, 왜 나한테 잘해주는지 그 이유에 대해서도 살펴서 알고 있었습니다. 그 이유라는 것은 '결혼하고 싶은데 여자를 만날 수 있는 환경이 아니다'였습니다. 누구라도 결혼하고 싶은 상대에게는 잘해주기 마련이고, 상대방이 싫어하거나 마이너스가 될 만한 점은 가능한 한 숨기려 합니다. 우리는 누가 나한테 잘해주면 기분이 좋고 상대방에게 호감이 갑니다. 하지만 그런 사유로 제대로 지인하지 않고 법률혼 관계를 설정하는 것은 매우 곤란합니다.

안타깝게도 김영희 님의 성기사는 여기에서 멈추었고, 그 다음 단계인 '저 사람이 나한테 하는 말과 행동이 단순히 나한테 잘 보이기 위해서 가장하는 것인지, 아니면 원래 그런 것을 편안해하는 사람인지'에 대한 찰기소안으로 나아가지 않았습니다. 다른 것은 그렇다 치더라도 가장 중요한 문제 해결 능력에 대해서 김영희 님은 싸우면 상대방이 적극적으로 풀려고 했던 '행동'만 보고 그 사람이 나와 결혼하기 위해서 그런 것인지, 아니면 평소에도 그렇게 문제 해결을 하는지 전혀 성기사하지 않은 것입니다. "지금은 거의 대화를 하지 않아요. 그래야 서로 편해요"라는 영희 님의 말에서 알 수 있듯이 상대방의 안安은 문제가 있으면 적극적으로 해결하는 것이 아니라 회피하는 것이었습니다.

결과적으로 영희 님이 배우자를 선택하는 데 고려한 요소는 외로움, 운명, 결혼 적령기, (오로지 외형적인) 조건이 나쁘지 않다는 것뿐이었습니다. 더욱 놀라운 사실은 이 결혼이 상대방의 시간대로 흘러간 결과라는 점입니다. 처음부터 영희 님은 이때 결혼할 생각이 전혀 없었고, 오로지 앞으로의 커리어를 계발하려는 생각뿐이었습니다. 그런데 나에게 호감을 가지고 청혼하는 남자가 생기자 결혼을 고민했고, 영희 님의 인생은 거기서 멈추게 되었습니다.

"왜 이 사람하고 결혼하셨어요?"라는 첫 질문에 대한 답변이 모두 상대방에 대한 것이라는 점에 주목하십시오. 영희 님은 상대방이 결혼이라는 화두를 던지자 본인의 인생을 항해하는 배의 시동을 꺼버렸습니다. 여기에는 외로움, 미래에 대한 불안, 두려움, 애정 등 다양한 감정이 작용했을 것입니다. 아무튼 이제부터 영희 님은 자신의 삶에 결혼이라는 새로운 당면 목표를 세웠습니다. 그리고 거주지, 경제력, 성격 등 상대방이 가진 현재의 조건을 상수로 고정해놓고 여기에 내가 맞춰서 살 수 있는지만 고민했습니다. 일단 결혼이라는 목표가 세워진 이상 맞추지 못할 것이 없어 보입니다.

관계는 조화調和를 위해 서로 맞춰갈 수 있지만 반드시 물러설 수 없는 기준이 있어야 합니다. 바로 절지節之입니다. 안타깝게도 절지하지 못한 영희 님의 인생은 결혼으로 치달았고, 삶의 중기 목표가 '해외에서 근무하며 커리어를 쌓아가는 여성'에서 '오늘도 아이와 무사하기를 바라는 우울증에 걸린 경력이 단절된 엄마'로 바뀌었습니다. 평생을 함께해야 하는 '배우자'라는 관계를 맺을 때는 우선 스스로가 나는 어떤 사람인지, 어떤 인생을 살고 싶은지 충분한 기준을 세워야 합니다. 그러고 나서 이런 것들을 상대방과 함께할 수 있는지 검토해야 합니다. 상대방에게 나를 맞추어서는 곤란합니다.

"그런데 그때 영희 님은 결혼할 생각이 없으셨잖아요?"
"그러게요. 제가 미쳤었나 봐요."

나에 대한 이해가 없는 사람은 애초에 다른 사람이 제대로 보이지 않습니다. 비단 이 사례뿐만이 아니라 매우 많은 경우 우리는 사랑, 돈, 편리함 등 다양한 욕망에 눈이 멀어 상대에 대한 성기사를 포기하곤 합니다. 이것이야말로 혹惑입니다. 만일 당신이 스스로 상대방을 성기사하지 않아 속은 것을 '사기꾼한테 속았어', '누구라도 그 상황에서는 속을 수밖에 없었을 거야'라며 자기 위안을 한다면 조만간 또 사기를 당하게 될 것입니다. 나를 모르기 때문에 현실에서 잘못된 선택을 하는 경우는 굉장히 많습니다.

"결혼을 결심할 당시 저는 저 자신에 대해서 잘 몰랐던 것 같아요. 배우자가 좋은 직장이 없어도, 가진 돈이 없어도, 사업에 실패해도, 아이가 있더라도 괜찮을 줄 알았어요. 하지만 저는 제가 상상했던 그런 사람이 아니었더라고요."

공자가 사람을 얻는 방법

점을 치거나 관심법을 사용하는 것이 아닌 이상, 우리가 할 수 있는 지인의 방법은 결국 상대방의 말과 행동을 살피는 것입니다. 사이비에게 속아 넘어가지 않고 상대가 어떤 사람인지 제대로 알기 위해서는 상대방의 말과 행동을 어떻게 살펴야 할까요? 공자가 수제자 안회를 얻게 된 다음 일화에 답이 들어 있습니다.[73]

하루는 공자가 안회와 온종일 이야기를 나누었습니다. 그런데 안회는 스승님이 말을 하기만 하면 "네, 네" 하며 어기는 바가 전혀 없었습니다. 어느 정도였냐면, 안회는 공자가 무슨 말만 하면 기뻐하였습니다(吾言 無所不說오언 무소불열). 이 때문에 공자는 "안회는 나를 도와주는 사람이 아니다(非助我者也비조아자야)"라고 하기도 하였습니다.[74] 잘못된 것은 스승님이라도 잘못되었냐고 지적하는 것이 결국은 공자를 도와주는 것인데, 안회는 공자의 말을 듣고 기뻐하기만 한 것입니다. 날 선 질문을 하고 그런 문답을 통해 한 발짝 앞으로 나아가길 추구하는 공자로서는 안회의 이러한 행동이 대단히 실망스러웠습니다.

"내가 안회와 함께 온종일 이야기를 나누었는데, 내 말과 뜻을 어기는 바가 없어 어리석은(如愚여우) 듯이 보였다."

수제자 안회에 대한 공자의 첫 번째 평가는 '어리석다'였습니다. 그러나 사람에 대한 평가는 한 번으로 끝나지 않습니다. 공자는 계속해서 안회를 살피며 지인을 했습니다.

"그가 물러간 뒤 그의 사사로운 말과 행동을 세세하게 살펴보니(省其私성기사), 안회는 오히려 내가 말하고자 하는 바를 묵묵히 실천하고(亦足以發역족이발) 있었다."

공자는 안회를 계속해서 성기사하였습니다. 그 결과 안회야말로 자신의 가르침을 잘 알고 실천하고 있었다는 사실을 알게 되었습니다. 실행력을 강조하는 공자에게 이보다 더 뛰어난 제자는 없는 것입니다. 크게 기뻐한 공자는 안회에 대해서 내렸던 첫 번째 평가를 즉시 고칩니다.

"안회는 결코 어리석지 않다(回也不愚 회야불우)."

이것이 바로 자신의 잘못을 고치는 것을 조금도 꺼리지 않는 자세, 과즉물탄개過則勿憚改입니다. 공자가 뛰어난 점은 과오를 범하지 않는 것이 아니라 과오를 범했을 때 바로 고친다는 점입니다. 성기사와 과즉물탄개하는 자세로 공자는 수제자인 안회를 얻을 수 있었습니다. 주의할 점은 사람에 대한 평가는 단 한 번으로 끝나는 것이 아니라 관계를 맺는 동안 계속해서 이루어진다는 점입니다.

변할지 안 변할지 미리 아는 법

내가 아닌 상대를 봐라

삶을 살면서 맺게 되는 다양한 관계 중에서 가장 어렵고 치명적인 관계는 단연코 결혼일 것입니다. 변호사로서 결혼과 이혼 상담을 하면서 항상 받는 질문은 "배우자가 변할까요?" 입니다. 우리는 '결혼하면 달라질 거야', '아기가 생기면 변하겠지', '둘째가 생기면 변할 거야(놀랍게도 '셋째가 생기면 달라지겠지'도 있습니다)', '내가 노력하면 변하겠지' 등등의 생각을 반복하며 헛되이 시간을 흘려보내곤 합니다. 특히 배우자가 불륜을 저지른 경우 상담의 처음과 마지막을 이루는 질문은 "한번은 실수할 수 있으니 용서해줘야 할까요?", "인간이라면 다시는 안 그러지 않을까요?", "제가 남편에게 너무 소홀했던 것 같아요. 제가 조금 더 신경 써주면 돌아오지 않을까요?"입니다. 혹시 당신은 이런 생각을 해본 적이 있나요?

재미있는 점은 사례에 등장하는 상담자들의 의식 흐름에 정작 상대방은 들어 있지 않다는 것입니다. '결혼하면', '아기가 생기면', '내가 노력하면', '내가 더 신경 써주면'이라는 조건의 공통점은 두 가지입니다. 첫째 상대방과는 아무런 상관이 없고, 둘째 내가 통제할 수 있는 요소라는 것입니다. 변해야 하는 것은 환경이나 내가 아니라 불륜을 저지른 배우자인데도 나는 다른 곳을 보고 있는 것입니다. 그러고는 아무것도 안 할 수는 없으니 내가 통제할 수 있는 조건만을 변경시키려고 합니다. 그 말은 곧 배우자가 끝내 변하지 않으리라는 것을 당신도 이미 무의식적으로 알고 있다는 것을 방증합니다. 결국 이런 생각 자체가 문제를 회피하기 위한 수단에 불과합니다.

자, 이제 "배우자가 변할 수 있을까요?"라는 질문에 대한 답을 찾는 방법을 말씀드리겠습니다. 먼저 배우자를 바라보십시오.

미루어 짐작하는 법

안타깝지만 저 역시 어떤 사람이 미래의 어느 시점에 변할지 안 변할지 알 수 없습니다. 누군가가 앞으로 개선이 될지 악화가 될지 역시 알 수 없습니다. 하지만 우리는 지금 그 사람의 말과 행동을 통해 그 사람의 미래를 미루어 짐작할 수 있습니다. 단서는 그 사람에서 시작합니다. 공자는 "배우면 고집불통이 되지 않는다(學則不固학즉불고)"라고 하였습니다.[75] 즉 배우는 사람만이 좋은 방향으로 변할 수 있는 것입니다. 반대로 배우려 하지 않는 사람은 그 자리에 붙어서 옴짝달싹도 하지 않으니, 바로 변하지 않는 사람입니다. 따라서 "저 사람이 변할 수 있을까요?"라는 질문은 "저 사람이 배우기를 좋아하는 사람인가요?"로 치환할 수 있습니다.

배우기를 좋아하는 사람(好學者호학자)과 배우기를 싫어하는 사람을 어떻게 구별할 수 있을까요? 공자는 상대가 호학자인지 아닌지 구별해내기 위해 반드시 살펴봐야 할 다섯 가지 요소를 제시해줍니다. 우선 다음의 일화를 살펴보겠습니다.[76]

노나라의 임금인 애공이 공자에게 묻습니다.

"제자들 중에 배우기를 좋아하는 사람은 누구인가?"

재미있는 질문입니다. 수천에 달하는 제자들 중 사람답게 살기 위해 애쓰는 것을 배우는 데 으뜸이 누구냐는 질문이니, 제자들에 대한 공자의 평가가 기대됩니다.

"안회라는 제자가 배우기를 좋아하여(有顏回者好學유안회자호학), 화를 옮기지 않고(不遷怒불천노), 잘못을 두 번 반복하지 않았습니다(不貳過불이과). 그런데 불행히도 일찍 죽고 없으니 그 뒤로는 배우기를 좋아한다는 사람을 들어보지 못했습니다."

공자의 수제자인 안회는 평가에 지나침이 없는 공자조차 인자로 인정한 제자입니다. 하지만 안타깝게도 젊은 나이에 세상을 뜨고 말았습니다. 자, 이 일화를 통해서 우리는 호학자의 두 가지 특징을 알 수 있습니다.

• 불천노不遷怒

배우기를 좋아하는 사람은 자기의 화를 남에게 옮기지 않습니다. 공자는 분노를 예로 들었지만 한순간에 끓어오르는 분노, 화, 질투 등 사리에 맞지 않는 모든 감정을 포함합니다. 심지어 사랑, 연민과 같은 좋은 감정 역시 마찬가지입니다. 사랑은 좋은 감정이지만 사리에 맞지 않는다면 다른 사람에게 전해서는 안 됩니다. 화가 치밀어오를 때 중요한 선택을 하면 안 되는 것처럼 사랑에 눈이 멀었을 때도 중요한 선택을 해서는 안 됩니다.

• 불이과不貳過

배우기를 좋아하는 사람은 잘못을 두 번 반복하지 않습니다. 공자는 사람을 평가할 때 그 사람의 잘못도 함께 살피라고 합니다. 사람의 잘못(人之過也인지과야)은 다 유형이 있어서(各於其黨각어기당) 그 잘못을 살피면(觀過관과) 그 사람이 인한지 인하지 않은지 알 수 있기 때문입니다(斯知仁矣사지인의).[77]

이 외에도 공자는 추가로 다음의 세 가지를 호학자의 특징으로 제시합니다.

• 주충신主忠信

호학자는 충과 신을 삶의 기준으로 삼습니다. 충이란 나 자신에게 거짓이 없는 상태를 의미하고, 신이란 다른 사람에게 신뢰를 주는 것을 말합니다. 나와 타인은 말로 이어져 있는데, 다른 사람에게 신뢰를 주기 위해서는 한 말은 반드시 지켜야 합니다(言而有信언이유신).[78]

• 무우불여기자毋友不如己者

호학자는 자기보다 못한 사람과 친구를 맺지 않습니다. 왜냐면 우리는 친구를 통해서 덕을 쌓아가기 때문입니다. 누구와 관계를 맺느냐에 따라 인간의 본성이 달라지기 때문에 호학자는 결코 문과 질이 떨어지는 사람과 관계를 맺지 않습니다.

- 과즉물탄개過則勿憚改

호학자는 잘못이 있으면 그 즉시 고치는 것을 조금도 꺼리지 않습니다. 불이과의 다른 표현입니다.

이와 반대로 화를 주변에 옮기고, 같은 잘못을 반복하고, 바르지 않고, 말을 지키지 않고, 자기보다 못한 사람과 친구 하고, 잘못을 즉시 고치는 것을 꺼리는 모습들은 호학하지 않는 사람들의 종특입니다. 사람답게 살기 위해 배우는 것을 좋아하지 않으니 앞으로 변하지 않을 사람들입니다. 우리는 성기사를 통해 이 다섯 가지 요소를 살펴보아야 합니다. 당신이 관심을 둔 사람이 자신의 화를 옮기고, 같은 잘못을 반복하나요? 그렇다면 그 사람은 당신이 아무리 노력해도 변하지 않을 사람입니다. 그럼에도 그 사람이 변할 것을 기대한다면, 그것은 헤어짐을 선택했을 때의 외로움으로 인해 문제를 회피하는 것에 불과합니다. 그러한 관계는 오래갈 수 없습니다.

아는 변호사

누군가를 욕하고 싶을 때 대처법

불륜한 배우자와 이혼하지 않는 3가지 조건

허물을 통해 그 사람을 본다

반복되는 허물은 더 이상 허물이 아니다

사람은 누구나 실수를 합니다. 당신은 다른 사람이 실수하는 모습을 보면 어떤 생각이 드나요? 누구나 실수를 할 수 있으니 그냥 넘어가나요? 그런데 같은 실수를 반복한다면 어떨까요? 허물은 굉장히 중요합니다. 공자는 사람을 알아보는 여러 가지 기술을 알려주는데 그중 하나가 관과觀過입니다. 즉 상대방의 허물을 살피는 것입니다. 여기서 허물이란 형사 범죄의 정도에 이르는 것까지 포함하는 것은 아닙니다. 사람의 허물이란 각각 유형이 있어서, 그 허물을 잘 관찰하면 그 사람이 인한지 인하지 않은지 알 수 있습니다.

반복되는 허물은 실수가 아니라 그 사람 자체입니다. 그런데 우리는 상대방의 허물에 대단히 관대합니다. 때로는 상대방의 허물을 내 책임으로 돌리는 말도 안 되는 결론에 도달하기도 합니다. 사실 이런 경우는 부부 관계에서 흔히 볼 수 있습니다. 배우자의 불륜에도 자기 탓을 하는 사람들이 있습니다.

"당신이 회사 일에 집안일에 바빴잖아. 외로워서 그랬어!"

'그래, 나도 잘못했지, 남편에게 소홀했잖아. 누구나 한 번은 실수할 수 있잖아. 내가 더 노력하자.'

그렇게 배우자의 불륜으로 인한 자신의 상처를 치유하지도 못한 채 '이번 한 번만 용서'하기로 하고 시간을 흘려보냅니다. 그런데 한 번이었던 배우자의 불륜은 두 번이 되고, 두 번은 세 번이 됩니다. 이제 당신은 더 이상 불륜이 상대방의 허물이라고 생각하지 않습니다. '아, 재는 원래 저런 사람이야'라고 체념하게 됩니다. 두 사람의 관계는 그렇게 고착됩니다.

이런 식의 의식 흐름은 허물이 바로 그 사람이라는 것을 모르기 때문입니다. 허물을 고치기 위해서는 먼저 그것이 허물임을 알아야 하는데, 허물을 반복하는 사람은 그것이 허물이라는 사실을 모릅니다. 그러니 고칠 리가 만무합니다. 따라서 허물은 바로 그 사람입니다. 허물이 있는데도 고치지 않는

것(過而不改과이불개)이야말로 진짜 허물입니다(是謂過시위과).[79]

"동호회에서 만난 돌싱 남자가 있습니다. 그는 아이를 키우면서 여러 여자와 만났다 헤어졌습니다. 그와 만나면 자기 힘든 이야기만 늘어놓습니다. 그런데 유독 나에게 자상하고 잘해주는 이 남자를 좋아하는 마음이 생겨버렸습니다."

당신은 이런 사람과 관계를 맺을 건가요? 주변에 이혼한 사람, 사연이 있는 사람들도 많으니, 이혼한 것 자체로 사람을 판단하면 안 되나요? 이 남자는 좋은 사람인데 여자복이 없을 뿐인가요? 나도 완벽한 사람은 아니니까 상처 입은 사람들끼리 의지해가면서 살면 될까요? 이 사람이 힘들어하는 것만 내가 챙겨주면 우리는 행복한 가정이 될 수 있을까요? 이미 여러 여자를 만났으니 이제는 내가 마지막 여자일까요?

만약에 이렇게 생각한다면 그건 모두 당신의 욕심에서 비롯된 것입니다. 누군가에게 의지하고 싶은 마음, 행복한 가정이라는 것을 만들고 싶은 마음, 만났을 때 느끼는 잠깐의 쾌락 등이 나의 사리 분별을 없애 사람을 제대로 보지 못하게 합니다.

한번 생각을 해보겠습니다. 이 남자는 도대체 어떤 인간일까요? 이 사람은 불행의 원인을 전 여자들 탓으로 돌립니다. 내 아이 키우는 것조차 힘들다며 짜증을 냅니다. 그야말로 꼼짝달싹하지 않고, 변할 생각이 없는 사람의 전형입니다. 자기보다 약한 사람(이 사람에게는 아내 또는 여자친구입니다) 위에 군림하며 자기 몸 하나 편하기만을 바랄 뿐입니다. 변할 생각이 전혀 없으니 자신의 하소연을 들어주는 적당한 여자를 만나 눈앞의 문제를 해결하는 데 급급합니다. 아직도 이 사람이 개차반인 이유가 이 사람이 처한 상황 때문으로 보이시나요? 당신이 헌신하여 상황이 변해도 이 사람은 변하지 않을 것입니다. 이런 사람은 오히려 상황이 좋아지면 당신을 버릴 것입니다.

허물을 고치는 방법, 내자송內自訟

《논어》에는 공자가 자신의 잘못을 즉시 인정하고 고치는 장면이 많이 나옵니다. 하루는 공자가 제자인 자유가 읍재로 있는 무성에 갔는데, 그곳에서 현악기에 맞춰 부르는 노랫소리를 듣게 되었습니다. 현악기는 국가급 규모의 음악을 연주할 때 쓰는 악기로 무성이라는 조그마한 지역에서 연주되기에는 적합하지 않았습니다. 이에 공자가 빙그레 웃으며 말합니다.

"닭을 잡는 데에 어찌 소 잡는 칼을 쓰는가(割鷄焉用牛刀할계언용우도)?"

"일전에 스승님께서는 '군자가 도리를 배우면 다른 사람을 사랑하게 되고, 소인이 도리를 배우면 쉽게 부릴 수 있다'라고 하셨습니다. 그래서 제가 소인들에게 도리를 가르치기 위해 현악기를 연주하도록 한 것입니다."

지유가 조그마한 읍에 어울리지 않는 규모의 격식을 차려 백성을 대한 것은 사실이지만, 이는 공자의 가르침을 충실히 실천하기 위한 것이었습니다. 평소 강조했던 바와 반대로 원인을 살피지 않고 형식만을 탓했으니 공자로서는 어지간히 난처하게 되었습니다. 이쯤 되면 그럼에도 불구하고 잘못된 것이라고 우기며 스승으로서 체면을 지킬 법도 하지만 공자는 제자들 앞에서 자신의 잘못을 바로 인정합니다.

"제자들아, 자유의 말이 옳다. 내가 조금 전에 한 말은 농담일 뿐이다."[80]

직급이 높을수록, 연장자일수록 아랫사람들 앞에서 자신의 허물을 인정하는 것은 어려운 일입니다. 제자들 앞에서도 상황에 맞게 물러나는 데 조금도 인색하지 않은 공자의 모습이야말로 우리가 배워야 할 삶의 자세입니다. 공자가 수제자인 안회를 얻을 수 있었던 것도, 시관찰의 지인법을 완성할 수 있었던 것도 모두 과즉물탄개하는 자세가 있었기 때문입니다. 공자는 자신의 허물을 하나씩 고쳐나가고, 두 번 다시 같은 잘못을 하지 않으면서(不貳過 불이과) 비로소 인간에 대한 깊은 통찰을 얻어나갈 수 있었던 것입니다.

허물을 고치는 것은 분명 어려운 일입니다. 공자는 허물을 고치는 자세를 이렇게 표현하였습니다.

> 나는 일찍이 자신의 허물을 보면 이를 바로잡기 위해 소송하듯이 달려드는 사람(見其過而內自訟者견기과이내자송자)을 본 적이 없다.[81]

의뢰인들이 변호사에게 가장 많이 하는 질문은 "이길 수 있을까요?", "승률이 몇 퍼센트나 될까요?"입니다. 법률 검토 결과 승산이 전혀 없다는 결론이 나왔는데도 소송을 불사하는 경우는 거의 없습니다. 즉 지기 위해 소송하는 사람은 아무도 없습니다. 공자가 살던 시대도 마찬가지입니다. 나의 허물을 고치는 것은 결국 나 자신과의 싸움입니다. 나와의 싸움에서 지지 않도록 노력하는 것은 소송에서 지지 않으려고 기를 쓰는 마음가짐과 같은 것입니다. 그것이 바로 공자가 말하는 내자송內自訟입니다. 과즉물탄개를 하기 위해서는 '나 자신과 싸워 지지 않으려고 기를 쓰는' 내자송의 경지에 이르러야 합니다.

여담으로, 우리는 소송에서 이기기 위해 좋은 변호사를 선임하고 소송 기간 내내 전전긍긍하며 하루하루를 살아갑니다. 변호사로서 지켜본 의뢰인들의 모습은 공자가 강조해 마지않은 경사敬事 자체입니다. 하지만 가끔은 그 정도가 지나쳐 일상

생활을 할 수 없을 정도에 이르기도 합니다.

"이혼소송이 언제 끝나나요? 그것 때문에 아무것도 못 해요. 그게 끝나야지 새로운 일도 알아보고 계획도 세울 텐데요."

내 삶을 제대로 살 수 없는 이유는 이혼소송이 끝나지 않았기 때문이 아니라 내가 제대로 서 있지 않기 때문입니다. 소송에 연루되면 보통은 지금 열심히 살지 못하는 이유를 찾고 찾다가 결국 소송 절차가 끝나지 않았기 때문이라고 단정하곤 합니다. 하지만 안타깝게도 깨끗했던 당신을 진흙탕으로 끌고 내려온 것은 소송이 아니라 바로 당신 자신입니다. 소송으로 비로소 진흙탕에 빠지는 것이 아니라 당신이 이미 서 있는 그곳이 진흙탕입니다. 저는 그런 분들에게 소송 기간에 아류논어로 자기 자신을 세울 것을 권해드립니다. 소송은 과거의 사실을 정리하는 것에 불과합니다. 내가 지금 어떻게 한다고 해서 과거의 사실관계가 바뀌진 않습니다. 그런데 당신은 지금을 살아가야 합니다. 지금 삶을 살아갈 기준이 없는 것이 문제입니다. 현실의 공자라면 반드시 이와 같이 조언했을 것입니다.

아는 변호사

이혼이 진흙탕 싸움인 이유

경제적으로 무능한 것은 부끄러운 일이다

경제적 능력은 기본이다

놀랍게도 우리는 결혼을 할 때 경제적인 능력에 큰 비중을 두지 않는 경우가 종종 있습니다. 심지어 결혼 준비 과정에서 상대가 신용불량자임을 알게 되었는데도 결혼을 강행합니다. 그럴 때 사람들의 심리는 보통 이렇습니다.

- 저는 돈에 욕심이 없어요.
- 제가 이 사람과 결혼하는 것은 돈 때문이 아니에요.
- 남자친구는 당시 일이 없어서 놀고 있었지만, 착해 보였고 저를 많이 좋아해 주었어요. 교육도 잘 받았고요.

• 지금은 벌이가 전혀 없지만 곧 일을 할 거라고, 그러면 우리 관계도 괜찮아질 거라고 생각했어요.

• 놀고 있는 자기 자신도 얼마나 힘들겠어요. 혹시나 기분 상하지 않을까 싶어 돈 이야기를 더 못 했어요.

• 임신을 해서 헤어질 생각을 못 했어요.

사람을 평가하는 데 경제적 능력은 어느 정도로 고려해야 할까요? 흔히 우리는 공자라면 재능이 떨어져도 덕이 출중하다면 군자의 반열로 평가했다고 생각하는 경향이 있는데, 실상은 전혀 그렇지 않습니다. 공자는 사람을 평가할 때 경제적 능력을 매우 중요한 요소로 여겼습니다. 무능한데 덕이 많은 사람(그런 상황이 가능할지 모르겠지만)은 그냥 '바보'에 불과합니다. 그저 그 사람의 인생이 무탈하기를 바랄 뿐, 관계를 맺고 함께 일을 하지는 않을 것입니다. 공자는 무능한 것은 병이고, 부끄러운 일이라고 하였습니다.

군자는 자신의 무능함을 병으로 여기고(病無能병무능), 남들이 자신을 알아주지 않는 것을 병으로 여기지 않는다(不病人之不己知也불병인지부기지야).[82]

《시경》 삼백 편을 달달 외우더라도 막상 정사를 맡겼을 때(授之

以政수지이정) 제대로 하지 못하고(不達부달), 외국에 사신으로 나가 국익을 대변하지 못한다면(不能專對불능전대), 비록 많이 배웠다고 하더라도 그것을 어디에다 쓰겠느냐?[83]

나라에 도리가 있는데도 무능해서 발탁되지 못하고 그로 인해 가난하고 천하게 되는 것(貧且賤빈차천)은 부끄러운 일(恥치)이다.[84]

가장 무서운 사람

자본주의 사회에서 가장 무서운 사람이 있다면 누구일까요? 바로 계산을 잘 못하는 사람입니다. 계산을 잘 못하면 누구에게 고마워해야 하고 누구를 미워해야 하는지 도통 알 수가 없습니다. 더 나아가 사리 분별까지 없으니 고마워해야 할 사람에게 화를 내고, 미워해야 할 사람에게 고마워합니다. 인생이 뒤죽박죽이 됩니다. 계산을 잘 못하는 이유는 욕심과 욕망에 사로잡혀 사리를 무너뜨리기 때문인데, 실제 이런 경우는 우리 일상에 만연합니다.

- 남편은 사업이 잘 안됐어요. 보기 딱했던 친정 부모님이

빨리 자리를 잡으라고 매달 100만 원씩 아이들 양육비를 보태주셨어요. 저는 당연히 남편이 고마워할 줄 알았어요. 고맙다고 말을 못 하는 것은 너무 미안해서 그런 줄로만 알았어요. 그런데 웬걸, 남편은 전혀 고마워하지 않았어요. 아니 오히려 서운해했어요. "너를 도와준 것은 아니잖아? 잘사는 만큼 도와줘야지, 그거 조금 도와주고 생색을 내려고 하냐?" 도대체 이게 무슨 계산법인지.

• 하루는 남편이 갑자기 뛰어오더니 계약서를 내밀며 "우리 이제 돈방석에 앉게 됐어!"라고 즐거워하는 거예요. 무슨 말인가 들어보니, 지인이 레스토랑을 오픈하는데 자기에게 지분을 주고 지배인 자리를 주기로 했다는 거예요.
"그러면 언제일지도 모르는 수익이 날 때까지 당신이 계속해서 무보수로 일을 해야 하는 거네?"
"그렇지, 하지만 지분을 주는 게 얼마나 큰 걸 주는 건데. 고마운 일이지."

이 사람들과는 합리적인 대화가 되지 않습니다. 더 큰 문제는 자신의 사고방식에 전혀 문제가 없다고 믿고 있다는 점입니다. 그러니 고쳐질 리가 만무합니다. 형사법적으로 위법성에 대한 인식 자체가 없는 확신범들입니다. 자본주의 사회에서는 제일 공포스러운 존재입니다.

이 사람들의 특징은 경제적 능력은 없는 데 반해 욕심은 너무 크다는 점입니다. 이런 사람들은 대체로 두 부류로 나뉘는데, 똑똑하면 다른 사람에게 사기를 칠 것이고 멍청하면 사기를 당할 것입니다. 전형적으로 '배우지 않고 생각만 하는 사람(思而不學사이불학)'으로, 자신은 물론 자기와 관계를 맺고 있는 이들을 망가뜨릴 사람입니다(則殆즉태).

역할에 맞는 능력의 중요성

각자의 역할에 따라 발휘해야 하는 능력도 다릅니다. 예를 들어 리더가 갖추어야 할 능력은 '공관신민혜恭寬信敏惠'로 각각 공손함, 관대함, 믿음, 주도면밀함, 은혜로움입니다.[85] 이 중 단 하나라도 행할 수 있다면 그 사람은 좋은 리더입니다. 사람을 평가하는 책인《논어》에는 공자와 세간 사람들의 평가가 극명하게 갈리는 사람이 있습니다. 바로 관중입니다. 관중은 재상으로서 제환공을 도와 부국강병을 이룩한 뛰어난 능력을 보여주었지만 몇 가지 행동으로 스스로 덕을 훼손했기 때문입니다. 관중에 대한 공자와 제자들의 논쟁을 통해 재능의 중요성을 살펴보겠습니다.

관중은 우리가 잘 알고 있는 관포지교의 주인공으로 공자보다 200년 전에 살았던 사람입니다. 관중은 정적이었던 포숙을 두고 "나를 낳아준 사람(生我者생아자)은 부모지만, 나를 알아준 사람(知我者지아자)은 포숙이다"라고 찬탄할 정도로 두 사람의 우정은 정치적 신념을 초월했습니다. 공자와 제자들은 관중의 덕과 재능에 대해 설전을 벌이곤 했는데, 이를 통해 공자가 재능을 얼마나 중요하게 생각했는지 알 수 있습니다.

과격한 자로는 관중이 모시던 공자 규가 죽었을 때 다른 부하들은 규를 따라 죽었음에도 관중은 죽지 않았다는 점을 이유로 그를 대단히 나쁘게 평가합니다.

"환공이 공자 규를 죽이자 소홀은 죽었지만 관중은 죽지 않았으니(管仲不死관중불사) 관중은 인하다고 할 수 없습니다(未仁乎미인호)."

이에 대해 공자는 이렇게 대답합니다.

"환공이 제후들을 규합하는 데 무력을 사용하지 않은 것은 관중이 힘을 쓴 덕분이었으니, 누가 그의 인한 만하겠느냐, 누가 그의 인한 만하겠느냐?"86

관중은 제환공을 도와 최대한 무력을 쓰지 않고 천하를 안정되게 하였으니 그로 인해 백성들에게 베푼 사랑의 크기는 실로 비교할 만한 것이 없는 정도라고 평가할 수 있습니다.

그러자 이번에는 자공이 나섭니다.

"아무리 스승님이 그렇게 말씀하셔도 관중은 인자라고 할 수 없습니다(管仲非仁者與관중비인자여). 환공이 공자 규를 죽였는데도 기꺼이 따라 죽지 않았고, 나아가 환공을 돕기까지 했습니다."

지자인 자공다운 질문입니다. 모시던 왕이 자결했다면 죽음을 택하거나 최소한 정적을 도와주지 않는 것이 신의라고 할 수 있습니다. 하지만 공자의 생각은 다릅니다.

"관중이 환공을 도와 제후들의 패자가 되게 하여 한 번에 천하를 바로잡았고(一匡天下일광천하), 백성들이 지금까지도 그 혜택을 받고 있다(民到于今受其賜민도우금수기사). 관중이 없었다면 우리는 오랑캐가 되었을 것이다. 어찌 보잘것없는 사람들이 알량한 신의를 지키기 위해(豈若匹夫匹婦之爲諒也기약필부필부지위량야) 스스로 목매 죽어 그 시신이 도랑에 뒹굴어도 알아주는 이가 없는 것과 같이 하겠느냐(自經於溝瀆而莫之知也자경어구독이막지지야)."[87]

작은 신의를 지키기 위해 스스로 목숨을 끊는 것은 오히려 쉬운 일입니다. 이런 것을 필부지용匹夫之勇이라고 합니다. 하지만 순간의 오명을 뒤집어쓰더라도 결국 세상을 바르게 하는 것은 실로 어마어마한 인을 행한 것입니다. 필부의 알량함과는 감히 비교할 수 없는 것입니다. 관중은 뛰어난 능력으로 백성들에게 평화를 선사했으니 결국 엄청난 인을 행하였습니다.

하지만 이런 관중에게도 결점은 있었으니 공자는 관중의

그릇이 작았다고(管仲之器小哉관중지기소재) 평가합니다.[88]

"제후만이 가림벽을 세울 수 있는데 관중 역시 가림벽을 세웠고 제후만이 몸을 돌려 술잔을 올려놓는 반점을 가질 수 있었는데 관중 역시 가지고 있었으니, 그가 예를 안다면 누가 예를 모르겠는가?"

제환공은 큰일을 해낸 관중에게 제후만이 누릴 수 있는 많은 특권을 허락했는데, 이를 덥석 받은 관중은 신하 된 자로서 해서는 안 될 '위를 범하는 행위', 즉 범상犯上을 하게 된 것입니다. 관중은 재능에 비해 덕이 부족한 사람입니다. 하지만 뛰어난 재능으로 부족한 덕을 상쇄하고도 남았습니다.

이렇듯 사람을 평가하는 요소는 덕과 재능이며 각각을 정확하게 평가할 줄 알아야 합니다.

아는 변호사

가난을 쉽게 생각하는 사람들에게

결혼할 때 왜 이걸 안 해요?

능력의 중요성 ―관중과 포숙

관중은 제나라 희공의 둘째 아들인 공자 규糾를 따르고, 포숙은 셋째 아들인 공자 소백小白을 따르게 됩니다. 그런데 왕위를 물려받은 첫째 아들 제양공이 폭정을 거듭하자 훗날을 도모하며 공자 규는 노나라로, 공자 소백은 거나라로 각각 망명합니다. 포숙이 공자 소백을 거나라로 망명케 한 것은 제나라와 가까이 있어서 상황이 급변했을 때 공자 규보다 먼저 제나라에 들어갈 수 있기 때문이었습니다.

몇 년 후 포숙의 의도대로 제양공이 시해당하고 국정이 어수선해지자, 관중과 포숙은 서둘러 각자의 공자를 모시고 무주공산인 제나라로 입성하여 왕위를 차지하기 위해 달려가기 시작합니다. 아무래도 거리상으로 멀리 있어 불리하던 관중은 꾀를 내어 소백이 제나라로 가는 길목에 매복하여 소백을 향해 화살을 날려 암살을 시도하였습니다. 관중이 쏜 화살은 소백의 허리띠에 맞았고 소백은 다행히 목숨을 부지했습니다 소백이 죽은 줄로만 알았던 관중은 규와 느긋하게 제나라로 향했다가 그만 소백에게 선수를 빼앗깁니다.

그 뒤 소백은 제환공으로 즉위하였고 왕위 쟁탈전에서 패배한 규는 자결하였습니다. 제환공을 암살하려고 했던 관중 역시 붙잡혀 죽음을 눈앞에 두게 되었습니다. 이때 포숙이 나서서 제환공에게 말합니다.

"왕께서 제나라에 만족하신다면 신으로 충분할 것입니다. 그러나 천하의 패자가 되고자 하신다면 관중 외에는 인물이 없을 것입니다."

지인이 뛰어났던 제환공은 포숙의 추천에 따라 자신을 죽이려 했던 관중을 재상으로 등용합니다. 그 후 관중은 제나라의 부국강병에 힘썼고, 결국 환공을 춘추 5패 중 으뜸으로 만들어냈습니다.

썩은 나무는 조각할 수 없다

썩은 나무와 똥이 섞인 흙으로 빚은 담장

여러 가지 기준으로 사람의 등급을 나누는 공자에게 최악의 평가는 아마도 '썩은 나무' 또는 '똥이 섞인 흙으로 빚은 담장'일 것입니다. 이 표현은 공자가 문제적 제자인 재아를 평가한 것입니다.

하루는 재아가 낮잠을 자고 있었습니다. 평소 성기사를 통해 재아가 어떤 사람인지 너무나도 잘 알고 있던 공자는 재아를 두고 이렇게 말합니다.

썩은 나무는 조각할 수 없고(朽木 不可雕也후목 불가조야) 똥이 섞인 흙으로 빚은 담장은 손질할 수 없으니(糞土之牆 不可圬也분토지장 불가오야), 재아를 꾸짖을 것이 뭐가 있겠느냐.[89]

여기서 주의할 점은 재아라는 사람에 대한 정확한 평가와 그런 사람을 대하는 공자의 태도입니다. 썩은 나무나 똥이 섞인 흙으로 빚은 담장은 배우기 싫어하고 그 자리에서 옴짝달싹도 하지 않은 채 변하지 않는 사람을 뜻합니다. 인간으로서 최악입니다. 사람 보는 눈이 없어 그런 사람과 관계를 맺었다면 매우 안타까운 일입니다. 그런데 재아와 스승과 제자의 관계를 맺어버린 공자는 어떻게 했을까요? 공자는 굳이 공을 들여 그런 나무를 조각하지 않고, 그런 담장을 손질하지 않았습니다. 엄연한 계급이 존재하는 시대에 "가르침이 있으면 나눠짐이 없다(有教無類유교무류)"라며 배움을 강조한 공자였는데, 썩은 나무를 내버려 둔 이유는 무엇일까요? 썩은 나무는 스스로 성장하려는 의지가 없기 때문입니다.[90]

그런데 우리는 어떤가요? 우선 '썩은 나무'라는 극단적인 평가를 내리는 것에 자신이 없습니다. 그렇기에 '내가 노력하면 되지 않을까?'라는 헛된 희망 회로를 돌리며 노력을 쏟아붓습니다. 그렇다면 질문을 바꿔보겠습니다. 당신의 노력은 얼마의 가치가 있습니까? 만약 누군가가 당신의 노력을 돈을 주고 산다고 생각하면 당신은 더 이상 썩은 나무에게 나의 값진 노력은 쏟아붓지 않을 것입니다. 사리에 맞지 않는 노력은 나를 구차하게 만들 뿐입니다.

그런 인간도 있다

한번은 이혼 상담을 하는데 연애 시절 남자친구의 이상한 점들을 직접 두 눈으로 보고도 결혼을 결심했다고 하여서, 제가 그 이유를 물었습니다.

"인간이 이렇게 다양한지 몰랐고, 이런 생명체가 존재한다는 것을 몰랐어요. 저는 사람은 다 상식적인 줄 알았어요."

그러니까 이상한 점이 보였지만 '설마?'라고 생각하며 상대방을 제대로 평가하지 않은 것입니다. 먼저 인간의 범주를 넓히십시오. 사실 공자도 재아를 만나기 전까지는 세상에 그런 종류의 인간, 즉 말만 하고 행동하지 않는 인간이 있다는 것을 미처 생각하지 못했습니다. 공자는 재아를 만난 후 비로소 사람을 평가하는 기준을 새롭게 정립합니다.

나는 원래 사람을 대할 때 그 사람의 말을 들으면(聽其言而청기언이) 곧 그에 맞는 행동이 있을 것을 믿었다(信其行신기행). 그런데 지금에 와서는 그 사람의 말을 들으면(聽其言而청기언이) 반드시 그에 맞는 행동이 따르는지를 관찰하게 되었다(觀其行관기행). 이것은 모두 재아로 인해 고치게 된 것이다(於予與改是어여여개시).

즉 이전까지 공자는 상대방의 말을 들으면 그에 맞는 행동이 있을 것으로 믿었습니다. 그런데 재아라는 인간을 겪고 나서는 상대방의 말을 들은 뒤 반드시 그에 맞는 행동이 있는지를 관찰하게 되었다는 것입니다. 이렇게 해서 완성된 것이 바로 성기사입니다.

이 세상에는 말만 하고 행동하지 않는 사람도 있고, 썩은 나무인 사람도 있습니다. 자신이 그런 사람이 되지 않도록 노력하는 한편, 성기사를 통해 그런 사람을 골라내야 합니다.

아는 변호사

썩은 나무는 조각할 수 없다

멈춘 것도 내가 한 것이고,
나아간 것도 내가 한 것이다

지금의 나를 만든 것은 나다. 너도 마찬가지지다

제가 생소한 우울증이라는 것을 겪으며 인생의 밑바닥에서 헤매고 있을 때 처음에는 많은 것을 원망했습니다(신을 포함해서 말입니다). 그런데 그 원망의 끝에는 제가 있었고, 그제야 저는 비로소 깨달았습니다.

'나의 잘못된 선택들이 지금의 나를 만들었구나.'

너무나 당연한 말이지만 그것이 깨달음으로 다가올 때의 충격은 자아를 산산이 부서지게 하는 데 충분했습니다. 공자는 이런 고루한 생각조차 매우 고상하게 표현합니다.

산을 쌓을 때 한 삼태기의 흙을 더 붓지 않아 산을 이루지 못하고 그만두는(止지) 것도 내가 그만둔 것이고(吾止也오지야), 산을 깎아 평평하게 만들 때 한 삼태기의 흙을 퍼서 나아가는(進진) 것도 내가 한 것이다(吾往也오왕야).[91]

주의할 점은, 그 점은 '너'도 마찬가지라는 것입니다. 지금의 너를 만든 것은 너이지 내가 아닙니다. 불륜 행위를 하는 배우자 99.99퍼센트가 하는 말이 "너 때문에 이렇게 된 거야!"입니다. 대표적인 언어도단입니다. 네가 불륜을 저지른 것은 나 때문이 아니고 너 때문입니다. 우리는 각자의 몫에 맞는 책임을 지면 될 일입니다.

나의 선택으로 나쁜 사람과 관계를 맺었다고 가정해봅시다. 그 사람과 관계를 끊지 않는 것이 내가 그 사람을 선택한 것에 대한 책임을 지는 것이 결코 아니라는 점을 명심하십시오. 이것은 질이 나쁜 사기꾼들이 자기보다 좋은 사람들에게 엉겨 붙어 편하게 세상을 살아가는 방법, 바로 가스라이팅입니다. 내가 책임져야 할 부분은 잘못된 선택 탓에 성장하지 못하고 주저앉아 있던 과거의 나 자신에 대한 것뿐입니다.

구차스러운 삶

삶을 살아가는 데 가장 중요한 자세는 무엇일까요? 여러 가지 중요한 것들이 있겠지만, 모든 요소의 상위에 '자自'가 있습니다. 태어났으니까 산다는 마음가짐으로는 '사람다운 삶', '나다운 삶'을 살기 어렵습니다. 공자 역시 《논어》의 곳곳에서 자발성을 강조합니다. 일찍이 공자는 궁한 상황에 처했을 때 스스로 "어떡하지 어떡하지 하며 궁리하지 않는 사람(如之何如之何者여지하여지하자)은 나도 어떻게 해볼 수가 없다(吾末如之何也已矣오말여지하야이의)"라고 선언하였습니다. 여기서 '여지하여지하'가 바로 '전전긍긍'입니다.[92]

스스로 분발하지 않는 사람은 사람으로서 최악입니다. 삶이 궁한 상황에 처했는데도 길을 찾으려고 노력하지 않는 사람은 공자 같은 성인도 어쩔 도리가 없습니다. 그런데 공자보다 못한 우리가 그런 사람을 변화시킬 수 있을까요? 불가능합니다. 이런 사람은 제대로 미워하며 멀리해야 할 대상이지, 관계를 맺고 변화시키기 위해 내 값진 노력을 쏟아부을 대상이 전혀 아닙니다. 만일 당신이 막연히 그럴 수 있다고 생각한다면, 그것은 그저 오만함에 불과합니다.

자발성이란 스스로 먼저 구하는 것입니다. 공자는 스스로 찾아와(自行자행) 육포 한 짝 이상을 내며 배움을 청하는 사람이 있으면 일찍이 가르쳐주지 않은 적이 없었습니다.[93] 여기에는 두 가지의 자발성이 있습니다. 첫째 스스로 찾아올 것, 둘째 수업료를 낼 것입니다. 공자는 마지못해서 하는 사람을 굉장히 싫어했습니다. 마지못해서 하는 사람은 삶이 구차한 것이고, 이런 사람에게 무언가를 하도록 억지로 시키는 사람 역시 구차스럽기 때문입니다.

반드시 성과가 있다

공자가 강조하는 자발성은 매우 엄격해서 열심히 하는 것만으로는 부족합니다. 반드시 성과가 있어야 합니다. 전작《공부, 이래도 안되면 포기하세요》에서 저는 일곱 가지 공부의 요소를 안다면 시험에 떨어질 수 없다고 피력한 바 있습니다. 당신이 시험에 떨어졌다면 이유는 두 가지뿐입니다. 첫째, 열심히 하지 않았다. 둘째, 방법을 모른다. 열심히 하지 않았다는 것은 변명의 여지가 없습니다. 그리고 공부 방법을 모른다는 것은 내가 궁리하지 않기 때문인데, 결국 열심히 하지 않았다는 것으로 귀결됩니다. 다음의 표현에서 알 수 있듯이 공자는 먼저 노력하고 궁리하여 어느 정도의 성과가 있지 않으면 더 이상 가르치지 않았습니다.[94]

① 불분불계不憤不啓

제자가 먼저 분발하지 않으면 길을 열어주지 않는다.

② 불비불발不悱不發

열렬하지 않으면 터뜨려주지 않는다.

③ 거일우불이삼우반 즉불부야擧一隅不以三隅反 則不復也

한쪽 귀퉁이를 들어 얘기했는데 나머지 세 귀퉁이를 알아듣지 못하면 더 이상 반복하여 가르쳐주지 않는다.

할 마음이 없는 거겠지

염유가 공자에게 하소연합니다.[95]

"스승님의 도를 좋아하지 않는 것은 아니지만 제가 따라가기에는 힘이 달립니다(力不足역부족)."

제자의 죽는소리에 격려를 해줄 법도 하지만 공자는 가차 없습니다.

"역부족이라고 하는 놈들은 다 중간에 포기하는 놈들이다. 너는 지금 스스로 한계를 그었다(今女畫금여획)."

뜻이 있다고 하면서 스스로 행하지 않는 사람은 더 볼 필요가 없습니다. 그저 마음이 없는 것입니다. 당신은 그런 사람을 바꿀 수 없습니다. 삼군의 장수는 빼앗을 수 있지만(三軍可

奪帥也삼군가탈수야), 뜻이란 것은 아무리 평범한 사람의 것이라 하더라도 빼앗을 수 없는 것입니다(匹夫不可奪志也필부불가탈지야). 행行이 따르지 않는 뜻은 쓸 곳이 없습니다.[96]

공자가 재아를 '썩은 나무'라고 평가한 것은 말에 맞는 행동이 없었기 때문입니다. 당신은 혹시 행동하지 않는 사람을 곁에 두고 변하기를 바라며 가슴앓이를 하고 있나요? 이제는 평가를 내려야 할 때입니다.

아는 변호사

부부는 하늘이 맺어준 거니 이혼하면 안 된다

결혼 잘하는 법

결혼은 누가 해야 하는가?

어렸을 때부터 제 인생의 화두는 '내 두 발로 서는 것stand on your feet'이었습니다. 이것은 저의 의지이자 삶의 원동력이었습니다. 특히 부모님으로부터 독립하는 것을 최고의 효도라고 생각했습니다. 그런 저에게 결혼이란 독립의 완성이었습니다. 하지만 7년간의 결혼 생활을 끝으로 이혼을 하고 삶의 밑바닥을 헤매면서 제가 깨달은 사실은 결혼이 독립이 아니라, 독립된 사람이 선택한 것 중의 하나가 결혼이라는 것입니다. 이렇게 주객이 전도된 생각에 사로잡혔던 저는 결혼을 스스로 선택하지 못했습니다. 삶의 모든 문제는 독립된 인간이 되지 못함에 있습니다. 저는 이혼 상담을 하면서 매우 많은 사람이 결혼을 독립적으로 선택하지 못한다는 사실을 알게 되었습니다.

- 빚 없고 학벌과 직장이 좋은 남편은 아버지에게 최고의 신랑감이었습니다.
- 의지할 누군가가 필요해서 결혼을 결심했어요.
- 사귀던 남자친구의 부모님이 빚이 많다는 이유로 친정 부모님의 반대가 심했어요. 그래서 친정 부모님이 원하는 사람과 결혼하기로 마음먹었어요.
- '내가 부모님 가슴에 못을 박는 건가?'라는 생각이 결혼을 강행하게 했어요.
- 부모님의 잦은 불화로 도피성 결혼을 했어요. 그냥 나 좋다고 목매는 사람과 헤어지지 못하고 결혼을 했어요.
- 부모님이 반대하는 사람과 결혼하면 내가 부모님을 이긴다고 생각했어요.
- 결혼할 나이가 되어서 의무감에 결혼했어요.
- 여러 사람을 만나보았지만 남편은 동향이라서 이 사람은 날 배신하지 않을 거라는 믿음이 있었어요.

이런 말도 안 되는 사유라면 주체적으로 결혼을 선택한 것이 아니라, 수동적으로 선택을 당했다고 표현할 수밖에 없습니다. 이래서는 그 이후의 삶에도 책임을 질 수 없게 됩니다. 불합리한 선택을 한 나 자신이 한심하게 느껴지고, 앞으로 더더욱 나의 선택을 믿지 못하게 됩니다. 이렇게 내 삶을 내가 감당할 수 없는 지경이 되면 우리는 우울증에 빠집니다.

저는 평소에 '결혼은 신중하게, 이혼은 신속하게' 할 것을 강조합니다. 이혼 상담을 할 때 많은 분이 "그때 결혼하면 안 됐는데", "그때 이혼했어야 하는데"라며 특정 시점을 후회하곤 합니다. 결혼을 신중하게 하는 것과 이혼을 신속하게 하는 것은 모두 내가 제대로 서 있음을 전제로 합니다. 결국 '사리'에 맞게 생각하고 말할 줄 알아야 가능한 일입니다.

결혼에서 행복이란 순전히 운에 달려 있다

《오만과 편견》에서 엘리자베스와 샬럿은 제인이 네 번 춤을 추었고 아침에 한 번 보고 그 뒤로 네 번 식사를 같이한, 만난 지 보름밖에 되지 않은 남자와 결혼하는 것에 대해 다음과 같은 대화를 나눕니다.

"난 진심으로 제인이 성공하기를 바라거든. 그리고 제인이 내일 그분과 결혼해서 행복해질 확률이나 열두 달 동안 그분 성격을 연구한 뒤에 결혼해서 행복해질 확률이나 마찬가지일 거라고 생각해. 결혼에서 행복이란 순전히 운에 달려 있어. 서로의 취향을 아주 잘 알거나 혹은 서로 아주 비슷하다고 해서 둘의 행복이 더 커지는 건 결코 아니야. 취향이란 건 계속 변해서 나중에 누구든 짜증이 날 만큼 달라지게 마련이야. 평생을 같이 살 사람의 결점은 될수록 적게 아는 것이 더 나아."

"정말 웃기는구나, 샬럿. 그건 정상이 아냐. 정상이 아니라는 건 너도 잘 알걸. 또 너 자신도 그렇게 처신할 리가 없고."

당신은 어떻게 생각하나요? 결혼에서의 행복이란 복불복인가요? 저는 이 글귀를 네이버 〈아는 변호사〉 카페에 올려놓았습니다. 여러 댓글이 달렸는데 재미있는 것은 많은 기혼자분들이 결혼은 운이라는 생각에 동의한다는 것입니다. 우리는 결혼 전에 오랜 시간을 들여 상대방을 평가한 뒤에 결혼을 결정했음에도 결국 상대방을 제대로 알지 못했다는 듯이 한탄하곤 합니다. 하지만 과연 그럴까요? 다시 한번 스스로에게 물어보십시오. 정말 상대방을 제대로 관찰한 것이 맞나요? 아니, 그 전에 당신은 스스로가 어떤 사람인지 알고 있었나요?

대부분 이혼 사유는 결혼 사유와 동일합니다. 우리는 상대방이 변해서 이혼을 결정하는 것이 아니라, 결혼할 때부터 존재했던 문제점이 개선되지 않고 결국 임계점이 넘어 이혼을 결정하는 경우가 훨씬 많습니다. 상대방은 결혼 전부터 온몸으로 '나는 이런 사람이야'라고 얘기했습니다. 그리고 당신은 이런 문제점을 너무나 잘 알고 있었습니다. 그럼에도 불구하고 혹시 상대방의 조건 또는 결혼 적령기라는 사회의 기준과 평판 등에 혹해서 결혼을 결정한 것은 아닌가요? 인생에서 가장 주체적으로 이루어져야 할 결혼이라는 선택이 눈을 감은 채 사리 분별 못 하는 포르투나에게 달려 있다니! 너무나 비극적인 일입니다.

결혼은 임전무퇴가 아니다

'내가 원하지 않는데 결혼을 한다는 게 말이 되나?'라고 생각할지 모르지만 실제 이혼 상담을 하다 보면 그 사람과 결혼하고 싶지 않았는데 나도 모르게 결혼 절차가 진행되었고, 정신을 차려보니 이미 결혼해 있었다고 하는 사람들이 많습니다. 도대체 왜 이런 일이 발생하는 걸까요?

"결혼은 저한테 너무 어려운 문제였어요. 저는 당시 서른한 살이었고 직장 상사가 자기 아들을 소개해주었어요. 주변 사람들이 '그 집에 땅이 있다, 집이 있다'라고 하면서 결혼을 몰아붙여서 그냥 자포자기하는 심정으로 결혼했어요. 친정엄마가 결혼식 당일에도 불확실하면 하지 말라고 하셨지만 결혼을 안 하면 직장 상사를 어떻게 보겠어요? 결혼식을 진행하지 않을 정도의 사유가 없어서 그냥 결혼식을 했어요. 그러고는 단 한순간도 행복했던 적이 없어요."

결혼을 주체적으로 선택하지 못한 대표적인 경우입니다. 이처럼 끌려가듯이 결혼식을 치르는 사람들이 있습니다. '청첩장도 다 돌렸는데 결혼식을 하지 않을 순 없다'며 결혼을 진행시킵니다. '결혼 전에는 원래 예민해서 그렇다'며 애써 스스로의 의구심을 외면합니다. 이렇게 내 인생에서 정말 중요한 결혼이 정작 나 자신은 없는 채로 진행됩니다.

과연 누구를 위한 결혼인가요? 자신에게 질문하십시오. 파혼할 사유가 없다고요? 파혼할 사유는 '내 마음'입니다. 그것으로 충분합니다. 무책임하다고요? 결혼은 내가 하는 것입니다. 내 인생은 내가 책임지는 것입니다. 내가 없는 결혼을 하는 것이 더욱 무책임한 것이 아닐까요?

아는 변호사

개나 소나 결혼하는 거 아니다

사랑으로 결혼하는 거 아니다!

결혼은 사랑으로 하는 거라는 사람들에게

결혼은 운이 아니다

신중하게 결혼하는 한 가지 방법을 알려드리겠습니다. 당신이 그 사람과 결혼하려는 사유를 종이에 적어보십시오. 원칙은 단 한 가지입니다. 자기 자신을 속이지 말 것! 그리고 제3자의 시점에서 종이에 쓰인 그 사유가 사리에 맞는지 판단해 보십시오.

- 친정 부모님에게 사랑을 받지 못했어요. 남편은 부모님의 사랑을 잘 받았으니 나를 많이 사랑해줄 수 있으리라고 생각했어요.

→ 상대방이 부모님의 사랑을 받고 자랐다고 판단한 근거는 무엇인가?

→ 설령 그렇다고 하더라도, 그것이 앞으로 나를 사랑해주리라는 사실과 인과관계가 있는가?

• 나이 차이가 많이 나는데 모아놓은 돈이 없어서 부모님의 반대가 심했지만, 저한테 너무 자상했어요. 아빠는 폭력적인 면이 있었기 때문에 남자친구의 자상한 모습이 너무 마음에 들어 결혼을 했어요.
→ 아빠도 엄마랑 연애할 때는 자상하지 않았을까?
→ 나이가 많은데 돈을 모아놓지 못한 원인은 무엇인가?
→ 그 이유는 이해할 만한 것인가?

• 시어머님 될 분의 아들에 대한 지나친 사랑과 돈에 대한 집착, 그리고 남편 될 사람의 우유부단한 태도로 결혼 준비 때부터 이런저런 문제들이 드러나기 시작했어요. 저는 이 결혼을 진행해야 할지 고민했지만 주변의 시선이나 당황하실 부모님을 생각해서, 둘이 사는 것이니 '우리가 잘하면 되겠지'라는 생각으로 결혼을 했습니다.
→ 주변의 시선과 나의 행복 중 무엇이 중요한가?
→ 당황스러운 것과 불행한 것 중 무엇이 더 큰 문제인가?

→ 시어머니의 집착, 남편의 우유부단함은 나의 노력으로 개선될 수 있는가?

→ 그렇다면 나는 어떤 노력을 해야 하는가?

→ 그런 노력을 하고 있는 나는 행복한가?

• 짧은 연애 후 아이가 생겼습니다. 저희 부모님이 이혼하셨다는 점 때문에 저희 집안을 무시하고 우습게 보았기 때문에 고민했지만, 생명을 지켜야 한다는 생각에 결혼을 했습니다.

→ 부모님의 이혼은 바꿀 수 있는 사실인가?

→ 우리 부모님을 무시하는 것을 나는 참을 수 있는가?

→ 내가 불행한데 내 자녀가 행복할 수 있을까?

생각을 많이 하는 것은 좋지 않다

두 번만 생각해도 충분하다

저는 변호사로서 '결혼은 신중하게, 이혼은 신속하게'를 모토로 연애·결혼은 물론 다양한 인생 상담을 하고 있습니다. 많은 분이 '결혼은 신중하게, 이혼은 신속하게'라는 말에 인생의 큰 깨달음을 얻었다며 무릎을 탁 칠 정도로 공감하지만, 막상 실천하려고 하니 막막합니다.

"결혼을 신중하게 하고 싶은데, 무엇을 신중하게 살펴봐야 하는지 모르겠습니다."

신중하다는 것은 '의심'이나 '불안'이 아니며, '결정하는 데 걸리는 시간'을 의미하는 것도 아닙니다. 생각의 기술이 단련

되어 있지 않다면, 5년을 사귀든 10년을 사귀든 여전히 상대방이 어떤 사람인지 알지 못합니다. 신중하다는 것은 내자성內自省을 통해 자기 자신을 알고, 성기사省其私를 통해 상대방이 어떤 사람인지 알아보는 것입니다. 생각을 오래 하는 것은 결코 신중한 것이 아닙니다. 공자가 강조하는 구사는 결코 생각의 많고 적음을 뜻하는 것이 아닙니다. 중요한 것은 생각의 힘입니다.

노나라의 대부 계문자는 언제나 세 번 생각하고 행동하기로 유명했습니다(三思而後行삼사이후행). 당신은 계문자가 어떤 사람이라고 생각되시나요? 매사에 심사숙고하는 신중한 사람으로 보이나요? 당시 대부분 사람은 계문자를 신중하다고 칭송했지만 공자의 평가는 달랐습니다.

"두 번만 생각해도 충분하다(再斯可矣재사가의)."[97]

계문자는 평소 학이시습하지 않는 사람입니다. 배우지 않는 사람은 생각의 힘이 없기 때문에 한 번을 생각하건 열 번을 생각하건 결과는 똑같습니다. 공자는 평소 배움에 뜻을 두지 않은 계문자가 한 번도 제대로 생각하지 못할 사람이라는 것을 알고 있었고, 그렇기에 세 번이나 생각한다는 그를 조롱한 것입니다.

먼저 배워라

누구나 생각은 합니다. 그런데 어떻게 해야 주체적으로 생각할 수 있을까요? 경험이 많거나 연륜이 쌓이면 생각을 잘하게 될까요? 아내의 외도로 죽음까지 생각했던 60대의 남성 상담자는 저에게 이렇게 얘기했습니다.

"인생을 많이 살았다고 해서 어른인 건 아니라는 것을 많이 느껴요. 그때 가정을 유지해보려고 했던 선택들이 결국 저를 이 지경으로 만들었네요. 지금이라도 늦지 않았으니까 이제는 제대로 선택하고 싶습니다."

생각의 힘은 나이나 경험과 아무런 연관이 없습니다. 생각의 힘을 키우기 위해서는 결국 사리를 바로 세워야 합니다. 사리를 세우기 위해서는 배움(學학)이 필수적입니다. 배우는 것이 먼저인 공자는 "온종일 먹지도 않고 밤새도록 자지도 않으며 생각만 해보았지만 얻는 것이 없었다(無益무익). 배우는 것이 낫다(不如學也불여학야)"라고 하였습니다.[98] 생각을 마름질할 도구가 하나도 없는 상태에서 생각만 하는 것은 아무짝에도 쓸모없는 망상에 불과합니다. 그것은 데카르트나 공자가 말하는 '생각'이 아닙니다.

배움과 생각의 조화

공자는 배움과 생각이 조화를 이루는 것을 최고로 여깁니다. 배우지 않고 생각만 하는 사람은 조직을 위태롭게 합니다(思而不學則殆사이불학즉태). 시대별로 보면 혜성처럼 '짠' 하고 나타나 혹세무민하는 사이비들이 있습니다. 예를 들면 사이비 종교단체의 교주들입니다. 이들은 사리에 맞는 배움이 없지만 생각을 통해 나름대로 논리적인 철학을 만들어냅니다. 공자의 표현에 따르면 양극단을 파고드는 사람들입니다. 양극단을 파고드는 이유는 아무도 하지 않으니 조금만 노력하면 전문가가 될 수 있기 때문입니다. 그러고는 외로움이나 고통에 힘들어 하는 사람들에게 거짓 위안을 주며 승승장구합니다. 결국 이들은 사회를 위태롭게 합니다.

반대로 배우기만 하고 생각하지 않는 사람은 사기를 당할 뿐입니다(學而不思則罔학이불사즉망). 요즘 사람들은 가방끈도 길고 지적인 수준이 필요 이상으로 높습니다. 그런데 사리가 세워져 있지 않습니다. 헛똑똑이입니다. 배움-생각-배움-생각은 우리의 인생을 통해서 면면히 흘러야 합니다. 배우지 않고서는 생각의 힘을 기를 수 없고, 배우기만 하고 생각하지 않는다면 헛똑똑이가 될 뿐입니다.[99]

헛똑똑이의 결혼

저는 우주 최초로 '헛똑똑이를 위한 결혼수업'을 진행하고 있습니다. 이 유니크한 강의의 특징은 남자와 여자를 떠나 이 땅의 헛똑똑이를 위해 법률혼의 의미를 이해하고 다양한 문제 해결의 기술을 습득하여 우리 각자가 행복한 삶을 영위할 수 있다는 것입니다. 남자와 여자를 떠나 이 땅의 헛똑똑이를 위한 강의입니다. 이 강의의 강사인 저를 포함해서 수업을 듣는 대부분의 사람들은 스스로가 바로 헛똑똑이였음을 인정합니다.

아이러니하게도, 똑똑함의 정도가 높을수록 불합리함은 더 커집니다. 심지어 저는 '여자는 남자로부터 보호받아야 한다'라는 생각으로 바람둥이 남편과 이혼을 선택하지 못하고 있는 의사 선생님을 만난 적도 있습니다. 우리는 얼마나 불합리한 생각으로 결혼을 할까요?

"친척분 소개로 만나서 6~7개월을 사귀었어요. 만나면 만날수록 이 사람은 아닌 것 같았어요. 그런데 친척 어른이 착하고 괜찮은 사람이라고 하시는 거예요. 저는 '이건 아닌데'라며 헷갈렸어요. '오늘은 헤어지자고 말해야지.' 그런데 막상 만나면 불쌍해 보이는 거예요. 몇 번을 망설이면서 '오늘은 진짜 헤어져야지'라고 했다가 또 돌아서고 그랬어요. 그렇게 시간이 흐르고 결혼하게 되었어요."

"그 친척분이 남편을 잘 알아요?"

"아니요. 만난 적도 없어요."

"그런데 왜 착하고 괜찮은 사람이라고 하는 거예요?

"남편은 겉보기에는 천하에 점잖고 양반 같은 사람이거든요."

친척 어른이 직접 만나본 적도 없는 남자에 대해 주변의 소문만 듣고 '착하고 괜찮다'고 평가합니다. 내가 그 사람과 사귀면서 지켜본 결과 이 사람은 나와 맞지 않습니다. 그런데도 나는 내 생각을 의심합니다. 본 적도 없는 친척 어른의 평가와 6개월간 사귀면서 관찰한 나의 판단 중 어떤 것이 더 정확할까요? 무엇이 더 사리에 맞는 판단일까요? 그런데 우리는 왜 내 생각을 의심할까요? 배우지 않은 사람은 제대로 생각할 수 없습니다.

"남편은 가정형편이 좋지 않았어요. 가족 간에 사랑도 없고요. 처음에 저는 '아, 어떻게 이런 집에서 이렇게 천사 같은 사람이 나왔을까?'라고 생각했어요. 불우한 가정에서 자란 남편이 불쌍했어요. 우리 집에 장가와서 우리 집 분위기를 보고 배우면 감동하고 좋아질 거라고 생각했어요. 저는 경제적으로 유복했기 때문에 아무런 조건도 보지 않았어요. 그냥 사람 하나만 봤어요. 10년이 지난 후 그 불쌍한 사람은 이제 안 불쌍한 사람이 되었고, 저는 불쌍한 사람이 되어가고 있어요. 나는 남편이 제일 힘든 시절에 모든 것을 버리고 헌신했는데, 내가 인생에서 가장 힘들 때 남편은 나를 비참하게 만드네요."

아는 변호사

내가 만난 JMS

○○○가 그렇게 말할 수밖에 없는 논리적인 이유

자식은 타인이다

자식은 부모라는 창을 통해 세상을 바라본다

초등학생 때부터 과제로 부여된 일기 쓰기는 생각을 정리하는 수단이 되어 어른이 된 지금도 저는 늘 일상을 기록하곤 합니다. 2015년 중국 칭화대에서 석사 유학을 할 때도 마찬가지였는데, 그때 적어놓은 일기에 이런 구절이 있습니다.

'나는 부모님이 세상을 보는 창이다.'

모든 유학이 마찬가지겠지만 중국 유학 생활은 제 인생에서 말 그대로 세상에 대해 개안開眼을 하는 정도의 의미가 있었습니다. 그때는 내면의 북소리에 귀 기울이고, 나를 둘러싼 세계를 파괴하고 성장하려는 갈등의 시기였습니다. 당시 제가 보고 듣고 생각하는 것들을 부모님과 공유하면서 부모님은 나를 통해서 세상을 본다는 사실을 깨달았습니다.

그리고 이 사실은 반복됩니다. 어렸을 때 부모님이라는 창을 통해 세상을 바라본 것처럼, 이제 저희 아이들은 저라는 창을 통해 세상을 만들어가고 있는 것입니다. 부모는 아이들에게 세계 그 자체입니다. 그러므로 부모가 어떤 창으로 세상을 바라보는지가 어떤 자녀교육보다 중요합니다.

공자가 제시하는 창은 사리에 맞는 창입니다. 이것은 먼저 부모가 바로 서고 난 뒤에 자식이 바로 설 수 있음을 의미합니다. 바로 '타인성'입니다.

자식은 타인이다

사람과의 관계를 중요하게 여기는 공자에 따르면, 모든 관계는 타인성을 인정하는 것에서 시작됩니다. 이 말은 내가 먼저 있고 다른 사람이 있다는 것을 전제합니다. 즉, 북극성이 있고 난 뒤에 다른 별들이 질서를 잡아가는 것입니다. 그런데 우리는 나와 너를 구분하는 것에 심한 반발감을 느낍니다. 특히 그것이 가족이라면 우리에게 그나마 남아 있는 이성조차 작동하지 않게 됩니다. '자식은 타인이다', '부모는 타인이다'라는 이 당연한 명제는 심한 반발을 불러일으키곤 합니다. 〈아는 변호사〉 유튜브 채널에 '자식은 타인이다'라는 영상을 올린 적이 있는데, 거기에 달린 댓글을 보면 우리가 가족을 타인으로 규정할 때 느끼는 불편함을 여지 없이 확인할 수 있습니다.

- 천박한 소리.
- 이분은 자식이 없으시지 않나? 인생과 실전은 다르다고. 그중 제일이 자식 농사라고.
- 근본 모르는 소리.
- 한국은 서양이 아니다. 지성이라 자처하는 무리 중 변호사라는 작자가 우리 전통을 무시, 조롱하는데, 참 기가 막히고, 한국 뿌리가 좀먹는 게 안타까울 뿐이다.

눈을 감고 귀를 막은 채 배우려 하지 않는 사람들은 공자도 어찌할 수 없어 그냥 내버려 둡니다. 이런 사람들은 나와 부모, 자식을 경계 없이 동일시하면서 무수한 폭력을 자행합니다. 그것이 가정폭력입니다. 그들은 "너의 행복이 곧 나의 행복이다", "다 너 잘되라고 그런 거야"라면서 가족에게 잔인한 일도 서슴지 않습니다. 더욱 문제인 것은 이런 사람들은 각자의 신념에 따른 것이기에 그것이 잘못된 것이라는 인식조차 없다는 점입니다.

사실 자식의 타인성을 인정한다는 것은 자식을 한 명의 인간으로 존중한다는 것이기 때문에 부모가 할 수 있는 가장 지극한 사랑의 표현입니다. 그렇다면 타인인 자식을 사랑한다는 것은 어떤 모습일까요?

타인인 자식을 제대로 사랑하는 방법

공자로부터 '날 때부터 아는 자(生而知之者 생이지지자)', '진심으로 배우기를 좋아하는 자(好學者 호학자)'로 극찬을 받았던 안회는 안타깝게도 요절하고 말았습니다. 수제자 안회의 죽음으로 큰 충격을 받은 공자는 "하늘이 나를 버리는구나(天喪子 天喪子 천상여 천상여)"라며 애통해했습니다. 사람들은 공자가 통곡하는 것을 보고 "선생님께서는 정말로 아파하시는군요"라며 위로의 말을 전했습니다.[100]

안회의 장례를 준비하면서 안회의 아버지인 안로가 공자에게 청합니다.

"스승님, 평소 스승님께서는 안회가 수제자라고 극찬하였는데 이제 죽고 없으니 그를 기리기 위해 스승님이 타시는 수레를 팔아서 곽을 만들어 후하게 장례를 치를 수 있도록 해주십시오."

곽이란 관을 둘러싸는 바깥쪽 덧널을 말합니다. 공자의 문하생 가운데 가장 뛰어난 안회가 죽었으니 마땅히 성대하게 장례를 치르는 것이 공자의 명성에 걸맞은 일일 것입니다. 또한 사람들은 공자의 애통한 마음을 표현하기 위해서도 웅장한 장례식은 마땅한 예우라고 판단한 것입니다. 그러나 공자는 수제자의 죽음에 비통해하면서도 이러한 요구를 단호하게 거절합니다.

> 재주가 있건 없건(才不才재불재) 부모에게는 자기 자식이 제일 소중한 법이다(亦各言其子也역각언기자야). 내 아들 리가 죽었을 때도 곽을 해주지는 못했다.[101]

여기서 우리는 타인인 자식에 대한 부모의 진정한 사랑의 모습을 엿볼 수 있습니다. 공자 같은 걸출한 인물이라면 누구라도 주변의 시선과 평판을 고려해 공개적으로 '내 자식이 더 귀하다'라는 말은 차마 하지 못할 것으로 보입니다. 하지만 공자는 대중의 시선을 전혀 개의치 않습니다. 허례와 허식을 타파하는 공자의 단호한 모습에서 삶의 기준이 단단하게 세워져 있는 사람의 범접할 수 없는 아우라가 느껴집니다. 안회가 뛰어난 제자였기에 진심으로 슬퍼했지만, 내 자식만큼 사랑할 수는 없는 것입니다. 이것이 바로 사리에 맞는 일 처리입니다.

당신은 이런 상황에서 대중에게 내 아들이 더 귀하다며 자식에 대한 사랑을 선언할 수 있나요? 자식과 나를 동일시하지만 정작 다른 사람들의 눈치를 보느라 자식에 대한 사랑을 표현하지도 못하는 사람과 자식의 타인성을 강조하지만 자식에 대한 지극한 사랑을 표현한 공자 중 누가 더 자식을 사랑한다고 할 수 있을까요? 자식은 어떤 부모에게 사랑을 느낄까요? 나로서 바로 서지 못한 부모는 안타깝게도 자식을 바로 서게 할 수 없습니다.

아는 변호사

자식은 타인이다

좋은 부모가 되는 법

배우자와 대화가 되지 않는 합리적 이유

때를 놓친 공격과 방어

소송은 공격과 방어로 이루어집니다. 당사자가 고의나 중대한 과실로 공격 또는 방어 방법을 뒤늦게 제출하는 경우나 공격 또는 방어 방법의 취지가 분명하지 아니한 경우 법원은 이를 각하하여 당사자에게 불이익을 줄 수 있습니다. 이러한 상황을 때를 놓쳤다는 의미에서 '실기失期'한 공격·방어라고 표현합니다. 인생은 타이밍입니다. 인간관계에서도 타이밍이 중요합니다. 배우자와 대화가 되지 않는 중요한 이유 중 하나는 바로 때를 놓친 공격과 방어 때문입니다.

사이코패스가 아닌 이상 사람이 큰 화를 내기까지는 일련의 과정을 거치게 됩니다. 원인이 결과보다 시간상으로 앞서 일어나야 한다는 조건, 즉 인과율의 당연한 결과입니다. 10이라는 결과가 발생하기까지는 1부터 9까지 일련의 과정이 필요합니다.

예를 들어보겠습니다. 배우자가 1번의 잘못을 합니다. 나는 화가 나지만 '실수겠지'라고 생각하며 넘어갑니다. 배우자가 이제는 2번의 잘못을 합니다. 이번에도 나는 '에이, 뭐 쪼잔하게 이런 걸 말하냐'라며 넘어갑니다. 안타깝게도 배우자는 이어서 3번의 잘못을 합니다. 나는 말없이 한 번 더 꾸욱 참습니다. 그런데 기어코 배우자는 4번의 잘못으로 나아가고 맙니다. 이제 나도 더는 참을 수 없습니다. 그래서 강도 4 정도에 해당하는 화를 냅니다. 그런데 1, 2, 3의 과정에 아무런 이의제기를' 받지 못했던 배우자는 오히려 이 상황이 황당합니다. 나는 그동안 참고 참아왔던 1, 2, 3의 감정을 일시에 모두 풀어놓습니다. 배우자의 네 번째 행동에 내가 화를 폭발시킨 이유는 1, 2, 3의 과정이 있었기 때문입니다. 하지만 배우자는 그것을 전혀 모릅니다.

"이게 그렇게 화낼 일이야?"

상대방 배우자가 보기에 나는 이유도 없이 화를 내는 사람일 뿐입니다. 그렇게 부부싸움이 시작됩니다. 가정의 평화를 지키기 위한 나의 인내는 오히려 부부 관계를 더욱 망가뜨리

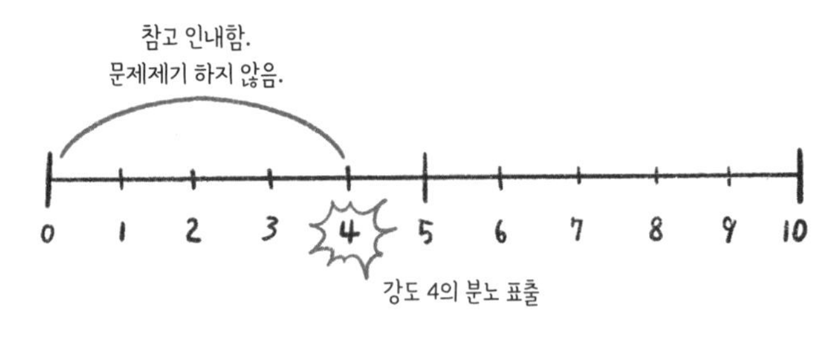

① + ① + ① + ① = 4

배우자와 대화가 되지 않는 이유

게 되었습니다.

방어도 마찬가지입니다. 오늘날의 우리는 화내는 법을 잊어버렸습니다. 사실 제대로 화를 내기 위해서는 사리가 세워져 있어야 합니다. 상대방이 욕을 하는지, 사리에 맞지 않는 이야기를 하는지 순간적으로 판단이 서지 않는 사람은 화를 내지 못합니다. 그러고는 그 순간이 지나간 후에 혼자서 곰곰이 생각합니다. 생각에 몰두한 끝에 비로소 상대방이 나를 모욕 아니면 무시했다는 사실을 깨닫습니다. 화와 분노가 치밀어오릅니다.

재미있는 사실은 이때의 끓어오르는 화는 시시비비를 가리지 못한 자신의 어리석음에 대한 분노가 주라는 점입니다. 나를 화나게 한 어떤 사건에 문제제기의 타이밍을 놓쳤다는 분노까지 더해져 나의 화는 마땅함을 잃게 되고 걷잡을 수 없을 정도로 커집니다. 그렇게 화가 배로 커진 상황에서 뒤늦게 상대방을 찾아가 급발진을 합니다. 하지만 상대방은 지금 상황이 도무지 이해가 되지 않습니다.

"그때 이야기 다 끝났는데 왜 자꾸 들먹거려!"

다른 사람과는 아무 문제가 없는데 유독 배우자와 대화가 잘 안되는 이유는 바로 당신의 공격과 방어가 타이밍을 놓쳤기 때문입니다.

문제 바꿔치기

대화가 잘 안되는 사람들을 곰곰이 살펴보면 '문제 바꿔치기'에 당하는 경우가 대부분입니다. 나는 A가 문제라고 얘기하는데 상대방은 그 문제를 B로 바꾸어버립니다. 물론 A와 B 사이에는 연결고리가 있습니다. 어느새 당신은 B에 대해서 얘기하고 있는 자신을 발견하게 되고, 오히려 내가 잘못한 것 또는 둘 다 잘못한 것으로 상황은 종료됩니다. 참으로 이상합니다. 대화는 했는데 나는 계속 찝찝합니다. 다음번에 정신을 차리고 다시 물어보면 "또 그 얘기냐?"라는 핀잔을 듣기 일쑤입니다.

문제 바꿔치기의 가장 쉬운 예는 배우자의 불륜입니다.

"남편은 증거를 찾기 위해 캐묻고 집착하고 뒤진 저에게 50퍼센트의 잘못이 있다고 하더라고요."

"나한테 책임이 있다는 50퍼센트 잘못은 무엇인가요?"

"글쎄요? 자기의 불륜에 대해서인가? 모르겠어요."

내가 제기한 문제는 불륜입니다(문제 A). 그런데 남편은 불륜의 증거를 잡기 위해 했던 내 행동을 문제 삼습니다(문제 B). A와 B는 전혀 별개의 문제이고, 문제 A에서는 남편의 책임이 100퍼센트, 문제 B에서는 나의 책임이 100퍼센트입니다. 각자는 자기의 행위에 책임을 지면 됩니다. 하지만 상대는 "너도 잘못했고 나도 잘못했으니 서로 다시는 그러지 말자"라고 하면서 넘어가려고 합니다.

그런데 A와 B는 모두 문제지만, 문제의 정도는 전혀 다릅니다. 문제 A는 부부 사이의 기본 의무인 정조 의무를 깬 것으로 그 자체로 애정과 신뢰를 무너뜨립니다. 하지만 문제 B는 나를 지키고 가족 공동체의 이익을 위해 때로는 해야 하는 행동입니다. 그것이 법에 어긋난다고 평가되더라도 말입니다. 문제 A와 B는 논의의 선상이 전혀 다른 것으로 서로 퉁칠 수 있는 것이 아닙니다. 이것이 사리에 맞게 시시비비를 가린다는 것입니다.

또 어떤 배우자는 자신이 불륜을 저지른 책임을 상대방에게 전가합니다.

"다 너 때문이야. 네가 나를 챙겨주지 않았잖아. 나를 외롭게 했잖아."

불륜을 저지르는 사람들의 화법은 어쩜 이렇게 천편일률인지. 이 정도면 불륜 학원이 있지 않을까 싶을 정도입니다. 이것은 마치 살인자가 자기 엄마를 향해 "당신이 나를 태어나게 해서 내가 살인을 저질렀어"라고 비난하는 것과 같습니다. 인과관계가 없다는 말입니다. 불륜은 100퍼센트 자기책임입니다.

정신줄을 놓으면 안 된다

문제 비껴가기

사마우에게는 사마상퇴라는 형이 있었습니다. 그런데 그 사마상퇴는 흉악무도하여 공자를 죽이려고까지 하였습니다. 하루는 사마우가 그런 형을 생각하며 걱정에 휩싸여 말했습니다.

"다른 사람들은 모두 형제가 있는데 유독 나만 형제가 없구나!"

사마우는 형의 사람답지 못함을 걱정하여 한 말인데, 듣고 있던 자하가 이렇게 대답합니다.

"내가 듣건대 '죽고 사는 것은 명이 있고(死生有命사생유명), 부귀는 하늘에 달려 있다(富貴在天부귀재천)'라고 했소. 군자가 늘 삼가면서 도리를 잃지 않고 다른 사람과 함께할 때는 공손하면서 예가 있으면 온 세상(四海之內사해지내)이 다 형제이니(皆兄弟也개형제야), 군자에게 형제가 없는 것이 무슨 걱정이겠소?"[102]

자하의 말은 얼핏 들으면 좋습니다. 그도 그럴 것이 좋은 말만 갖다 늘어놓았기 때문입니다. 그런데 그 말의 뜻은 어떤가요? 골치 덩어리 형일랑은 내버려 두고 다른 사람과 잘 살라는 의미밖에 되지 않습니다. "어떻게 하면 형을 사리에 맞는 사람으로 변화시킬 수 있을까?"라는 사마우의 질문에 대한 해법은 전혀 들어 있지 않습니다. 자하는 그저 무의미한 말을 하고 있을 뿐입니다. 하지만 기분은 좋습니다. 왠지 수준 높은 대화를 나눈 것만 같습니다.

당신은 누군가와 어떤 문제를 가지고 장시간 대화를 나누고 기분 좋게 대화가 마무리되었지만, 계속해서 동일한 문제가 발생하는 경험을 한 적이 있지 않은가요? 현란한 언어유희는 있었지만 문제는 해결된 것이 하나도 없기 때문입니다. 처음부터 그 문제에 대해서 이야기하지 않았으니 당연한 결과입니다.

논리적 오류

공자는 사람을 내면의 질과 겉으로 드러나는 문으로 평가합니다. 그리고 그 두 가지가 모두 빛나는 사람을 좋은 사람이라고 평가합니다. 그런데 위나라의 대부 극자성은 약간 다른 생각을 가지고 있습니다.[103]

"군자는 질만 있으면 되지(質而已矣 질이이의) 문을 가지고 무엇을 하겠는가(何以文爲 하이문위)?"

공자는 겉으로 드러나는 태도는 교언영색해야 하고, 그런 사람 중에서 내면의 질도 선한 사람을 고를 것을 강조합니다. 사람들은 교언영색을 마치 겉과 속이 다른 사람의 대명사로 치부하며 그 자체를 나쁜 것으로 보지만, 실상은 그렇지 않습니다. 공자가 살던 시대에도 마찬가지였습니다. 극자성의 말을 들은 자공이 대답합니다.

"애석하구나. 그대의 말이 일견 군자답기도 한데, 말이라는 것은 그 퍼져나가는 속도가 무서우니 조심해야 한다(駟不及舌 사불급설). 문은 질과 같고(文猶質也 문유질야) 질은 문과 같은 것이다(質猶文也 질유문야)."

좋은 말입니다. 자공은 우선 잘 알지도 못하면서 함부로 말하는 극자성의 태도에 주의를 주고, 문질은 빈빈해야 함을 강조하니, 공자의 제자 중 지자라고 칭할 만합니다. 그런데 자공은 여기에서 더 나아갑니다.

"호랑이나 표범의 생가죽(虎豹之鞹호표지곽)이나 개나 양의 생가죽(猶犬羊之鞹유견양지곽)은 같은 것이다."

이건 도대체 무슨 말이지? 아리송합니다. 정신줄을 단단히 잡고 이해를 해보겠습니다. 호랑이, 표범, 개, 양 등에게는 털과 생가죽이 있습니다. 털은 겉으로 드러나는 것으로 주변 환경과 관리 상태에 따라 달라지는 것이니 문이라고 할 수 있고, 생가죽은 타고나는 것이니 질이라고 할 수 있습니다. 그런데 우리는 생가죽만을 보고는 그것이 호랑이인지 표범인지, 아니면 개인지 양인지 구분할 수가 없습니다. 바깥으로 드러난 호랑이의 털 모양을 봐야 그것이 호랑이인지 표범인지를 구분할 수 있습니다.

그러니까 자공은 결국 질은 다 똑같고 문이 중요하다는 이야기를 하고 있는 것입니다. 과연 문이 뛰어났던 자공이 할 만한 말입니다. 하지만 조금 전에 질만을 강조하는 극자성을 비난해놓고 정작 자신은 문만 중요하다는 이야기를 한 셈이니 그 비난은 고스란히 자공에게 돌아와야 마땅합니다.

우리는 대화를 할 때 상대의 그럴싸한 말에 내 생각을 포기하는 경우가 종종 있습니다. 호랑이, 표범, 개, 양의 생가죽을 머릿속으로 떠올리며 헤매다가 상대 말의 정확한 의미도 모른 채 생각하기를 중단하는 것입니다. 그러고는 상대를 '똑똑하다', '말로는 저 사람을 이길 수 없다'라는 관계를 설정합니다. 이러한 관계는 매우 강력해서 다음번 대화에서는 내가 알아서 기도록 세팅됩니다. 문제는 내가 상대방 말의 오류를 포착할 수 있는 사리가 없다는 데 있습니다.

아는 변호사

배우자와 대화가 안 되는 이유

이혼의 타이밍

현실을 받아들여라

어느 부부나 갈등은 있기 마련입니다. 그런데 우리는 갈등과 분쟁은 좋은 것이 아니라고 생각합니다. 그래서 문제를 회피합니다. 심지어 배우자가 불륜을 저질러 갈등이 최고조에 달한 상황에서도 현실을 받아들이지 못합니다.

- 남편이 불륜에 빠진 것은 그 여자 때문이에요. 지금은 남편이 정상적인 사고를 못 하고 있는데 시간이 조금만 지나면 정신 차릴 거라고 믿어요. 그동안 성실하게 살아왔고 아이 아빠이기도 하고요.

• 언니가 이혼소송을 하고 있었기 때문에 친정엄마는 저까지 이혼을 하려 한다는 사실을 부정하고 싶어 했어요. 저는 제 이야기를 아예 하지도 못했고 오히려 언니의 이혼소송으로 고통스러워하는 엄마를 옆에서 도와드려야 했어요.

• 그때 친정아버지가 네가 하고 싶은 대로 하라고 하셨는데 저 스스로가 이혼을 하고 싶지 않았던 것 같습니다. 그냥 또 그렇게 지나갔어요.

남편이 불륜을 저지른 것은 상간녀 때문이어야 하고, 언니가 이혼소송을 하고 있기 때문에 우리 부부의 갈등은 이혼 정도에 이르지 않아야 하고, 내 사전에 이혼은 없어야 한다는 것은 당위입니다. 그것도 희망사항에 불과한 지극히 주관적인 당위當爲입니다. 이래서는 문제가 해결되지 않습니다. 일찍이 공자는 "우리가 삶을 살 때는 마땅히 그래야 되는 것도 없고, 그러지 말아야 되는 것도 없다"라고 하였습니다. 문제 해결의 시작은 현실을 있는 그대로 받아들이는 것입니다. 지금의 갈등은 잠깐 잘못된 것이 아니고, 내가 꿈을 꾸는 것이 아닙니다. 발생한 또는 주어진 상황을 제대로 인식해야만 적절한 대책을 세울 수 있습니다.

상담을 할 때 많이 받는 질문 중 하나가 "이혼을 해야 할까요?"입니다. 이혼을 통해 관계를 끊는 것이 맞을지, 아니면 좀 더 노력을 해야 할 것인지를 결정해 달라는 것입니다. 그런데 이것은 배우자와의 갈등이 어느 정도인지 알지 못하고 발생한 사실조차 제대로 파악하려 하지 않는 사람의 질문입니다. 문제를 해결해나가기 위해서는 질문을 잘해야 하는데, "이혼을 해야 할까요?"는 답을 찾아가는 질문이 아닌 것입니다. 이런 분들을 위해 이혼의 타이밍에 대해 확실한 기준을 세워드리겠습니다. 기본 전제는 '같은 자리를 맴돌며 갈등을 키워서는 안 되고 앞으로 나아가야 한다'입니다.

부부 갈등 10단계

부부 갈등을 그 강도에 따라 1에서 10으로 설정해보겠습니다. 갈등 1은 문제가 그리 크지 않습니다. 대화를 통해서 충분히 해결할 수 있습니다. 따라서 갈등 1의 해결책은 대화입니다. 갈등 10의 해결책은 이혼입니다. 이혼은 분명한 해결책이 됩니다.

자, 이제 갈등 1이 발생했을 때 당신은 그에 맞는 문제제기를 해야 합니다. 갈등 1이 별것 아니라고 넘어간다면 다음번에 갈등 1이 또 발생했을 때 갈등의 강도는 누적되어 2가 됩니다. 갈등 1도 열 번이 쌓이면 갈등은 10이 되고 그때는 이혼밖에는 답이 없습니다. 새총으로도 충분히 잡을 수 있는 새를 잡지 않으면 나중에는 대포로 잡아야 하는 상황이 됩니다. 이런 상황을 만들지 않기 위해서 내가 해야 할 일은 문제제기를 하는 것입니다. 갈등 1에는 갈등 1에 맞는 문제제기를 해야 합니다. 정색하고 말하기 뭐해서, 내가 참을 수 있을 만한 정도여서, 상대방이 기분 나빠할까 봐 아무런 문제제기 없이 넘어간다면 나에게는 그 갈등이 해소되지 않은 채 쌓이게 됩니다.

"시댁의 끊임없는 생활비 요구로 매달 200만 원씩 드렸어요. 그런데 시어머니는 저에게 그깟 생활비 좀 준다고 유세 떤다며 저를 비난해요. 하지만 나쁜 며느리 소리는 듣고 싶지 않았고, 제가 더 아끼면 되니까 감당할 수 있어서 별다른 내색을 하지 않고 살았어요."

당신은 이 상황을 부당하다고 생각합니다. 하지만 남편과의 직접적인 갈등은 아니니 갈등 3 정도로 평가해보겠습니다. 당신은 남편이 그만큼 돈을 버니까, 나쁜 며느리 소리는 듣고 싶지 않으니까, 내가 아끼면 감당할 수 있는 수준이니까, 남편이 좋아하니까 등 여러 가지 이유로 아무런 문제제기를 하지 않습니다. 나는 희생을 하고 있는데 시부모님은 고마워하지 않고, 남편조차 당연하게 여기는 상황이 계속됩니다. 당신과 남편의 관계는 늘 갈등 3을 전제로 하고 있습니다. 당신은 이 상황을 언제까지 참을 수 있을까요?

만약 이러한 상황인데 남편과의 관계에서 가벼운 정도에 해당하는 갈등 1의 문제가 발생한다면 당신이 느끼는 갈등의 강도는 이제는 4가 됩니다. 하지만 남편에게는 이제 겨우 갈등 1이 발생한 겁니다. 갈등 1과 갈등 4의 해결책은 서로 다릅니다. 남편은 이 상황이 이해가 가지 않습니다. 이와 같이 갈등의 정도가 서로 다른 상황은 문제를 해결하기 어렵게 합니다. 따라서 혼자만의 갈등이 누적되지 않도록 하는 것이 매우 중요합니다. 그렇다면 갈등이 쌓이게 두지 않고 해결해나가기 위해서 우리는 어떻게 해야 할까요?

내가 할 수 있는 일

문제제기

갈등 상황에 대한 공동의 인식을 위해 문제제기는 반드시 필요합니다. 갈등이 해결되기 위해서는 **'문제제기 → 공동의 인식 → 함께 노력'**이라는 3단계의 메커니즘이 원활히 이루어져야 합니다.

어떤 부부가 있다고 합시다. 아내가 조심스럽게 남편에게 몇 번의 문제제기를 하였지만 남편은 “그게 뭐가 문제야! 당신이 너무 예민한 거야”라며 공동의 인식에 도달하지 못합니다. 그런 경험을 하고 나면 아내는 이것을 학습하여 그다음부터는 자포자기하게 됩니다.

‘저 사람은 원래 저런 사람이야. 대화가 전혀 되지 않아. 오히려 화를 내고 집안 분위기만 엉망이 돼. 그렇다고 아이들도 있는데 이혼할 수는 없으니 그냥 참고 살자.’

아내는 더 이상 문제제기를 하지 않습니다. 말수도 줄어들고 생기도 없어집니다. 그런데 남편에게는 이런 상황이 너무 편하고 좋습니다. 남편에게는 ‘천국’이, 아내에게는 ‘지옥’이 펼쳐집니다.

그런데 안타깝게도 우리는 참고 살 수가 없습니다. 아내의 마음속에 꾹꾹 눌러놓았던 갈등은 계속 쌓이고 세월이 흐른 뒤 결국 폭발하기 마련입니다. 그것이 마음으로 드러나는 것이 우울증이고, 몸으로 드러나는 것이 각종 질병입니다.

- 아직 남편을 좋아하는 마음이 큽니다.
- 이혼 후에 정신적으로 견뎌낼 만한 멘탈을 가지지 못했어요.
- 예전 남편의 모습을 기대해서 헤어지지 못하겠어요.
- 제가 제일 원하는 것은 남편과의 관계 회복입니다.

- 제 결혼 생활의 문제들이 남들에 비하면 별거 아니라는 생각에 어떻게든 참고 해결해보려고 노력했어요.
- 남편이랑 아이랑 제가 함께할 수 있는 시간이 완전히 없어지는 거잖아요. 그렇게 생각하니까 마음이 아프고 그래요.
- 이런 것도 견디지 못하면 어떤 결혼 생활도 못 할 거라 생각해 계속 넘겨왔습니다.

여러 가지 이유로 우리는 문제제기조차 하지 못한 채 참고 살아갑니다. 이혼 게이지는 '만땅'이 되었는데, 그 순간이 지나고 또 그럭저럭 일상을 보내다 보니 나의 분노도 제풀에 꺾여버립니다. 그렇게 다시 평온한 것처럼 보이는 시간이 찾아오고 당신은 이 기간에 두 번째 자녀도 출산하고 함께 가족 여행도 갑니다. 누가 봐도 행복한 가정입니다. 하지만 문제는 해결되지 않은 채 당신의 마음 한구석에 계속 쌓여 있습니다.

그러다가 또다시 갈등이 고조되어 이혼 게이지가 전보다 더 높이 올라갑니다. 하지만 당장 눈앞에 돌봄이 필요한 아이들, 경제력, 산더미처럼 쌓인 해야 할 일들이 나의 이혼 게이지를 또다시 꺾이게 합니다. 여전히 문제는 해결되지 않았고 오히려 지난 문제와 함께 쌓여 갈등은 두 배가 되어 있습니다.

이런 식의 반복이 두세 번만 된다면 멀쩡한 사람도 우울증과 무기력증에 빠질 수밖에 없습니다. 우리가 이렇게 앞으로 나아가지 못하고 같은 자리를 맴도는 이유는 문제제기 이후 그 문제가 해결되지 않을 때 또는 상대방에게 받아들여지지 않을 때 다음 갈등 해결 방법이 무엇인지 알지 못하기 때문입니다.

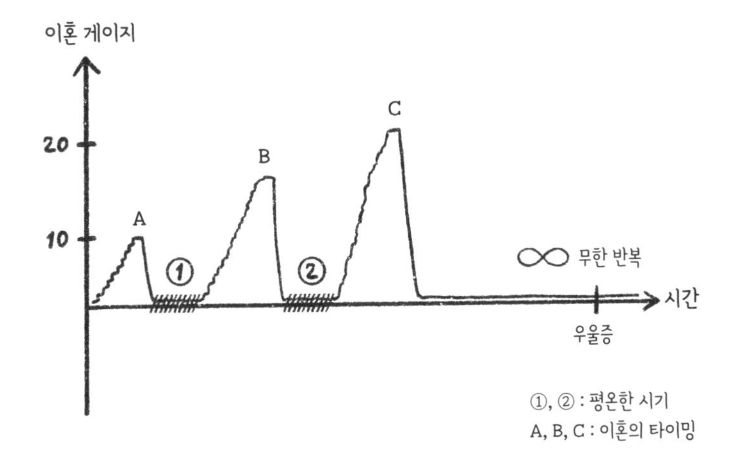

문제를 해결하지 못하는 부부의 이혼 게이지

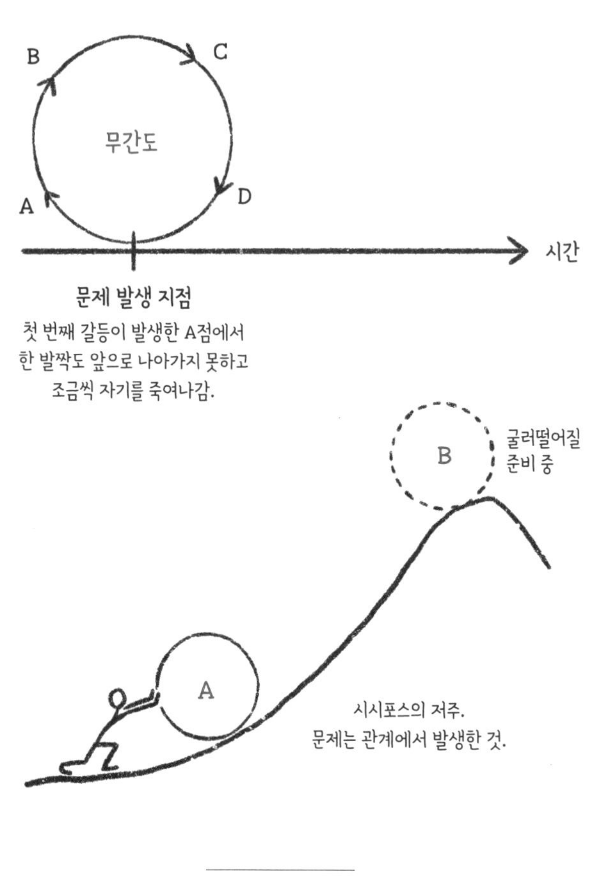

무한 반복의 이해

우리는 좋은 마음에 상대방의 잘못을 이해하고 대신 해결해주려는 경향이 있습니다. 주식투자에 실패하여 3억을 날린 남편이 있습니다. 그 남편은 평소 매우 착실했고 좋은 남편이자 아빠였습니다. 아내는 남편이 주식투자를 하는지도 몰랐고

게다가 대출까지 낸 줄은 꿈에도 몰랐기에 지금 이 상황이 너무나 충격적입니다. 하지만 '남편은 얼마나 힘들까?', '내가 힘이 돼줘야지', '한번 실수했으니 정신 차렸겠지'라는 생각으로 모아둔 비상금 전부를 빚을 갚으라고 남편에게 주고, 월급 역시 빚을 갚는 데 쓰라며 일절 건드리지 않았습니다. 그리고 아내는 투잡을 뛰면서 열심히 생활비를 벌었습니다. 그동안 자녀에게는 소홀할 수밖에 없었겠죠. 그렇게 온 가족이 허리띠를 졸라맨 채 2년을 보낸 뒤 아내는 남편에게 빚을 얼마나 갚았는지 물었습니다. 하지만 남편은 이번에는 사채까지 내서 주식투자를 하였고 그 손실금은 4억에 달하게 되었습니다. 아내는 망연자실하며 주저앉았습니다.

상대방과 함께 문제를 해결하는 것은 부부로서 마땅히 할 수 있는 일입니다. 하지만 이 사례의 아내는 '함께' 문제를 해결한 것이 아니고, 남편의 문제를 '대신' 풀어주려고 했습니다. 정작 남편은 그 문제를 해결하는 방법으로 또다시 주식투자를 하기로 진즉에 마음을 먹고 있었습니다. 상대방을 제대로 살피지 못하는 사람은 결국 나를 망치게 됩니다. 사실 남편이 처음 사고를 쳤을 때 이혼 게이지는 만렙이 되었습니다. 아내는 문제가 하나도 해결되지 않았는데 스스로 좋은 마음으로 이혼 게이지를 강제로 낮추고 그것을 잊기 위해 잘못된 방향을 설정하고 미친 듯이 달린 것입니다. 시시포스가 애써 올려놓은 돌은 정상에 도착하는 순간 굴러떨어지도록 세팅되어 있습니다.

합의서 작성

합의서 작성은 매우 중요한 갈등 해결 방법입니다. '합의서는 효력이 없다'는 낭설이 있지만 천만의 말씀입니다. 합의서가 있고 없고는 분쟁이 생겼을 때 과거 특정 시점의 사실관계를 명확히 하는 데 매우 큰 증거가 됩니다. 말로 넘어가지 말고 반드시 서면으로 합의 사항을 기재해야 합니다. 배우자의 불륜과 폭행 등이 발생한 경우 합의서 작성 과정을 통해 우리는 상대방이 앞으로 변할 것인지 아닌지를 예측해볼 수 있습니다. 합의서에 들어갈 내용은 크게 세 가지입니다. 사실관계 정리, 과거에 대한 치유, 장래의 약속이 그것입니다.

별거

문제제기, 합의서 작성 등으로도 갈등이 해결되지 않는다면 그다음에 생각해볼 수 있는 해결책은 별거입니다. 별거는 갈등 상황이 심한 경우에 관계 회복을 위해 노력해볼 수 있는 방법이기 때문에 그만큼 진중해야 합니다. 순간적으로 끓어오르는 화를 주체하지 못해 홧김에 가출을 하고 그 당연한 결과로 문제 해결을 위한 아무런 노력도 없이 버티다가, 상대방이 "언제까지 그럴 거냐? 그만 들어와라"라는 말에 아무런 명분도 없이 집으로 들어온다면 갈등 해결 방법으로서의 별거에 해당하지 않습니다.

졸혼

언젠가부터 우리 사회에는 졸혼이라는 말이 유행하고 있습니다. 졸혼이란 이혼을 하지 않은 채 부부로서의 여러 가지 의무와 책임에서 벗어나 자유롭게 여생을 보내자는 의미입니다. 트렌디하고 세련되며 힙한 느낌의 졸혼은 결혼 생활의 갈등을 참고 인내한 사람에게 주어지는 보상이자 해결책으로 대두되곤 합니다.

당신은 졸혼을 어떻게 생각하시나요? 졸혼에 대한 제 생각은 이렇습니다. 이미 무너진 부부 관계를 이혼으로 해소하지 않는 이유는 삶의 기준이 남에게서 나오기 때문이니 그런 점에서 부직不直하고, 그 목적이 정조 의무에서 벗어나 자유연애를 하겠다는 것이니 부정不正함의 결정체입니다. 그럼에도 졸혼을 갈등의 해결책으로 선택하시는 분들이 있겠지만 졸혼은 법률에서 보호하는 혼인 형태가 아니니 반드시 졸혼계약서를 작성하시기 바랍니다.

이혼

갈등 10의 마지막 해결책은 이혼입니다. 재미있는 사실은 부부간의 문제가 해결되지 않고 갈등이 10에 이르러 이혼을 선택하게 된 것인데, 배우자와 이혼 협의가 안 된다며 괴로워하며 앞으로 나아가지 못하는 분들이 많다는 점입니다. 불륜을 저지른 남편에게 이혼을 얘기했더니 유책 배우자인 남편이 한다는 소리가 "나는 가정을 지킬 거야. 이혼하려면 소송해"라고 합니다. 이런 어이없는 상황에 직면할 수 있는 것이 갈등 10인 것입니다.

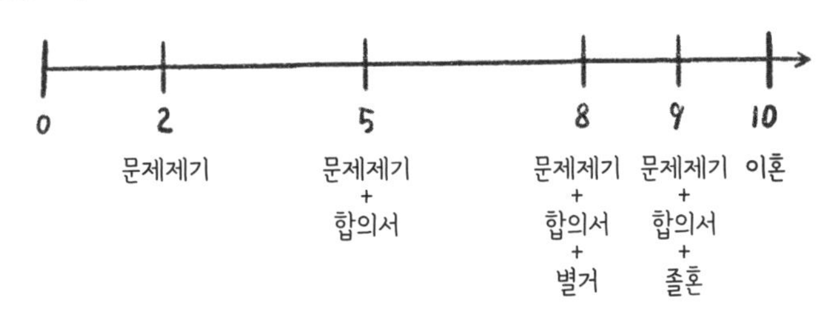

갈등별 문제해결 방법

이혼 안 하고 그냥 이러고 살면 안 될까요?

"저는 이혼을 원하지 않아요. 아직까지 이혼을 할 정도로 남편이 싫지는 않아요. 좀 더 노력해보고 싶어요."

"자, 어떤 노력을 해보고 싶으세요? 노력할 것이 있나요?"

"그냥 이혼 안 하고 이러고 살면 안 될까요? 그냥 저는 저대로 아이들과 살고, 남편은 남편대로 살면 안 될까요?"

"네. 안 됩니다."

만약 당신이 노력을 하고 싶다면 그 노력을 구체화해보십시오. 뭘 노력해야 될지도 모르겠다면 그 관계는 이미 회복하기 어렵습니다. 그런 상황에서 당신이 선택할 수 있는 것은 회피밖에 없습니다.

안타깝지만 관계는 함께 만들어나가는 것입니다. 관계가 끝났음을 인정하는 것이 불혹입니다. 내가 아무리 사랑한다고 하더라도 죽어 있는 상대방의 마음을 살리려 노력하지 않고 멈추는 것이 공자가 강조하는 불혹입니다.

갈등 10의 해결책은 이혼입니다. 그런데 우리는 왜 자꾸 선택을 회피할까요? 이혼은 두렵습니다. 내가 지금 배우자와의 관계에서 겪는 고통은 익숙한 고통입니다. 하지만 이혼 후에 어떤 삶이 펼쳐질지, 어떤 고통이 찾아올지에 대해서 나는 경험한 적이 없습니다. 때로 '막연함', '알지 못함'은 그 자체로 엄청난 두려움이 됩니다. 우리는 이혼 후의 새로운 삶에 대한 두려움(B) 때문에 익숙한 고통(A)을 선택해버리고 맙니다. '이혼하지 않고 이러고 남남처럼 살면 되잖아'라며 또다시 문제를 회피합니다. 특히 배우자가 경제력이 있는 경우 이구동성으로 "남편을 ATM기라고 생각하고 그냥 살아"라고 조언합니다. 그런데 과연 그럴 수 있을까요? 그 ATM기는 공짜가 아닙니다. 이미 관계가 무너졌는데 그 ATM기가 내 계획대로 작동할 리도 만무합니다.

아이들이 크고 나면 상황은 어떻게 될까요? 지금 내가 잃고 있는 것은 무엇일까요? 관계를 끊지 않는다면 나는 계속해서 나를 잃어가게 됩니다. 참고 버틴 결혼 생활의 끝에는 뭐가 있을까요? 나는 가정을 지킨 걸까요?

나는 노화되고 상황은 점점 나빠질 겁니다. 사람은 누구와 관계를 맺느냐에 따라 변하기 마련입니다. 그렇기에 좋은 사람과 관계를 맺고 나쁜 사람과 관계를 끊어야 합니다. 나쁜 관계는 나의 나쁜 점을 발현시킬 뿐입니다.

"내가 잘 벌면, 남편이 자기 일만 열심히 하면 괜찮을 거라고 생각하고 참았어요. 저는 아이들이 너무나 소중했기에 이혼 생각을 할 때마다 마음이 약해졌어요. 여기까지 미친 듯이 달려왔어요. 저는 결혼하기 전까지 욕을 해본 적이 없어요. 그런데 저도 이제 일상적으로 욕을 해요. 그런데 남편에게 한바탕 욕을 하고 나면 '내가 왜 이러고 살고 있나?' 하는 자괴감이 들어요. 이런 상황이 너무 불편하고 싫어요."

문과 질이 나쁜 사람과 관계를 맺고 있으면 나의 문과 질도 변질되기 마련입니다. 그렇다면 그런 가정에서 자라는 자녀의 문과 질은 어떻게 될까요?

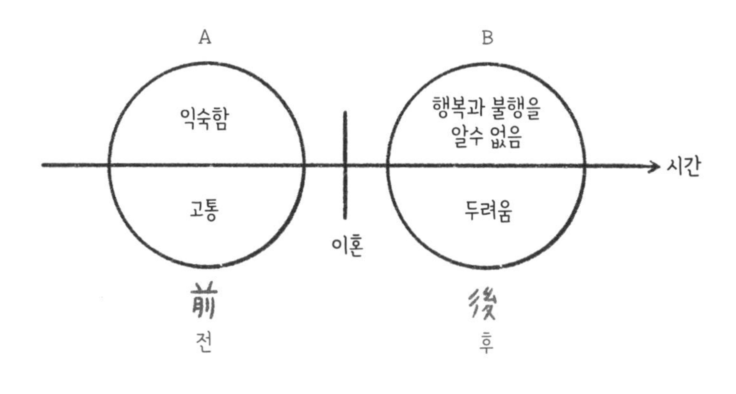

당신이 느끼는 두려움의 실체

아는 변호사

부부 갈등 10단계와 해결 방법

이혼 사유 1위, 대화가 안 되는 부부의 실체

부부 관계가 무너지는 과정

그래도
애들 아빤데

아빠는 좋은 사람이야

상담자들이 방문할 때 엄마와 딸이 함께 오는 경우가 종종 있습니다. 이혼을 고민하고 있는 딸을 엄마가 데리고 오거나, 이혼을 고민하는 엄마를 딸이 모시고 오는 경우입니다. 저희 사무소는 헛똑똑이를 위한 결혼 상담을 통해 나와 결혼 상대자를 평가하고 신중하게 결혼하기 위한 솔루션을 제공합니다.

한번은 결혼을 앞둔 딸이 엄마와 함께 왔습니다. 함께 이야기를 나누다 보니 엄마와 딸의 걱정은 바로 어릴 때 이혼한 아빠와의 관계였습니다. 아빠라는 사람을 평가하기 위해서는 엄마의 결혼 생활에 대한 이야기를 들어야만 했기에 저는 자연스럽게 어머니에게 왜 이혼하게 되었는지 여쭈어보았습니다. 그러자 어머니는 과년한 딸에게 잠시 자리를 피해달라고 요청했고 딸도 익숙하다는 듯이 일어나서 나가려고 하였습니다. 저는 그 모습이 매우 이상했습니다. "아버지에 대한 이야기를 하는데 왜 따님이 자리를 피하세요?" 알고 봤더니 경제적으로 무능했던 남편은 아내에게 폭언과 폭행을 일삼았고, 자녀들을 생각해서 그 모진 고통을 참아오던 엄마는 남편의 폭행이 아이들에게까지 미치자 그 길로 이혼을 했던 것입니다. 아이들은 어릴 적이라 아빠에 대한 기억이 거의 없었고, 평소 엄마는 자녀들에게 아빠에 대해 이야기하는 것을 의도적으로 피했습니다. 이런 엄마의 모습에 익숙해진 딸은 아빠 이야기가 나오자 약속이나 한 듯이 자리를 피하려 한 것입니다.

저는 딸에게 나가지 말고 함께 들을 것을 권했습니다. 아빠라는 역할을 빼고 아빠가 어떤 사람인지 알아야 하지 않겠냐고 엄마와 딸을 설득했습니다. 그렇게 해서 함께 듣게 된 아빠의 과거는 그야말로 쓰레기 자체였습니다. 엄마는 과거의 이야기를 하면서 잊고 있던 남편의 실체를 다시 한번 자각하고 경계하게 되었고, 딸은 막연하게만 알고 있던 아빠의 잘못된 행동들의 인과 과정을 알게 되었습니다. 딸은 "이제야 엄마의 삶이 이해가 돼요"라며 엄마에 대한 안타까움을 쏟아냈습니다.

그동안 엄마는 자녀들에게 "그래도 아빠니까 너희가 잘해야 해"라고 교육하고, 자녀들이 시댁 식구들과 왕래하는 것을 적극적으로 권장했습니다. 그 덕분에 자녀들은 아빠를 '그저 평범한 아빠'로 기억해왔습니다. 그런데 딸의 결혼을 앞두고 전남편이 결혼한 딸의 가족에게 아무렇지도 않게 접근하여 해코지를 하지는 않을지 걱정이 된 것입니다. 하지만 아빠에 대해 아무런 정보가 없는 딸은 그런 걱정을 하는 엄마가 오히려 이상할 뿐입니다. 만일 딸이 엄마의 뜻에 따라 아빠와 거리를 둔다면, 딸은 그런 자신의 모습에 자식으로서 죄책감을 느끼게 될 것입니다.

아빠가 좋은 사람인지 나쁜 사람인지는 자녀들이 스스로 평가할 일입니다. 하지만 제대로 평가할 수 있도록 과거에 있었던 사실에 대한 정보를 전달해야 하지 않을까요? 이것은 누군가를 비난하는 것이 아니라 사람에 대한 평가의 문제입니다.

아빠를 욕하는 것은 자녀를 욕하는 거야

사례의 엄마가 딸에게 아빠의 불륜이나 폭언과 폭행 등의 악행을 말하지 못하도록 구속한 이유는 무엇이었을까요?

"엄마가 아빠 욕을 하는 건 결국 자식을 욕하는 거다."

우리 주변에서 흔히 들을 수 있는 말입니다. 하지만 이는 부모와 자식을 동일시하며 자식과 부모의 타인성을 인정하지 못한 결과입니다. 2,500년 전에 살던 공자가 들어도 기가 막힐 말재주입니다.

공자가 살던 시대에 중궁이라는 훌륭한 사람이 있었습니다. 그런데 불행하게도 중궁의 아버지는 천박했고 악행을 저지르는 사람이었습니다. 공자는 중궁을 이렇게 평가합니다.[104]

"얼룩소의 새끼지만(犁牛之子이우지자) 털이 붉고 뿔이 제대로 나 있다면(騂且角성차각) 비록 그 사람을 쓰지 않으려고 해도 하늘이 어찌 내버려 두겠는가?"

얼룩소는 오점이 있는 중궁의 아버지를 뜻합니다. 그런데 제사에 쓰일 정도로 고귀한 붉은 갈기를 가지고 뿔이 제대로 나 있다면, 아비가 얼룩소라고 해도 충분히 그 존재를 인정받을 수 있습니다. 부모와 자식은 동일체가 아니며, 자식이란 부모가 존재함으로 인해 비로소 존재하는 것이 아닙니다. 부모의 잘못된 점을 말하는 것이 내 자식의 존재를 부정하는 것이 결코 아님을, 부디 부모와 자식의 타인성을 인정하시기 바랍니다.

가정을 지키기 위해 배우자의 폭언과 억압을 참고 사는 사람들이 꽤 많습니다. '그래도 아이들을 건드리지는 않잖아'라고 스스로 위안하며 결혼 생활을 유지합니다. 더 나아가, 가정폭력을 행사하는 남편임에도 엄마는 자녀들과 아빠의 관계를 돈독하게 해주기 위해 부단히도 애를 씁니다.

- 그래도 애들 아빠인데 아이들이 아빠에 대해 따듯한 기억이 있으면 좋겠어요.
- 딸에게 아버지의 존재를 남기고 싶다는 소망이 커요.

가족의 행복한 추억은 가족 구성원이 함께 만들어가는 것이지 누군가의 거짓말로 만들어지는 것이 아닙니다. 아이들에게 아빠 역할을 하는 것은 아빠의 몫입니다. 엄마인 내가 통제할 수 있는 영역이 아닙니다. 스스로 하지 않는 사람에게 좋은 것을 주려고 애간장을 태우는 것은 그 사람 본인을 구차하게 만들 뿐입니다. 썩은 나무는 조각할 수 없는 것입니다.

무엇보다도 내가 남편에게 받은 상처는 어떻게 치유하나요? 그냥 묻고 가나요? 나는 인내심이 뛰어나니 참을 수 있나요? 나는 괜찮으니 애들만 잘 살면 되나요?

나를 사랑하지 않는 사람은 남도 사랑할 수 없습니다. 아이들이 아빠라는 사람을 그 자체로 평가할 수 있게 해주어야 합니다. 아빠를 비난하라는 게 아니라 때가 되면 폭언, 불륜 등 있었던 사실 그대로를 자녀들에게 얘기해주어야 합니다. 그러면 아이들이 스스로 부모를 평가합니다. 당신 역시 평가의 대상입니다.

가정폭력의 피해자인 아내가 남편에게 유지해야 하는 감정은 경멸입니다. 이 평가는 이혼을 했다고 해서 끝나지 않습니다. 가끔 시간이 흐른 뒤 상대방과 좋았던 기억을 회상하며 그리워하는 경우가 있는데 필히 경계해야 합니다. 앞서의 상담자가 언급한 아빠에 대한 평가는 이제는 성인이 된 자녀들이 스스로 하겠지만, 그것이 존경은 아닐 것은 확실해 보입니다. 이것이 이름을 바르게 하는 것, 바로 정명正名입니다. 쓰레기를 미화할 수 있는 말은 세상에 존재하지 않습니다.

사람을 제대로 평가하지 못하면 벌어지는 일

이혼을 고민하는 한 여성분이 있습니다. 남편은 아이들에게도 욕설을 하였고, 주눅이 든 아이는 틱장애까지 왔습니다. 하지만 남편은 틱장애는 개인의 의지라며 또 아이들에게 폭언을 하고 화를 쏟아냅니다. 별것도 아닌 일로 혼이 나는 아이들은 이제 일상생활에서 작은 거짓말을 하기 시작합니다. 한번은 남편이 아이가 말을 듣지 않았다는 이유로 막대기로 엉덩이를 때려서 피멍이 들기도 했습니다. 그런데 남편은 기분이 좋을 때면 아이들과 잘 놀아줍니다.

이런 아빠는 어떻게 평가해야 할까요? 좋은 사람일까요?

지금 자녀들은 무엇을 학습하고 있을까요?

아이들은 아빠를 통해 사랑을 학습합니다. 아빠는 욕설을 퍼붓고 매질을 한 뒤, "사랑해"라고 말하고는 신나게 놀아줍니다. 그러면 자녀들은 '사랑은 이런 모습이구나'라고 느끼게 됩니다. 폭언과 폭력이 사랑의 개념 안으로 들어와 버린다면 매우 비극적인 일이 발생하게 됩니다. 그런 내 딸이 장성하여 사랑하는 사람을 만났는데, 남자친구가 욕을 하거나 폭력적인 모습을 보여도 딸은 그것이 폭행에 해당하는지를 신속하게 판단해내지 못합니다. 왜냐하면 딸의 경험상 폭언과 폭행은 사랑 안에서 이루어질 수 있는 것이기 때문입니다. 이것이 사랑인지 범죄인지조차 분별할 수 없게 된 것은 바로 어릴 적부터 이어진 학습 때문입니다.

"어린 딸은 저하고 같이 살고 싶다고 하다가도 '아빠가 불쌍해. 혼자잖아'라고 해요."

정말 무서운 일입니다. 부모라도 나를 해치는 사람과는 거리를 두어야 합니다. 아빠가 불쌍한 것은 맞습니다. 하지만 그렇다고 해서 나를 희생하며 불쌍한 사람 곁을 지킬 수는 없습니다. 그러면 다 같이 불쌍해질 뿐입니다. 불쌍한 사람을 도와주는 방법에는 여러 가지가 있습니다. 하지만 그러려면 무엇보다 내가 먼저 제대로 서 있어야 합니다. 자녀들이 자기 인생의 북극성이 되고 각각의 관계에 맞는 거리를 유지할 수 있도록 도와주는 것이 부모의 역할이 아닐까요?

아는 변호사

이혼의 타이밍

이혼녀의 삶

인생이 찌그러지다

어릴 때부터 엄친딸로 자란 제가 집도 절도 없이 이혼을 한 지도 어언 9년이 지났습니다. 까마득한 일이지만 어제 같은 느낌이 들기도 합니다. 3년째 이어지고 있는 X와의 소송으로 어쩌다가 기일이라도 잡혀 마주하게 되는 날이면 그 며칠 전부터 화가 솟아오르곤 하는데, 대개의 경우 이 분노는 '아, 정말 그때 이혼 안 했으면 어쩔 뻔했나?'라는 안도감으로 마무리되곤 합니다. 그만큼 결혼이란 관계는 우리의 인생에 매우 강렬한 자취를 남깁니다.

이혼하고 어떻게 보냈지? 처음에는 이혼했다는 사실을 숨겼습니다. 스스로 위축되어 친척들이 모이는 자리는 가지 않았습니다. 혹여라도 누군가가 사위의 안부를 물어오면 부모님은 그냥 잘 있다며 건성으로 대답했습니다. 회사에서도 절대 이혼 사실을 발설하지 않았습니다. 하지만 가족수당 신청으로 이 비밀은 금세 탄로 나게 됐습니다. 원래 말이란 네 마리 말이 끄는 수레보다 빠르기 마련이라(駟不及舌사불급설), 나의 이혼은 공공연한 비밀이 되어 사람들의 안줏거리가 됐습니다. 회사에서는 대놓고 저를 무시하는 사람들도 나타났습니다. '결혼'이라는 단어 자체에 큰 트라우마가 생겨 한동안은 다른 사람들의 결혼식에도 가지 못했습니다.

그렇게 찌그러지는 삶을 살다가 다시 회복되기 시작한 시기는 언제쯤이었을까? 제 기억으로는 이혼하고 3년 정도 지났을 때인 것 같습니다. 애초에 나의 이혼 따위가 그렇게 오래 남들의 가십거리가 될 수도 없었습니다. 그들은 언제나 신선한 먹잇감을 찾았고, 그들의 욕구를 만족시켜줄 새로운 이벤트들은 하루가 멀다고 발생하기 마련입니다. 물론 그렇다고 '이혼녀'라는 꼬리표가 없어지는 것은 아니지만 말입니다. 어찌 되었건 저의 이혼이 사람들의 뇌리에서 점점 사라지고 저 역시 우울증에서 벗어나기 시작하면서 일을 하느라 바빴고, 이혼했다는 사실에 스스로 익숙해지기 시작한 것은 3년이라는 긴 세월이 지나고 나서였습니다.

도움을 받는 것은 수치스러운 일이 아니다

이혼은 변화입니다. 당장 아이들의 양육 환경부터 세팅하고, 공간을 분리해야 합니다. 이혼으로 인한 상실감을 추스를 시간 따위는 없습니다. 이것이 이혼을 두렵게 하는 이유이기도 합니다. 이혼 당시 아이들은 미취학 상태였습니다. 심지어 막내는 돌이 채 되지도 않았습니다. 아이들의 전학 이슈가 전혀 없었고, 대전에서 근무를 하고 있었기 때문에 서울에 계신 친정 부모님이 전적으로 아이들 양육을 맡아주셨습니다.

이혼 후 저는 아이들을 데리고 친정집으로 기어들어 갔습니다. 그 덕에 이혼 후의 생활이 크게 달라지는 변화는 겪지 않아도 되었습니다. 하지만 주변으로부터 자식 농사 잘 지었다고 선망의 대상이었던 부모님의 인생은 큰 기스가 났고, 저는 부모님의 도움 없이는 살 수 없는 가련한 신세가 되었습니다. 누군가는 다른 사람의 도움을 받는 것을 비난합니다.

"이혼하고 자기만의 삶을 살라고 이립하라고 강조하면서 정작 본인은 이혼하고 부모님의 도움을 받고 사냐?"

참 별난 일입니다. 이쯤 되면 내가 뭘 하든 사람들의 비난을 피할 수 없음이 틀림없습니다. 힘들 때 다른 사람의 도움을 받는 것은 비난받을 일도 아니고 나약함의 표현도 아닙니다. 우리는 관계를 맺으며 살아갑니다. 내가 다른 사람들에게 도움을 줄 때도 있지만 때로는 다른 사람의 도움을 받아야 할 때도 있습니다. 그것이 관계의 자연스러운 모습입니다.

이혼 후 자녀를 데리고 친정집으로 들어가 부모님의 극진한 보살핌을 받는 한 여자분이 상담을 요청했습니다. 그분의 고민은 다 큰 딸이 이혼 후 자식까지 달고 와 부모님에게 정서적·경제적으로 의탁하는 것이 미안하고 죄송스럽다는 것이었습니다. 이분은 부모님의 도움을 받는다는 사실에 자괴감을 느끼고 스스로 자존감이 바닥에 떨어져 이러지도 못하고 저러지도 못하고 있었습니다.

"그렇게 마음이 괴로우신데, 부모님에게 미안함을 갚기 위해 어떤 노력을 하고 계신가요?"

안타깝게도 그분은 아무런 노력도 하지 않고 있었습니다. 마음은 불편하다고 하지만 몸은 매우 편안한 생활을 이어갑니다. 자녀의 양육과 교육까지 부모님에게 일임하고 흐리멍덩하게 삶을 살아갑니다. 그러면서 계속 징징거립니다. 오로지 나의 독립을 위해 지금을 희생하는 부모님은 물론 주어진 상황에서 최선을 다하고 있는 자녀의 노력까지 물거품으로 만들고 있는 것입니다.

남의 도움을 받는다는 것은 고마운 일이지 미안한 일이 아닙니다. 정말 수치스러운 일은 남의 도움을 받는 것이 아니고, 그것을 갚지 않는 것입니다. 제가 이혼하고 무너졌을 때 저는 다른 사람의 도움 없이는 살 수 없었습니다. 그래서 도움의 손길을 마다하지 않았습니다. 동정도 기꺼이 받았습니다. 그런데 나를 세우는 것은 다른 사람의 도움을 받을 수 없는 일입니다. 무너진 나를 세우는 것은 나만이 할 수 있습니다. 우울증에 빠진 나를 구원하는 것은 정신과 의사 선생님이 아니라 바로 나 자신입니다.

저는 다른 사람의 도움을 받아 결국 나를 스스로 세웠습니다. 내적으로는 내가 어떤 사람인지 알기 위해 끊임없이 탐험하고, 외적으로는 법무법인 제인과 주식회사 휴유재의 대표로서 나와 사회의 이익을 실현하고 있습니다. 제가 어려울 때 받았던 도움은 씨앗이 되어 큰 열매를 맺었고, 또 다른 누군가가 그 도움을 받고 있습니다. 이것이 바로 사회가 성장하는 모습입니다. 여기에 당당하지 않을 요소가 하나라도 있을까요?

자유와 외로움

이혼을 한 사람에게 첫 번째로 주어지는 것은 자유입니다. 이제 식사 메뉴를 고민하지 않아도 되고, 내가 아닌 모습으로 살지 않아도 됩니다. 주말에 동창회 모임이 있을 때 남편의 허락을 받지 않아도 됩니다. 이혼 후 저는 싫은 사람과 더는 같은 공간에 있지 않아도 된다는 것만으로도 큰 행복을 느꼈습니다. 해결되지 않는 문제를 가슴에 묻어두고 마음에 돌을 하나 얹고 살지 않아도 됩니다. 나를 가정이라는 틀에 욱여넣고 원하지 않는 삶을 살지 않아도 됩니다. 과연 행복은 멀리 있는 것이 아니었습니다.

무엇보다도 이혼을 선택한 후 나는 여전히 내 인생을 스스로의 힘으로 개척해나갈 수 있게 되었습니다. 자유는 매우 큰 선물입니다. 자유라는 것은 내 인생을 내가 선택할 수 있게 되었다는 의미입니다. 이혼 후의 삶이 곧바로 행복을 의미하지는 않습니다. 이혼은 단지 앞으로의 이야기를 내가 만들어나갈 수 있다는 것을 의미하는데, 우리는 그 가능성을 희망이라고 부릅니다.

자, 이제 내가 갖게 된 자유로 무엇을 만들어나갈 것인지를 고민해야 합니다. 이혼 후에는 내가 들이마시는 공기조차 자유롭습니다. 매 순간의 자유를 감당하지 못하면 자유는 외로움으로 변해 당신을 공격할 것입니다. 그 외로움에 압도당하는 순간 나는 또다시 내 인생의 주도권을 빼앗기게 됩니다.

"그냥 어떤 사람인지 만나볼 생각으로 제가 먼저 연락을 했어요. 서로 차를 한잔 마셨는데 별로 호감을 느끼지 못했어요. 그런데 또 심심하고 영화를 보고 싶은데 같이 볼 사람이 없어서 그 사람에게 전화를 했어요. 저는 정말 심심해서, 함께 영화 볼 사람이 없어서 연락을 한 거예요. 그런데 그 사람은 저한테 마음이 있었던 것 같아요. 그렇게 자연스럽게 만나게 되었어요. 저한테 모든 것을 맞춰주는 느낌이었어요. 여가 생활도 같이 보냈어요. 한결같은 사람이라고 느꼈어요. 전처와의 사이에서 태어난 자녀에게도 정말 잘했어요. 책임감이 있다고 생각했어요. 하지만 재혼 후의 삶은 그야말로 전쟁 같았어요."

재혼 금지령

이혼은 상실이자 실패입니다. 이제는 찬찬히 실패의 원인을 분석해봐야 할 때입니다. 그런데 당신의 내면에 똬리를 틀고 있는 거대한 외로움은 당신이 스스로를 탐험하도록 가만히 내버려 두지 않습니다. 어떤 유형의 사람들은 이혼을 함과 동시에 미친 듯이 이성을 찾아 나섭니다. 무언가 알 수 없는 조급증에 빠진 사람들은 쉽게 이성을 만나기 위해 몸무게가 적게 나가려고 발버둥 칩니다. 그렇게 싼값에 자기 자신을 팔아치우고는 안심합니다. 상황이 이렇다면 X보다 못한 사람을 만날 확률이 99.999퍼센트입니다.

- 전혼이 사랑 없이 한 것이라 내가 이렇게 불행한가 보다.
- 전남편 때문에 내가 불행했고, 내가 사랑하는 사람과 결혼하면 나는 무조건 잘 살 거야.
- 빨리 결혼해서 더 늦기 전에 아이를 하나 낳아야겠다는 목적을 가지고 엄청 열심히 사람을 만났어요.

공자는 어려움을 겪고 나서도 배우려 하지 않는 사람은 인간으로서 최악이라고 평가한 바 있습니다. 이혼이라는 실패를 하고 나서도 나를 세우려 노력하지 않고, 실패의 원인을 내가 아닌 밖에서 찾고 있으니 고집불통에 빠진 전형적인 소인의 모습입니다. 이런 사람이 좋은 사람과 관계를 맺기는 요원한 일입니다.

인생을 살면서 한 번쯤 실패하는 것은 괜찮습니다. 오히려 실패는 나를 더 크게 성장시켜주는 밑거름이 됩니다. 하지만 같은 실패를 두 번 하고 나아가 세 번을 한다면, 그것은 더 이상 실패가 아니라 그냥 그 사람 자체입니다. 이혼을 통해 우리는 그동안 몰랐던 진정한 나 자신과 마주하는 귀중한 시간을 얻습니다. 그 금쪽같은 시간을 외로움에 압도되어 이 사람 저 사람 만나고 다니다가 재혼으로 끝낼 거라면 처음부터 이혼하지 않기를 권합니다.

이러한 이유로, 나를 세울 때까지 재혼은 금지입니다. 어떻게 나를 세울 거냐고 묻는다면 저는 의심하지 않고 망설이지 않고 '아류논어 나무심기'를 추천드립니다.

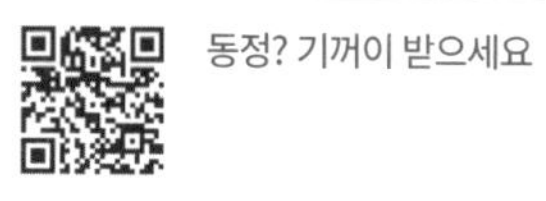

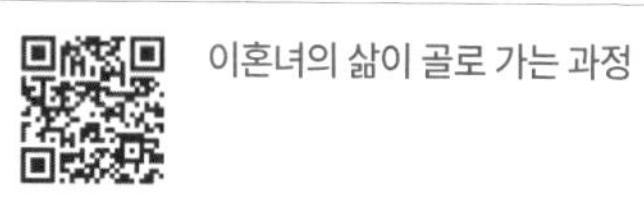

돌싱의 사랑이 위험한 2가지 이유

재혼 금지령

내 나이 63, 시집간 딸이 이혼했다!

법률혼은 한 번으로 족하다

왜 나에게만 이런 일이 생길까?

당신은 재혼에 대해서 어떻게 생각하시나요? 연예인들의 재혼, 삼혼 소식을 심심치 않게 접할 수 있는데 재혼 이혼은 비단 연예인뿐만 아니라 우리 주변에서도 쉽게 찾아볼 수 있습니다. 그 어려운 법률혼을 두 번, 세 번 할 때는 어떤 생각이 크게 작용할까요?

우리는 형사 피의자는 원래부터 나쁜 사람이니 동정할 여지가 전혀 없다고 생각하지만 사실은 전혀 그렇지 않습니다. 시끄럽게 떠들며 주변에 피해를 주는 사람에게 조용히 하라고 항의하는 과정에서 신체적 접촉이 있었다는 이유로 오히려 내가 폭행죄로 고소되어 벌금을 내는 경우도 있습니다. 이웃집과의 사소한 다툼으로 법 없이 살던 사람이 순식간에 전과자가 되는 경우는 비일비재합니다. 재혼, 삼혼을 하게 되는 과정 역시 우리가 일상에서 흔히 하는 생각에서 기인합니다. 다음은 기사에 난 어느 연예인의 삼혼 이혼 과정입니다.

3년 만에 이혼을 했습니다. 이별이란 걸 처음 해봤습니다. 전남편과 헤어지면서 너무 힘든 시간을 보냈는데 누군가가 따뜻하게 대해줬고 또 금방 그에게 빠지게 되었습니다. 그렇게 두 번째 남편과 만나 결혼을 했습니다. 내 아픔을 치유해주는 느낌을 받았고 너무 행복했습니다. 그런데 7년 후 저는 또다시 이혼의 아픔을 겪었습니다. 두 번의 이혼 후 다시는 결혼을 안 하겠다고 다짐했습니다. 어린 자녀가 걱정이 되었지만 내가 아빠 몫까지 열심히 키우겠다고 생각했습니다. 어느 날 어린아이가 부모 손을 잡고 있는 다른 아이를 부러운 듯 쳐다보고 있는 모습을 보았고 저는 너무나 마음이 아팠습니다. 아이에게 멋진 아빠를 만들어주고 싶었습니다. 그렇게 다시 세 번째 결혼을 했습니다. 이번만큼은 죽어도 실패하고 싶지 않다고 생각했지만 불미스러운 일이 발생하여 이혼하게 되었습니다. '왜 나에게 이런 일이 생길까?'라는 생각에 매일매일을 눈물로 지새웠고, 우울증까지 생겼습니다.

이분이 삼혼을 하게 된 이유는 첫 번째는 외로움, 두 번째는 아이에게 멋진 아빠를 만들어주겠다는 것입니다. 그러고는 마지막 세 번째 이혼을 하고 '왜 나에게 이런 일이 생길까?'라는 질문을 하게 됩니다. 왜 이분에게는 자꾸 이런 일이 생길까요? 이유는 하나입니다. 나를 고정 상수로 놓고 잘못의 원인은 물론 그 해결책조차 내가 아닌 남에게서 찾으려는 마음 때문입니다.

공자는 "자기 자신을 책망하기를 두텁게 하고(躬自厚궁자후) 남에게 책임을 묻기를 엷게 한다면(薄責於人박책어인) 원망에서 멀어진다(遠怨원원)"라고 하였습니다.[105] 자기 자신을 비난하거나 정죄하라는 말이 아닙니다. 원인을 나에게서 찾는 사람은 스스로 변하기 위해서 노력합니다. 하지만 남에게 책임을 묻는 사람은 상대를 바꾸면 문제가 해결된다고 믿습니다. 그러니까 계속해서 다른 상대를 찾게 되는 것입니다. '이번만큼은 죽어도 실패하고 싶지 않다'는 단순한 희망사항에 불과할 뿐입니다. 죽어도 실패하지 않기 위해 무슨 노력을 하고 있나요? 안타깝게도 의존할 새로운 상대를 찾는 것 말고는 딱히 노력하고 있는 것이 없습니다.

법률혼은 한 번으로 족하다

결혼은 민법상 계약입니다. 저는 '헛똑똑이를 위한 결혼수업'을 통해 법치주의 사회에서 나의 삶을 규율하게 될 민법의 친족편 규정에 대한 설명을 합니다. 혼인신고가 어떤 의미이고, 그로 인해 나에게는 어떤 권리와 의무가 생기는지, 그리고 이 계약을 해지하는 사유와 방법은 무엇인지에 대해 아는 것은 기본입니다.

결혼은 내 마음대로 했어도 이혼은 내 마음대로 못 하는 이유는 이것이 법률상 계약이기 때문입니다. 계약은 정당한 사유가 없으면 파기할 수 없습니다. 결혼은 혈족이 아닌 사람과 친족 관계를 형성시키고 친족 간에는 상속이 이루어지기 때문에, 사실 결혼의 가장 큰 효과는 상속입니다. 아무튼 결혼이란 법률상 제도로, 결혼을 선택하는 순간 각자는 자신의 의지와 상관없이 법에 따라 일정한 역할을 부여받습니다. 결혼이란 인간의 본능이 아니고 사회의 발전에 따라 만들어진 제도입니다. 이 제도를 선택하고 그 제도를 따를 것인지 아닌지는 각자의 성향에 따라 다릅니다.

저는 내 삶에 적용되는 룰은 내가 만들어가야 행복한 사람입니다. 저는 이것을 '룰 메이커'라고 정의합니다. 그런데 결혼이란 제도는 전통과 국가가 미리 만들어놓은 틀을 받아들여야 비로소 행복해지는 구조입니다. 생래적으로 저라는 사람과는 맞지 않습니다. 맞지 않는 신발을 7년이나 발을 욱여넣어 신고 다녔으니 저의 우주는 혼돈과 암흑에 빠질 수밖에 없었습니다. 그런데 그때 결혼을 안 했더라면 행복했을까요? 여전히 이립이 되어 있지 않았던 저는 다른 모습의 실패를 했을 것이고, 결국 30대 중반에 비슷한 모습의 좌질을 겪고 있었을 것입니다. 결혼은 저에게 큰 성장을 가져다주었고, 저는 결혼 생활을 통해 내가 어떤 사람인지 비로소 알게 되었습니다.

결혼 상담을 하다 보면 상대방에 대해 명확한 평가를 내리기 어려워하는 분들이 간혹 있습니다. 그런 경우 저는 법률혼을 한 번쯤 해볼 것을 권해드립니다. 다만 부부 갈등 10단계와 문제 해결 메커니즘을 잊지 말고 앞으로 나아갈 것을 당부드립니다.

결혼 여부가 심각하게 고민하게 되는 이성을 만났다면 결혼을 하십시오. 다만 무작정 참고 인내하며 내 우주를 황무지로 만들어버리지는 마십시오. 백 세 인생에 결혼과 이혼 경력 한 번쯤 있는 것도 틀림없이 유쾌한 일입니다. 이혼 상담을 하다 보면 의외로 재혼 이혼 상담이 많습니다. 두 번째 이혼은 첫 번째 이혼보다 훨씬 더 어렵고 첫 번째 이혼과 달리 나의 삶을 나락으로 떨어뜨립니다. 그 이유는 한 번 이혼을 했다는 사실 자체에 스스로 구속되기 때문입니다. '두 번이나 이혼할 수는 없지', '사람들이 나를 우습게 볼 거야'라는 아무런 근거도 없는 걱정과 두려움에 사로잡혀 이혼을 하느니 나의 삶을 포기하는 것을 선택합니다. 재혼이든 삼혼이든 이혼은 언제나 신속하게 하는 것입니다. 끓는 물에 손이 닿으면 손을 빨리 떼는 것밖에는 방법이 없습니다.

법률혼은 한 번으로 족합니다. 내가 어떤 사람인지 알고 내 우주의 북극성이 되어 중심을 지키고 있는 사람이라면 또다시 법률혼을 할 필요가 없습니다. 혹시 재혼을 생각한다면 '나는 왜 재혼을 하려고 하는가?'라는 질문을 하고 그 이유를 나열해 보십시오. 아마도 안정, 사랑, 행복한 가정, 아이에게 좋은 엄마 또는 아빠 만들어주기 등 다양한 사유가 등장할 수 있습니다. 그리고 이어서 이렇게 질문하십시오. 내가 원하는 것이 결혼으로 달성되는가? 그것은 나의 의지로 컨트롤할 수 있는 것인가? 재혼이 고민된다면 저와 상담을 하십시오.

또한 재혼은 결혼의 진정한 효과인 상속 문제를 발생시킵니다. 재혼 가정의 상속 분쟁은 때로 매우 복잡하고 비정한 양상을 띠곤 합니다. 소송 실무에서 부모님이 돌아가시면서 재혼한 배우자와 친자식 사이에서 재산을 단독으로 상속받기 위한 여러 가지 분쟁을 쉽게 볼 수 있습니다.

부디 사랑하는 사람과는 주체적인 연애를 하시기 바랍니다. 만일 내가 지금 불행하고 우울하다면, 그것은 행복한 가정이 없어서가 아니라 행복한 내가 없기 때문입니다.

그 재혼 꼭 하셔야겠습니까?

재혼에도 타이밍이 있다

법률혼은 한 번만으로도 족해요

애 딸린 돌싱의 4가지 연애법

종교는 문제를 해결하지 못한다

내가 선택한 겁니다

이혼 상담을 하다 보면 이미 파탄이 난 가정인데도 종교적인 신념을 이유로 이혼을 선택하지 못하고 고통스러워하는 분들을 자주 봅니다.

"저희 종교에서는 이혼을 금기시하더라고요."

"왜요?"

"하느님이 엮어주었기 때문에 힘들어도 함부로 끊으면 안 된대요."

"한번 생각해볼까요? 10년을 참고 노력했지만 문제가 개선되지 않은 것이니 '함부로' 끊은 것이 아니지 않나요? 함부로 끊었다고 한다면 남의 노력을 폄하하는 것이죠. 그리고 결혼은 하느님이 맺어준 것이 아니고 내가 그 사람을 선택한 겁니다. 내가 선택해놓고 하느님에게 '저 이 사람이랑 결혼합니다'라고 보고한 것에 불과하죠. 하느님은 인간의 일에 일일이 개입하지 않으십니다. 인간이 선택할 수 없는 것은 태어나고 죽는 것뿐입니다. 나머지는 모두 내가 선택한 것이고, 선택해나가는 것입니다."

천주교 신자인 제가 생각하는 신은 기본적으로 인간을 사랑합니다. 그래서 인간에게 자유의지를 주었고, 각각의 개성을 최대한 발현하고 행복하게 살기를 원합니다. 신은 인간의 삶에 그렇게 사사건건 관여하지 않습니다. 신은 매우 바쁩니다. 기적이 그렇게 빈번하게 일어난다면 그것은 더 이상 기적이 아닙니다. 내가 오로지 나의 욕심으로 배우자를 선택해놓고 하느님의 이름으로 내 선택을 포장한다면 이것이야말로 신성모독이 아닐까요? 〈아는 변호사〉 유튜브 채널에 이런 의견을 피력한 사람이 있습니다.

'행복해지려고 결혼을 한다면 하지 마시길…. 결혼은 사명이고 거룩함의 완성입니다.'

결혼을 고행이라고 생각한다면 그런 고행을 함께해야 하

는 배우자를 생각해서 절대 결혼하지 말 것을 조언해드리고 싶습니다. 신 역시 매 순간 우리의 행복을 응원합니다.

저는 매우 독실한 신자를 한 명 알고 있습니다. 이분의 일과는 신과 함께 시작됩니다. 하루 동안 있었던 모든 일은 신의 의지대로 일어난 것입니다. 심지어 버스를 잘못 타도 자신의 부주의함 때문이 아니라 신의 인도라고 해석합니다. 그리고 온종일 그 의미를 찾느라고 시간을 허비합니다. 오만함은 아닐지 반성해보아야 합니다.

독실한 기독교 집안에 시집간 여성이 있습니다. 시어머니는 언제나 하느님의 말을 빌려 아들 부부의 일에 간섭하였고 며느리를 질책하였습니다. "너희가 망하는 꿈을 꿨다", "내가 기도했는데 하느님이 너는 내 며느리가 아니라고 했어"라고 하는 겁니다.

이런 시어머니의 말에 당신은 뭐라고 대답을 할 수 있습니까? 애초에 대화라는 것이 가능할까요? 신의 이름을 빌리는 순간 관계는 저 멀리 안드로메다로 가게 됩니다. 신의 이름 앞에서는 인간이 노력해볼 수 있는 것이 없습니다. '결혼은 하느님이 맺어준 것'이라고 하는 사람이나, '하느님이 너는 내 며느리가 아니라고 했다'라는 시어머니나 다른 점이 있나요? 종교는 문제를 해결하지 못합니다.

종교를 제대로 믿는 법

우리는 신이 아니고 사람입니다. 공자는 신과 사람의 경계를 명확히 구분합니다. 오만방자하게 신처럼 살려고 하지 말고 먼저 사람답게 살도록 애써야 할 것입니다.

> 사람으로서 마땅히 해야 할 일에 힘쓰고(務民之義무민지의) 귀신에 대해서는 삼가되 가까이하지 마라(敬鬼神而遠之경귀신이원지).[106]

《논어》에 나오는 몇 가지 일화를 통해 '사람으로서 마땅히 해야 할 일에 힘쓴다'는 의미에 대해서 좀 더 살펴보겠습니다.

그런 기도라면 내가 한 지 오래되었다

어느 날 공자가 큰 병에 걸렸습니다. 자로가 공자에게 기도할 것을 청했습니다(請禱청도). 하지만 죽고 사는 것은 사람의 소관이 아니기 때문에 공자는 영 탐탁지 않습니다.

"그럴 필요가 있겠느냐?"

자로가 소리칩니다.

"있습니다! 제문에도 말하기를 위아래에 있는 신과 땅에 있는 귀신에게 기도하라고 하였습니다."

"그런 기도라면 나는 이미 한 지가 오래되었다(丘之禱久矣구지도구의)."[107]

공자는 평소에도 세 가지를 늘 삼가고 조심했는데(子之所愼자지소신), 바로 재계(齊재)와 전쟁(戰전) 그리고 질병(疾질)이었습니다.[108] 최선을 다해서 건강을 잃지 않으려고 노력하는 것이 사리에 맞는 일이고 사람으로서 마땅히 해야 할 일입니다. 생과 사는 인력으로 어찌할 수가 없는 상황인데 귀신에게 기도하여 죽어가는 것을 살리려고 하는 것은 사리에 맞지 않는 일입니다.

2023년 7월 22일, 코로나19로 중지되었던 오프라인 모임을 오랜만에 재개했습니다. 200명에 달하는 붕우들과 함께 '우아하게 욕하는 법'을 주제로 아류논어에 흠뻑 젖는 즐거운 시간을 가졌는데 한 분이 이런 질문을 했습니다.

"중병에 걸렸을 때 이립은 어떤 모습일까요?"

공자가 말하는 이립은 남녀노소, 건강, 빈부, 미혼, 기혼, 이혼 여부를 떠나 사람이라면 누구나 쉬지 않고 노력하는 상태를 의미하기 때문에 중병에 걸렸다고 해서 이립의 모습이 달라질 리는 없습니다. 중병에 걸린 공자는 이미 사람으로서 최선을 다하는 삶을 살아왔기 때문에 삼가고 조심한다는 그런 의미의 기도는 더 이상 필요하지 않았을 것입니다.

사람이 할 수 있는 일에 최선을 다하는 것이 공자가 문제를 풀어나가는 방법입니다. 사람의 일을 신에게 의탁해서는 안 됩니다. 부부간의 갈등은 기도를 통해서 기적적으로 해결되는 것이 아니라 두 사람의 문제 해결 메커니즘을 통해서 해결되는 것입니다. 부부 갈등의 정도가 10에 달한다면 그때의 해결책은 이혼입니다. 50대의 여성분이 남편과의 갈등으로 상담을 요청하셨습니다.

"남편과 성관계를 하는 것이 너무나도 끔찍해요. 스킨십만 없어도 살겠어요. 그래서 하느님께 열심히 기도했어요. '우리 남편의 성욕을 없애주세요.' 그 후 남편의 성 기능에 장애가 왔어요. 하느님이 드디어 내 기도를 들어주신 거죠. 너무 행복해요."

이 부부의 문제는 무엇이며, 무엇이 해결된 것일까요?

아는 변호사

종교는 문제를 해결하지 못한다

사리에 맞게 생각하는 법

그 사람, 하나님께 양보하세요

착함은 죄악이다

남에게만 호인인 사람의 심리

상담을 하다 보면 집에서는 개차반인데 밖에만 나가면 호인으로 칭송받는 사람들을 종종 만나게 됩니다. 100이면 99에게 듣는 고민입니다. 삶의 기준이 없는 사람들은 이곳저곳을 기웃거리며 다른 사람의 인정을 받으려고 노력합니다. 이해가 안 되겠지만 인정은 그런 종류의 사람이 삶을 살아가는 원동력입니다.

"남편은 밖에 나가면 너무 좋고 착한 사람이에요. 집 식구들 생일은 몰라도 오며 가며 마주친 사람들 선물까지 꼭 챙기는 사람이에요. 저는 미칠 것 같은데, 사람들은 저보고 '너는 부처랑 결혼해서 좋겠다'라고 부러워해요. 오히려 저한테는 독하다고 비난하고 남편더러 장가 잘못 갔다며 불쌍해하더라고요. 처음에는 '내가 잘못된 건가? 내가 이상한 건가?' 하고 많이 헷갈렸어요."

아내 생일은 챙기지 않으면서 청소 아주머니에게 철철이 선물을 주고, 집안일은 손끝 하나 도와주지 않으면서 교회에 나가서는 앞장서서 봉사하고, 생판 처음 보는 사람들을 알뜰살뜰 챙기니 주변 사람들은 모두 남편에 대한 칭찬 일색입니다. 이런 사람은 어떻게 평가해야 할까요? 남편은 너무나 좋은 사람인데 내가 잘못해서 그런 것일까요?

평소 주변 사람들에게 곧다는 평가를 받는 미생고라는 사람이 있었습니다. 하루는 누군가가 미생고에게 식초를 빌려달라고 하였습니다. 마침 미생고의 집에는 식초가 없었습니다. 하지만 미생고는 '없다'고 하지 않고 이웃집에까지 가서 식초를 빌려다가 그 사람에게 주었습니다. 과연 미생고는 어떤 사람일까요? 공자는 미생고를 좋게 평가하지 않았습니다. 미생고의 행동은 다른 사람에게 착하게 평가받고 싶다는 마음에서 비롯된 것이기 때문입니다.[109]

사람에 대한 평가는 관계에 따라 다르며 절대적인 평가는 없습니다. 흉악한 살인자라고 해서 1년 365일 하루 24시간 내내 사람을 죽이는 것도 아니고, 또 모든 사람을 죽이는 것도 아닙니다. 즉 살인자도 누군가에게는 좋은 사람일 수 있습니다. 앞에서 거리 두기의 개념에 대해서 알아보았는데, 거리가 가까울수록 나의 일상과 밀접한 관련이 있고, 거리가 멀수록 만날 일도 없는 관계를 의미합니다. 예를 들어 1번 자리에 있는 배우자는 나와 일상의 대부분을 공유하며 가정을 일구어나가는 일을 함께하는 관계입니다. 따라서 배우자에게 좋은 사람이라는 평가를 듣기 위해서는 끊임없이 각고의 노력을 해야 합니다. 그런데 20번 정도의 거리에 있는 청소 아주머니나 거리를 지나다니는 행인은 나와 만날 일도 없고 함께 수행하는 일도 없습니다. 따라서 일회적인 호의만 베풀어도 나는 순식간에 좋은 사람으로 등극할 수 있습니다. 명절에 작은 선물을 하거나, 오며 가며 인사만 나눠도 나는 영원히 좋은 사람이라는 타이틀을 얻게 되는 것입니다.

가까운 사람에게 제대로 된 평가를 받지 못하는 사람은 성기사로 살펴볼 필요도 없이 덕이 없는 사람입니다. 집에서 인정을 못 받는 것은 가정에서 주어진 자신의 역할을 제대로 수행하지 못한다는 것을 의미합니다. 남편, 아내, 아들, 딸로서의 역할은 이웃 사람의 역할과 비교할 수 없을 정도로 그 책임의 무게가 무겁습니다. 나를 나로서 살게 해주는 핵심적인 역할은 방치하고 다른 사람의 인정을 받기 위해서 가볍고 지엽적인 역할을 충실히 수행하는 것은 거짓으로 가득 찬 사람들이 삶을 살아가는 방식입니다.

이런 사람들은 대체로 내면이 비어 있기 때문에 언제나 남의 좋은 평판을 갈구하는데, 노력 대비 효율성이 매우 낮은 1번, 2번 자리 사람들과의 관계는 아예 포기합니다. 그러므로 나와의 관계에서 나쁜 사람은 그냥 나쁜 사람이 맞습니다. 나쁜 사람을 앞에 두고 '내가 대화의 기술이 부족한가?', '내가 좀 더 노력해야 하나?'라며 스스로를 의심하지 말고, 행여나 나의 북극성을 무너뜨리는 우를 범하지 마십시오.

착한 사람은 좋은 배우자가 아니다

우리가 흔히 착하다고 평가하는 사람은 대체로 사리 분별이 없는 경우가 많습니다. 공자는 "인자만이 제대로 사랑하고(能好人 능호인) 제대로 미워할 줄 안다(能惡人 능오인)"라고 하였습니다.[110] 인자는 사람을 사리에 맞게 사랑하고 미워합니다. 인자와 거리가 먼 사람일수록 사리에 맞게 좋아하고 미워할 줄을 모릅니다. 누군가가 나 또는 내 가족을 모욕해도 화를 내지 않습니다. 착해서가 아니라 지금 화를 내야 하는 상황인지를 모르기 때문입니다.

사실 제대로 화를 내는 것은 제대로 사랑하는 것보다 훨씬 어려운 일입니다. 머릿속으로만 생각하다가 화를 내야 하는 타이밍을 놓치기 일쑤고, 사리에 맞게 생각을 하지 못하기 때문에 상대방에게 논리적으로 화를 내지도 못합니다. 그러고는 좋은 말로 포장하며 정신승리 쪽을 선택합니다.

'내가 참고 용서하면 저 사람도 변하겠지?'

'나는 착하게 살았으니까 복을 받을 거야.'

'따져서 뭐 해?'

이런 사람과 관계를 맺는다는 것은 그 사람이 마땅히 세웠어야 할 사리를 당신이 대신 세워줘야 함을 의미합니다. 이제 당신은 그 사람을 대신해서 이 사람 저 사람과 싸워야 합니다.

제가 알고 있는 어떤 여성은 화를 내는 것을 한 번도 본 적이 없을 정도로 호인인 아버지를 두었습니다. 불행하게도 어머니 역시 다른 사람과 얼굴을 붉히는 이야기를 하지 못했습니다. 그래서 그 여성은 어린 학생이었을 때부터 아버지와 어머니를 대신해서 교복을 입은 채로 어른들과 따지고 싸워야 했습니다.

사리 분별이 없이 그저 착한 사람은 누군가가 우물에 빠졌다고 하면(井有仁焉 정유인언) 그 사람을 구하기 위해서 우물 안으로 따라 들어가 결국 함께 죽습니다(其從之也 기종지야). 그야말로 비명횡사입니다. 하지만 사리 분별이 있는 사람은 우물까지 가게 할 수는 있어도(可逝也가서야) 우물에 빠지게 할 수는 없습니다(不可陷也불가함야).[111] 착한 사람은 사리 분별이 없는 것일 뿐이기에 결코 좋은 사람으로 평가할 수 없습니다.

원망을 덕으로 갚으면?

누군가가 공자에게 물었습니다.

"원망을 덕으로 갚는 것(以德報怨이덕보원)은 어떨까요(何如하여)?"[112]

나에게 원망을 품고 고통을 주는 사람이라도 내가 덕으로 품으면 감동하여 좋은 사람이 될 수 있지 않겠냐는 말입니다. 우리가 쉽게 범하는 오류입니다. '누군가가 내 왼뺨을 때렸을 때 화내지 말고 오른뺨마저 때리라고 내놓으면 우리 세상은 사랑이 충만하지 않을까?' 누구나 한 번쯤 생각해본 질문일 것입니다. 공자의 답변이 기대됩니다.

"그렇다면 나에게 덕을 베푸는 사람에게는 무엇으로 갚을 것이냐(何以報德하이보덕)?"

질문에 또 다른 질문을 하여 상대방이 생각하게 하는 공자의 매사문은 전율이 돋을 정도로 정곡을 찌릅니다. 나한테 덕을 베푸는 사람이나 원망을 하는 사람이나 똑같이 덕으로 응대한다면, 첫째 나의 덕이 가치가 떨어지고, 둘째 나에게 덕을 베푸는 사람이 나를 떠날 것입니다. 그러면 결국 내 주변에는 나를 원망하는 사람만 득실거리게 될 것입니다. 그리고 무엇보다도 우리는 나를 원망하는 사람에게 덕을 베풀 수 없습니다. 그것은 신의 사랑이지 인간이 할 수 있는 사랑의 경지가 아닙니다. 어찌어찌하여 한두 번은 덕을 베풀 수도 있겠지요. 하지만 상대방이 고마워하지 않고 감화되지 않는다면 우리는 그동안 참았던 분노까지 합해서 배로 쏟아내게 됩니다. 그러면 공자의 해답은 무엇일까요?

원망은 직으로 갚고(以直報怨이직보원), 덕은 덕으로 갚는 것이다(以德報德이덕보덕).

직은 '곧음'으로 그 기준은 나입니다. 나를 원망하는 사람이 있다면 이미 나와의 관계가 무너진 것입니다. 사리에 맞게 문제를 해결하고자 노력하겠지만, 해결되지 않는다면 관계를 끊어야 합니다. 그리고 사리에 맞게 미워하십시오. 그것이 바로 '곧음'입니다. 누군가가 당신에게 고통을 주는 사람을 사랑으로 품으라고 한다면 이렇게 얘기하십시오.

"그게 편하면 너는 그렇게 하세요(女安則爲之여안즉위지)."[113]

아는 변호사

가족에게는 못하고 남한테만 잘하는 사람의 심리

나쁜 사람은 아니에요

그 사람, 착한 사람 아니에요

참 다행이다, 내 마지막 사랑이 전남편이 아니라서

룰 메이커

이혼을 선택하고 조금씩 나아지기는 했지만, 이혼이라는 실패는 몇 년간 삶을 감당하기 어려울 만큼 큰 중압감으로 다가왔습니다. 심각한 우울증으로 내 몸 하나 건사하지 못하는 상황에 처해 한때 공허함과 두려움에 쫓겨 의존할 누군가를 찾기도 했습니다. 설상가상으로 군이라는 조직은 이혼녀에게 가차 없었습니다. 날이 추워진 뒤에야(世寒然後세한연후) 소나무와 잣나무가 시들지 않음을 안다(知松柏之後凋지송백지후조)[114]고 했는데, 애초에 조직이란 곳에 소나무와 잣나무는 존재하지 않습니다. 누군가가 더 이상 재기할 수 없을 거라는 판단이 들면 사람들은 가면을 벗고 그 사람을 향해 미쳐 날뛰기 시작합니다.

극한의 상황이었지만 다행스럽게도 저는 조금씩 나다운 모습을 찾아갔습니다. 사실 10개월에 걸친 긴 우울증의 터널을 빠져나온 후 저는 다른 사람이 되어가고 있었습니다. 생사의 갈림길에서 사투를 벌여온 터라 더 이상 잃을 것도 없다는 생각에 망설임이나 주저함이 사라졌습니다. '그저 내가 좋아하는 바를 따르겠다'라는 공자의 말에 깊이 공감하게 됐고, 내 삶의 기준이 내 안에서 나오기 시작했습니다. 그때 비로소 나 자신이 '룰 메이커'라는 것을 깨달았습니다.

나라는 사람은 누군가가 정해놓은 틀을 따르는 것을 싫어하고, 내 삶에 적용되는 기준을 스스로 만들 때 행복을 느낍니다. 그런데 원래부터 나는 그런 사람이었습니다. 나를 찾게 된 당연한 귀결이지만 저는 손과 발이 꽁꽁 묶인 이 소인국을 탈출하기로 결심했습니다. 그러던 어느 날 그를 만나게 되었습니다.

거리가 무너지다

처음부터 강한 끌림이 있었습니다. 두 손은 양쪽 바지 주머니에 찔러 넣고 생글생글 웃는 얼굴, 약간은 냉소적인 전체적으로 뿜어나오는 삐딱한 태도. 친절한 것 같지만 성깔 있어 보이는 모습.

'이 사람은 나랑 같은 부류구나.'

남들이 하지 않는 생각을 하고, 남의 말을 잘 듣지 않고, 남이 시키는 대로 하지 않는 사람. 독특한 생각을 하고 실제로 이상한 짓을 하는 사람. 사실 그는 내가 생각한 그런 종류의 사람이 아니었지만, 그것은 나중에 마음을 송두리째 빼앗기고 나서야 알게 된 일이었습니다.

이혼이라는 혹독한 시련을 겪은 뒤 나라는 사람이 월등히 성숙했고 이혼녀의 삶이 한순간에 무너지는 과정을 잘 알고 있었기에 저는 그 사람과 상당히 적정한 거리를 유지했습니다. 하지만 그의 열정과 의외성은 나의 일상을 흔들어놓기에 충분했습니다. 그렇게 그 사람은 내 일상에 수시로 끼어들었고 나를 길들이기 시작했습니다. 그가 내 이름을 부르던 그날의 놀람과 설렘을 아직도 잊을 수가 없습니다. 그렇게 잘 유지해오던 거리는 순식간에 무너졌습니다.

이혼 후 정립된 삶에 대한 태도는 데이비드 소로의 말처럼 '체념의 법칙을 따르지 않겠다'는 것입니다. 생각이란 시간이 지나면 바뀔 수 있습니다. 그러면 지금 이 순간을 후회할 수도 있겠죠. 하지만 먼 훗날 후회할지도 모른다는 이유로 지금 하고 싶은 것을 체념하지는 않을 겁니다. 그렇게 나의 결핍이자 욕망인 그에게 부단히도 애를 썼습니다. 열정, 헌신, 쾌락, 설렘, 오만, 냉정, 비굴, 집착, 경멸 등 인간의 다양한 감정의 극한을 경험하면서 저는 우울증의 터널에서 헤맸을 때와 버금가는 정도의 성장을 할 수 있었습니다.

참 부끄러운 일이지만 이별을 받아들이지 못한 저는 그 사람에게 여러 차례 매달렸습니다. '오해를 풀어야 해', '내가 저 사람을 행복하게 해줄 수 있어', '헤어지더라도 나의 진심을 보여주고 싶어' 등 저는 당시 그와 이별할 수 없는 정당한 이유를 하루에도 수십 개씩 만들어냈습니다. 그 때문에 북극성이 마땅히 있어야 할 자리를 잃게 되었고 제 우주는 또다시 암흑으로 덮여갔습니다.

3년 동안 철저하게 깨지면서 저는 다음의 일곱 가지를 깨닫게 되었습니다.

- 첫째, 관계는 상대적인 것이다.
- 둘째, 관계는 함께 만들어가는 것이다.

- 셋째, 상대방의 선택을 존중해라.
- 넷째, 스스로 어떻게 할지 궁리하지 않는 사람은 나도 어떻게 할 수가 없다.
- 다섯째, 나는 그를 행복하게 해줄 수 없다.
- 여섯째, 나를 좋아했던 그 사람은 이제 존재하지 않는다.
- 일곱째, 미련은 남겨두는 것이다.

이 모든 것을 자연스럽게 인정하게 된 순간 비로소 저는 그 사람과 잘 이별할 수 있었습니다. 우울증과 사투를 벌이는 시간이 '나'를 탐구하게 했다면, 그와의 만남과 헤어짐의 시간은 '관계'의 작동원리를 깨닫게 해주었습니다.

우리 삶은 이별의 연속입니다. 결국은 내가 없어지는 것이 인생입니다. 잘 헤어지는 법은 우리가 삶을 건강하게 살아가기 위한 필수 기술입니다. 잘 헤어지기 위해서는 다음의 두 가지 자세가 필요합니다.

- 첫째, 나의 슬픔 또는 상실의 크기를 정확히 안다.
- 둘째, 슬픔을 조금씩 줄여나간다.

절지節之, 매듭짓기는 연인과의 관계에서도 진가를 발휘합니다. 그와 헤어진 슬픔이 3이라면 3만큼만 슬퍼하십시오. 그리고 조금씩 그 슬픔을 줄여나가십시오. 결핍의 크기를 그대로 인정하고 줄여나가는 것이 실패와 슬픔을 딛고 성장하는 방법입니다. 공자가 강조하는 '슬퍼하되 그로 인해 몸과 마음이 상하는 정도에 이르지 않게 하라(哀而不傷애이불상)'[115]는 것이 바로 절지입니다.

종종 우리는 주변에서 결핍이나 슬픔 등 부정적인 감정을 끊임없이 확대 재생산하며 애써서 키워나가는 사람들을 봅니다. 3이었던 슬픔이 어느새 100이 되어 있습니다. 그런 상황이라면 누구라도 슬픔에 압도당할 수밖에 없습니다. 그렇게 나의 우주는 혼돈과 무질서에 빠지게 됩니다.

한때 서로 사랑했던 그 사람은 이 세상에 존재하지 않습니다. 사랑은 '관계'임을 잊지 마십시오. 내가 사랑한다고 해서 죽어 있는 것을 살리려고 하는 마음. 이것이 바로 혹惑입니다. 멈출 줄 아는 것. 그것은 사람을 매력적으로 만듭니다. 사실 이별을 당했다고 해서 내 자존감이 떨어질 이유는 하나도 없습니다. 아이묭aimyon의 노래 가사처럼 그는 그저 '너는 록을 듣지 않아君はロックを聴かない'라고 말한 것뿐입니다. 록을 듣지 않겠다는 사람에게 록 음악을 들려주려고 애를 써봤자 나만 구차해질 뿐입니다. 하지만 그렇다고 해서 록 음악이 순식간에 형편없는 장르가 되는 것은 아닙니다.

기꺼이 잃겠습니다

"그 사람하고는 어때?"

친한 언니가 오랜만에 안부 전화를 하고는 대뜸 묻습니다.

"네? 헤어진 지가 언젠데요. 혼자 짝사랑하고 있죠."

"그래. 네가 너무 크게 돼서 오고 싶어도 올 수 없을 거야. 하나를 얻으면 하나를 잃는 거잖아."

"그렇다면 기꺼이 잃겠습니다. 그리고 짝사랑 좋잖아요. 깨끗하고 영원하고."

"그래, 당당해서 좋다."

그와 함께 인생의 다양한 모험을 하고 싶었던 욕망은 이루어질 수 없게 되었습니다. 이렇게 그와 나의 인생은 지나갔고, 우리의 인생이 다시 교차할 날은 아마도 오지 않을 것입니다. '이별'의 사전적 의미는 '서로 갈리어 떨어짐'입니다. 저는 실크로드 여행을 하면서 수많은 사람을 만났고 또 헤어졌습니다. 그때나 지금이나 평생 그 사람들을 다시 만나리라는 것은 생각조차 하지 않습니다. 이별이란 그렇게 다시는 만나지 않는 관계가 된 것을 의미합니다. 언이유신言而有信, 즉 말은 반드시 지켜져야 신뢰가 쌓입니다. 다시 돌아오지 않는 것, 그것이 이별입니다. 즉 이 작품에 3악장 따위는 존재하지 않습니다.

3악장이라고?

이렇게 작별을 고했는데도 새로 시작을?

이렇게 이별을 했는데도 되돌아오다니.

불가능합니다.

참 다행인 것은 내 마지막 사랑이 전남편이 아니라는 것입니다.

▶ 아는 변호사

참 다행이다, 내 마지막 사랑이 전남편이 아니라서

40대 여성의 사랑

잘 헤어지는 법

이별을 극복하는 방법

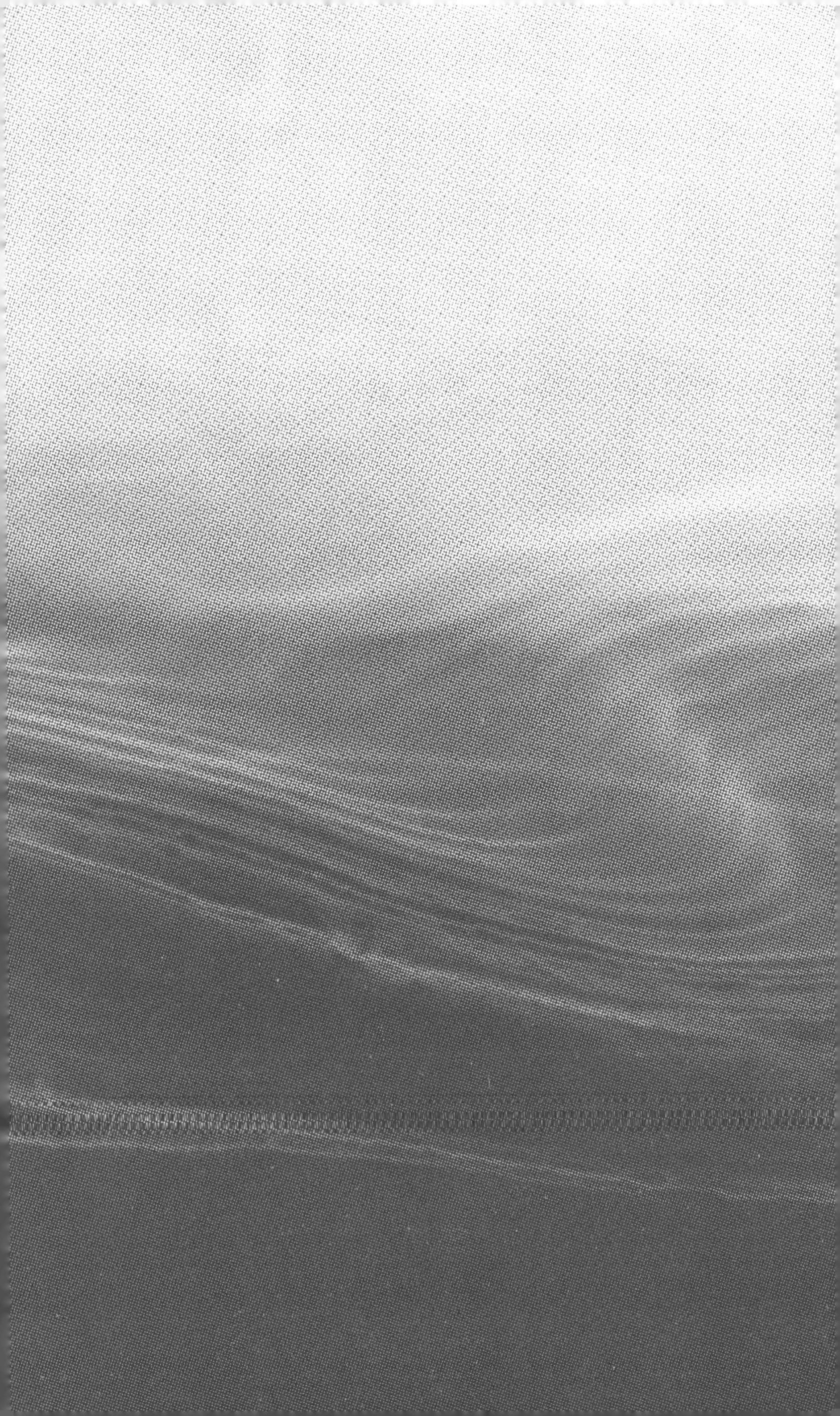

PART ③

시간時

죽은 뒤에야 끝이 난다

헛똑똑이의 인생 계획

우울증을 심하게 앓던 서른여섯 살, 저를 힘들게 한 것은 불면증도 이혼도 아니었습니다. 바로 시간이었습니다. 36년을 치열하게 산 결과가 이 모양 이 꼴인데 나는 아직도 36년 이상을 더 살아야 한다니! 세상에, 35년 일제강점기보다 길잖아!

인생의 긴 흐름에서 지금 실패했다고 해서 삶이 나에게 죽음을 선사하진 않습니다. 그렇다면 우리는 다음 질문에 답을 해내야 합니다. '어떻게 살 것인가?' 저는 2020년에 《공부, 이래도 안되면 포기하세요》라는 책을 썼습니다. 편입, 고시, 국비유학 시험 등을 거치면서 제가 터득한 공부의 기술을 정리한 책입니다. 저는 이 책에서 공부를 장기전과 단기전으로 나누고, 장기전의 공부는 마음가짐부터가 달라야 한다고 강조하였습니다. 그런데 그것은 공부에만 적용되는 것이 아니었습니다. 공부는 장기전이라고 해봐야 3~5년이지만, 인생은 80~100년의 매우 긴 호흡이라는 것을 그제야 깨닫게 된 것입니다.

'아, 인생이 정말 길구나. 여기서 무너진다고 해서 인생이 끝난 게 아니구나!'

그야말로 헛똑똑이입니다. 시간의 의미는 저를 심연의 나락으로 끌어내렸지만 또 저에게 희망으로 다가왔습니다.

'그래, 나에겐 아직도 말도 안 되는 시간이 남아 있잖아!'

제가 무너진 이유는 시간의 긴 흐름을 망각했기 때문입니다. 사실 저는 5년, 10년의 큰 방향을 설정하고 1년 단위, 월 단위, 주 단위로 계획을 세우며 살아왔습니다. 그렇게 해서 편입을 하고 변호사가 되었습니다. 그리고 서른한 살에 결혼을 했습니다. 결혼은 물론 임신과 출산마저 플래너에 적어놓은 대로 이루어졌으니 정말이지 계획적이라고 할 수 있습니다. 그런데 문제는 결혼 이후부터 구체적인 인생 계획이 없었다는 점입니다. 놀랍게도 '행복하게 잘 산다'가 전부였습니다. 마치 동화에서 '왕자와 공주가 결혼하고 행복하게 살았다'로 끝나듯이 말입니다.

서른 살, 진짜 나의 삶이 시작되려고 하는데 저의 플래너는 텅텅 비어 있었습니다. 나는 조금씩 불편해지는데 어떤 계획을 세워야 하는지 알 수가 없었습니다. 나중에는 아예 플래너라는 것을 쓰지 않게 되었습니다. 이제 결혼을 했으니 나 혼자 계획을 세운다고 일이 되는 것도 아닙니다. 저는 원래 개성이 강하고 다른 사람과 협동해서 일을 하는 것을 매우 불편해하는 사람입니다. 그런데 결혼 후 내가 통제할 수 없는 너무 많은 변수와 고려할 요소들에 꽁꽁 묶여 나조차 앞으로 나아갈 수 없는 지경이 되었습니다. 걸리버가 소인국의 사람들에게 괴물 취급을 받으며 밧줄로 꽁꽁 묶인 채 옴짝달싹도 하지 못하는 모습이 오버랩됩니다. 저는 긴 시간의 흐름 속에 기준이 없는 삶을 이리저리 헤매다가 결국 나락으로 떨어지게 되었습니다.

서두르면 안 된다

공자는 시간이 우리 인생에 미치는 영향을 누구보다도 잘 알고 있었습니다.

임중도원, 임무가 무겁고 갈 길이 먼 것이 우리의 인생입니다. 우리의 인생은 언제 끝이 나나요? 바로 '죽은 뒤'입니다. 인내로 전국을 통일한 도쿠가와 이에야스는 유훈에서《논어》의 구절을 인용합니다.

> 사람의 일생은 무거운 짐을 지고 먼 길을 걷는 것과 같다. 서두르면 안 된다. 무슨 일이든 마음대로 되는 것이 없다는 것을 알면 굳이 불만을 가질 이유가 없다. 승리만 알고 패배를 모르면 해가 자기 몸에 미친다.

인생이라는 긴 시간의 흐름에서 우리는 성공하기도 하고 실패하기도 합니다. 도쿠가와 이에야스는 여러 가문의 인질을 전전하고 굴욕적인 패배 속에서도 살아남아 결국 천하를 제패하였습니다. 그에게 실패는 좌절의 시간이 아니라 회복과 변태의 시간이었던 것입니다. 각자의 인생곡선을 그려보면 성공과 실패가 더욱더 명확하게 보입니다. 중요한 것은 실패의 깊이와 지속된 시간이 아니라 그 실패의 시간에서 무엇을 배웠느냐입니다.

두 가지 삶의 자세

우리의 인생이 죽어서야 끝이 나기 때문에 공자는 삶의 자세로 다음의 두 가지를 강조합니다.

① 무욕속無欲速: 서두르지 말 것
② 무견소리無見小利: 작은 성과에 연연하지 말 것

빨리 가려고 하면 일이 달성되지 못하고(欲速 則不達욕속 즉부달), 작은 성과만 신경 쓰면 큰일을 이루지 못한다(見小利 則大事不成 견소리 즉대사불성).[116]

이혼 상담을 할 때 제가 꼭 하는 질문이 있습니다.

"지금 내 나이가 많다고 생각하시나요?"

20대부터 70대까지 다양한 의뢰인이 있지만 99명의 대답은 모두 '아니요'입니다. 우리는 지나고 나서야 그때 나에게 얼마나 많은 시간이 남아 있었고, 얼마나 많은 성장을 할 수 있었는지를 깨닫습니다. 그리고 후회합니다. 하지만 그 생각을 하고 있는 지금조차도 나에게는 무한한 가능성이 있습니다. 당신이 하고 싶었던 일이 있다면 '지금' 하십시오.

어느덧 70대가 된 엄마의 친구분들과 인터뷰를 한 적이 있습니다. '인생을 살면서 후회되신 점이 무엇인가요?'라는 질문에 한 분이 이렇게 대답하셨습니다.

"나는 50대로 돌아가면 내 사업을 꼭 하고 싶어."

그렇지 않아도 소소한 사업들을 해오신 분입니다.

"지금도 하실 수 있잖아요."

"지금 한다는 것은 생각해본 적이 없는데…. 다 늙어서 뭘 할 수 있겠어?"

인간인 우리는 시간을 20년 전으로 돌릴 수 없지만 70대에도 사업을 하는 것을 선택할 수는 있습니다. 사업을 하는 것과 안 하는 것 모두 나의 선택입니다. 서두르지 않고 작은 성과에 신경 쓰지 않는다면 지금보다 더 좋은 사업의 타이밍은 없습니다.

젊은 구독자들이 저에게 자주 하는 질문이 있습니다.

"20~30대의 나에게 어떤 말을 해주고 싶으세요?"

곰곰이 생각한 저의 대답입니다.

"너는 아직 어리고, 너에게는 아직도 많은 시간이 남아 있다는 사실을 단 한순간도 잊지 마. 그러니 하고 싶은 것이 있다면 지금 해."

아는 변호사

방황하는 20대에게

내가 잘 모르는 친구들 엄마

시간은 끊임없이 흐른다

쉬지 않다, 불식不息

무한한 시간은 저를 무기력하게 만들었지만 동시에 희망으로 다가왔습니다. 행운의 여신인 포르투나가 행운과 불운을 변덕스럽게 뿌리고 다니는 것처럼 말입니다. 인생에서 시간의 개념이 정립되기 시작한 것은 그때부터였습니다. 저는 자신에게 질문을 해보았습니다. '나는 1년 전의 일을 기억하는가?' 답은 '아니요'였습니다. 1년 전의 일은커녕 당장 몇 달 전의 일도 정확히 기억이 나지 않습니다. 당시 서른여섯 살이었으니 못해도 40~50년을 더 살아야 할 텐데, 도대체 얼마나 많은 시간이 남은 것인가?

'그래! 나는 무엇이든 할 수 있어!'

과거에 찬란했던 나를 능가하는 비약적인 성장을 할 수 있는 쇠털같이 많은 날이 남아 있습니다. 하지만 막연히 있어서는 안 됩니다. 내일은 안 됩니다. 지금 시작해야 합니다. 시간은 결코 무한하지 않으며 지금 이 순간조차 끊임없이 흘러가고 있습니다.

하루는 공자가 강가에서 강물이 하염없이 흘러가는 모습을 바라봅니다.

> 흘러가는 것(逝者서자)이 이와 같구나(如斯夫여사부)!
> 밤낮으로 그치지 않는구나(不舍晝夜불사주야)![117]

때로는 많은 시간이 나를 버겁게 하기도 하지만 그 시간은 일분일초도 쉰 적이 없습니다. 강물은 쉬지 않고 흐르고 하늘은 굳이 말을 하지 않아도(天何言哉천하언재) 사계절의 운행을 멈춘 적이 없는 것처럼(四時行焉사시행언) 말입니다.[118] 쉼 없이 흘러가는 강물을 통해서 공자가 본 삶의 자세는 불식不息, 쉬지 않음입니다. 시간을 염두에 둔 공자의 가르침은 무일無逸, 게으르지 않음과도 연결됩니다. 그렇다면 흐르는 시간 속에서 우리는 무엇을 쉬지 않아야 할까요?

2015년 저는 중국 칭화대학교에서 법학 석사 학위를 취득

했습니다. 칭화대학교는 청나라 강희제 이래 황제의 정원이었던 칭화위안清華園에 세워졌기 때문에 명소가 많지만, 대망의 졸업식 때 학생들이 빠지지 않고 기념사진을 찍는 곳이 있습니다. 바로 교훈이 새겨진 비석입니다. '자강불식自强不息 후덕재물厚德載物.' '배움으로 스스로를 단련하기를 쉬지 말고, 먼저 덕을 쌓으면 재물은 저절로 채워진다.' 자강自强이란 스스로를 단련하는 것입니다. 쉬지 않고 배움을 통해서 자기 자신을 갈고 닦는 것. 이것이 흘러가는 시간 속에서 우리가 가져야 할 삶의 자세입니다.

우리는 죽을 때까지 쉴 수 없습니다. 안정적인 직업을 가졌다고 해도, 결혼을 했다고 해도 마찬가지입니다. 내가 무너진 이유는 결혼을 잘못해서도 아니고, 재수가 없어서도 아닙니다. 하염없이 시간을 흘려보내며 불식을 하지 않는 순간부터 이미 나의 무너짐은 시작되었습니다. 지금 이 순간에도 시간이 흐르고 있다는 사실을 느낀다면 전전긍긍하는 자세로 절차탁마를 할 수밖에 없습니다.

자주 때를 놓치는 자

노나라 대부 계씨 집안의 가신이었던 양화는 반란을 일으

켜 노나라를 먹으려고 하였습니다. 그는 공자를 초빙하기 위해 노력했지만 공자는 불의한 양화의 부름에 응하지 않았습니다. 그러던 중 길에서 우연히 양화 일행과 마주쳤고 피할 수 없었던 공자는 양화와 대화를 나누게 됩니다.[119]

"보배를 마음에 품고서 그것을 쓰지 않고 나라를 혼미하게 하는 것(懷其寶而迷其邦회기보이미기방)은 인하다고 할 수 있겠소(可謂仁乎가위인호)?"

"그것은 안 될 일입니다(不可불가)."

"공적인 업무에 종사하기를 좋아하면서 자주 때를 놓치는 것(好從事而亟失時호종사이실시)은 사리를 아는 사람이라고 할 수 있겠소(可謂知乎가위지호)?"

"그것은 아니지요(不可불가)."

"세월은 흘러가고(日月逝矣일월서의), 나에게 기다릴 시간을 주지 않소(歲不我與세불아여)."

"알겠습니다(諾낙). 제가 장차 벼슬자리에 나아가겠습니다(吾將仕矣오장사의)."

결국 공자는 양화와 함께 일을 도모하진 않았지만, 흐르는 시간 속에서 인과 지를 실천할 때를 놓치지 말 것을 촉구한 양화의 말은 합리적인 공자를 설득하기에 충분했습니다. 세월은 나를 기다려주지 않고 쉼 없이 흘러갑니다.

나는 좋은 값을 기다리는 사람이다

시간이란 참 신비롭습니다. 우선 시간은 우리가 생각하는 것보다 깁니다. 95학번인 저는 대학생이 된 다음해인 1996년에 운전면허시험에 도전하였습니다. 당시 운전면허시험은 기능과 주행으로 구분됐고 기능시험은 주어진 시간 안에 S자, T자 같은 코스를 모두 합격해야 했습니다. 저는 정해진 시간이 짧다는 생각에 조급해져 그만 T자 주차 코스 후진에서 센서를 밟지 않은 것을 알고도 그대로 전진하고 말았습니다. 결국 불합격했습니다. 하지만 남은 시간은 충분했습니다. 그때 다시 한 번 후진했다면 무난히 합격했을 것입니다. 당신에게 주어진 시간은 당신이 느끼는 것보다 넉넉합니다. 하지만 시간은 끊임없이 흐르고 있습니다. T자 후진을 하지 않고 망설이는 사이에도 시간은 끊임없이 흘러가고 있습니다. 그러니 때를 놓치지 않도록 불식을 하며 나를 갈고닦아야 합니다.

그런데 여기서 주의할 점이 있습니다. 시간이 아무리 흐른다고 하더라도 싼값에 자신을 팔아넘기면 안 된다는 것입니다.

자공은 스승인 공자가 늙을 때까지 아무에게도 팔리지 않는 것에 조바심이 나서 따져 묻습니다.

"여기 아름다운 옥이 있습니다(有美玉於斯유미옥어사). 스승님께서는 가죽으로 싸서 궤에 넣어 고이 보관하시겠습니까(韞櫝而藏諸온독이장저)? 아니면 좋은 값을 구하여 파시겠습니까(求善賈而沽諸구선가이고저)?"

자신의 재능을 고이 모셔만 두지 말고 이제 그만 좀 팔라는 압박입니다.

"팔아야지(沽之哉고지재). 팔아야지(沽之哉고지재). 그러나 나는 좋은 값을 기다리는 사람이다(我待賈者也아대가자야)."[120]

공자가 시간의 흐름 속에서 학이시습과 절차탁마를 하며 자신의 옥을 가꿔나가는 이유는 때를 놓치지 않기 위해서입니다. 하지만 그럼에도 공자는 자기를 팔기 위해 구걸하러 다니지 않고 좋은 값에 사 갈 사람을 기다리며 자강불식을 해나갑니다.

나는 저울대에 매달려 자신의 무게를 달면서 균형을 잡다가 나를 가장 강하게 그리고 가장 정당하게 끌어당기는 것에게 인력에 의해 끌려가고 싶다. 저울대에 매달려 몸무게가 적게 나가려고 발버둥 치고 싶지 않다.

자신을 개발하기 위하여 서두른 나머지 수많은 영향력에 자신을 내맡기지 마라. 그것도 일종의 무절제이다.

당신은 어떤가요? 자신이 얼마나 가치가 있는지 알지도 못한 채, 아니 알 생각도 하지 않은 채 하나밖에 없는 옥을 염가에 팔아 치우기에 혈안이 되어 있지는 않은가요?

아는 변호사

50대 이후의 삶을 바꾸는 열쇠

시간의 흐름과 성장

싹 - 꽃 - 열매

"어떤 유형의 남자를 좋아하세요?"

매주 월요일 유튜브 라이브 방송을 할 때 정말 다양한 질문이 쏟아지는데 빠지지 않고 등장하는 질문 중 하나입니다. 외모, 경제력, 성격 등 여러 가지 기준이 있겠지만 제가 어느 상황에서나 확실하게 대답할 수 있는 것은 바로 '매력 있는 사람'입니다.

그럼 어떤 사람이 매력 있을까요? 젊을 때는 외모 자체가 매력일 수 있습니다. 하지만 나이가 들어서는 무엇이 그 사람을 매력적으로 만들어줄까요? 아니면 나이 든 사람은 더 이상 매력이 있을 수 없는 것일까요? 직업이 좋으면 매력적인가요? 그렇다면 의사나 변호사는 예외 없이 매력적인가요? 저는 마흔여섯 살 인생을 살면서 좋은 대학을 나오지 않아도, 직업이 좋지 않아도, 키가 작아도 충분히 매력적인 사람들을 많이 만났습니다. 매력이란 사람마다 다릅니다. 그렇다면 인간적인 매력은 어디에서 오는 것일까요?

시간은 끊임없이 흐르고 우리는 그 시간의 흐름 속에서 성장해나갑니다. '나이가 들어간다'는 건 생물학적으로 노화되는 것이 아니라 점점 더 '나다워지는 것'을 의미합니다. 내가 가장 나다울 때 나의 내면이 바깥으로 표출되는데, 이것이 바로 '매력'입니다.

어렸을 때(20~30대를 뜻합니다) 저는 나다운 것이 어떤 것인지 잘 몰랐습니다. 그런 저에게 쇼핑은 정말 곤욕스러운 일이었습니다. 옷을 사는 것은 둘째 치고 어떤 옷을 입어봐야 하는지도 몰랐습니다. 그래서 그냥 마네킹이 입고 있는 옷을 그대로 사곤 했습니다. 그런데 요즘 저는 "안목 있어요", "멋있어요"라는 이야기를 많이 듣습니다. 지금은 옷이든 뭐든 나다운 선택을 합니다. 그렇게 된 지는 그리 오래되지 않았습니다. 선택에 아무런 장애가 없어지기 시작한 것은 30대 후반쯤으로 기억하는데 시간이 흐를수록 그 강도는 점점 더 확고해졌습니다.

내가 어떤 사람인지 알게 되면 다른 사람의 눈치를 보지 않고 가장 나답고 그렇기에 가장 편안한 것을 선택할 수 있게 됩니다. 그것이 매력입니다. 매력이란 나이가 들어갈수록 더욱 진하게 뿜어져 나옵니다. 그런데 나이가 든다고 아무나 매력이 생기지는 않습니다. 매력이란 끊임없이 성장하는 사람의 전유물입니다. 나이가 들어가는데 성장하지 않는다면 그런 사람은 매력 자체가 없습니다.

싹을 틔우고 꽃을 피우고 열매를 맺듯이 성장은 면면히 계속되어야 합니다. 공자 자신이 성장한 상태를 표현한 것이 바로 지학, 이립, 불혹, 지천명, 이립, 종심소욕불유구입니다. 우리 주변에는 처음부터 싹조차 피우지 못한 사람도 있고, 싹은 돋았으나 꽃을 피우지 못하는 사람(苗而不秀者有矣夫묘이불수자유의부) 또는 꽃은 피웠는데 열매를 맺지 못하는 사람(秀而不實者有矣夫수이불실자유의부)도 있습니다.[121] 모두 자기 스스로 성장을 멈춰버린 것입니다. 성장을 멈춘 순간 사람의 인생도 끝이 납니다. 그런 나를 기다리고 있는 것은 깊은 우울증과 공허함뿐입니다.

빨리 죽는 게 낫다

원양은 춘추 시대 말기 노나라 사람으로 공자의 친구입니다. 원양의 어머니가 돌아가시자 친구인 공자가 그 장례를 도와주는데 정작 원양 본인은 슬퍼하지 않고 나무에 올라가 노래를 불렀으니 그야말로 사람답지 못한 자의 표본입니다. 공자와 원양은 함께 나이가 들었습니다. 공자는 불혹, 지천명을 거쳐 이순으로 성장하고 있는데, 원양은 어릴 때부터 지금까지 전혀 성장한 바가 없습니다.

하루는 원양이 비스듬히 걸터앉아 공자를 기다리고 있었는데, 멀리서 그 모습을 보고 있던 공자가 한마디를 하고는 들고 있던 막대기로 그의 정강이를 때립니다.

> 어릴 때도 공손하지 않았고(幼而不孫弟유이불손제), 커서는 제대로 덕을 쌓은 것이 없어 언급할 것이 하나도 없는데(長而無述焉장이무술언), 늙어서는 빨리 죽지도 않으니(老而不死노이불사) 그야말로 덕을 해치는 자로구나(是爲賊시위적).[122]

원양은 어릴 때는 물론이고 나이가 든 지금까지 단 한순간도 성장이라는 것을 한 적이 없습니다. 그런데 늙어서조차 빨리 죽지도 않고 궤변을 늘어놓으며 사람들을 현혹하니 그야말로 사람으로서 쓸데가 없습니다. 빨리 죽기라도 한다면 사람들에게 성장하지 않는 삶에 대한 경계심이나 주의를 주기라도 할 텐데, 그것조차 하지 않고 죽을 때까지 그 자리에서 꼼짝달싹도 하지 않습니다. 원양은 '자기다움'이 전혀 없는 무덕자無德者로 평생 매력이란 것을 발산해본 적이 없는 사람입니다. 성장을 하려고 애쓰지 않는 사람, 스스로 성장을 멈춘 사람의 삶이란 살아 있어도 살아 있는 것이 아니고 빈 껍데기에 불과합니다.

시간의 흐름과 주의할 점

사람의 기운은 시간의 흐름과 무관하지 않습니다. 공자는 사람의 나이대를 소년-장년-노년으로 나누어 특별히 경계해야 할 점을 가르쳐줍니다.

> 젊었을 때(少소)는 혈기가 아직 정해지지 않았기 때문에(血氣未定혈기미정) 색을 경계해야 하고(戒之在色계지재색). 장성해서는(壯장) 혈기가 바야흐로 강하기 때문에(血氣方剛혈기방강) 남을 이기려는 마음, 다툼을 경계해야 하며(戒之在鬪계지재투), 나이가 들어서는(老노) 혈기가 이미 쇠하였으니(血氣旣衰혈기기쇠) 욕심을 경계해야 한다(戒之在得계지재득).[123]

한 사람으로서 성장하는 것은 개개인의 노력에 달려 있습니다. 하지만 시간의 흐름에 따라 사람의 기운 자체가 달라지는 것은 사람의 노력으로 어찌할 수 없는 것입니다. 그런데 사람들은 자신의 기운이 달라짐을 알지 못한 채 색, 다툼, 욕심에 빠져 나라는 사람에 대해 집중해보기도 전에 사람으로서의 성장을 그르치곤 합니다.

실제로 어린 시절 한순간 끓어오르는 욕정을 다스리지 못해 제대로 피어보지도 못한 채 남은 인생을 죽지 못해 살아가는 사람들을 쉽게 볼 수 있습니다. 사실 색정, 다툼, 욕심은 모두 불혹하지 못한 채 한순간의 끓어오르는 감정에 무너졌기 때문입니다.

내가 퇴사한 이유

2019년 마흔두 살의 저는 14년간의 군법무관 생활을 접고 전역을 선택했습니다. 상명하복의 폐쇄적인 조직 문화는 저의 자유분방함을 짓눌렀고, 이혼은 저를 위축시켰습니다. 멋진 50대를 맞이하기 위해서는 40대가 정말 중요한데 이 조직에서는 아무런 비전이 보이지 않았습니다.

'나를 계속 죽이면서 이렇게 살아가는 것이 맞을까?'

주변 사람들은 100이면 100이 다 저의 전역을 반대했습니다. "지금 바깥은 전쟁터다", "변호사 업계가 얼마나 힘든 줄 아느냐", "좀 더 준비를 하고 나와라", "여자한테 이보다 더 안정적인 직업은 없다", "그래도 연금은 타고 나와야 하지 않겠냐" 등등 제가 전역을 하면 안 되는 수백 개의 이유가 나열되었습니다. 나는 아무런 성장도 없는 이 상황이 죽을 것 같은데 다른 사람들은 이 모습을 '안정'이라고 평가합니다. 스스로 설득당하기도 하고 때로는 주변 사람들을 설득하느라고 많은 에너지를 할애했습니다. 그 때문에 전역의 시기가 4년 정도 지연되었습니다.

우리는 종종 '이혼을 준비한다', '퇴사를 준비한다'고 하지만, 두 손 가득 무언가를 담고 있다면 그 손에는 더 이상 아무것도 담을 수가 없습니다. 버리지 않으면 절대 새로운 것을 채울 수 없습니다. 또 내가 준비를 한다고 하면서 흘려보내는 시간 동안 나는 반드시 무언가를 잃게 되는데, 그것은 바로 '나'입니다. 주변의 기우로 전역 타이밍을 계속해서 1년 뒤로 미루던 제가 2019년 전역을 결정한 이유는 바로 저의 성장이었습니다.

지금 나의 직업은 20대의 미숙한 내가 선택한 것이다. 20대의 내가 결정한 선택에 40대의 내가 구속된다는 것은 너무나도 웃긴 이야기다. 20대의 나는 확실한 삶의 방향 없이 주변의 평판에 영향을 받는 나약한 사람이었다. 20대의 나보다 40대인 지금의 내가 나를 더욱 잘 알고 나답다. 20대의 내가 도대체 뭐란 말인가? 나는 20대의 내가 정해놓은 이 모든 속박과 굴레를 벗어나려고 한다. 내 인생에 적용되는 룰은 내가 만든다.

사람은 성장의 모습에 따라 담는 그릇이 달라져야 합니다. 그릇이 달라지지 않으면 오히려 성장을 막게 됩니다. 확실한 성장을 하고 나서 그릇을 바꾸겠다는 생각은 회피입니다. 당신은 어떻게 성장하고 있고, 어떤 그릇에 담겨 있나요?

아는 변호사

룰 메이커

장교 전역 | 군법무관

42살 안정적인 공무원 때려치우는 이유와 개업 준비

인생의 시간에서 40이란

마흔을 불혹이라고 합니다. 불혹이란 '사람의 일에 최선을 다한다'는 뜻으로 매사에 쉬지 않고 학이시습을 해온 공자가 마흔 살에 달성했던 덕의 모습입니다. 그러니 평소 아무런 노력도 하지 않은 사람이 마흔 살이 되었다고 해서 갑자기 불혹이 될 것을 기대하는 것은 그저 망상에 불과합니다. 끊임없이 성장하며 앞서간 공자는 불혹 말고도 사람의 성장에 대해 여러 가지 의미 있는 이야기를 남깁니다.

뒤에 오는 사람을 두려워해라

먼저 태어났다고 해서 나중에 태어난 사람보다 더 성장한다고 할 순 없습니다. 흐르는 시간 속에서 끊임없이 자강불식하지 않는다면 뒤에 오는 사람에게 추월당할 수 있습니다. 뒤에 오는 사람이라도 어떻게 학이시습을 하느냐에 따라 앞에 가는 사람보다 나아질 수 있기 때문입니다. 그래서 공자는 이렇게 충고합니다.

> 뒤에 오는 사람을 두려워해야 한다(後生可畏후생가외). 뒤에 오는 사람이 지금보다 나을지 어찌 알겠는가(焉知來者之不如今也언지래자지불여금야)?"[124]

그런데 주의할 점이 있습니다. 끊임없이 흐르는 시간 속에서 불식하지 않는다면 그 사람은 더 이상 성장할 가능성이 없습니다. 그렇다면 언제까지 뒤에 오는 사람을 두려워해야 할까요? 여기에 대해서도 공자는 뚜렷한 기준을 세워줍니다.

> 뒤에 오는 사람이 40~50세가 되어도 이렇다 할 덕을 행했다는 바가 들려오지 않는다면(四十五十而無聞焉사십오십이무문언) 더 이상 두려워할 가치가 전혀 없다(斯亦不足畏也已사역부족외야이).

시간은 유한하다는 것을 잊으면 안 됩니다. 50은 인생의 원숙기로 가장 나답게 나의 삶을 살아가야 합니다. 그러기 위해서 40에는 최소한 삶의 방향을 잡아야 합니다. 그런데 50이 될 때까지 이렇다 할 성장이 없다면 그 사람은 그것으로 끝날 가능성이 매우 큽니다. 여기서 성장이란 나를 알고 나답게 사는 것을 의미합니다.

그 인생은 끝난 것이다

나이 40이 되어서도 군자들의 미움을 받는다면(年四十而見惡焉 년사십이견오언) 그 인생은 끝난 것이다(其終也已 기종야이).[125]

군자는 모든 사람을 좋아하는 짓을 하지 않습니다. 제대로 사랑하고 제대로 미워할 줄 아는 군자는 40이 되어서까지 나다움을 찾지 못하고 다른 사람의 좋은 평판을 찾아 헤매며 사리를 무너뜨리는 사람을 진심으로 미워합니다. 그러니 40이 되어서도 군자들의 미움을 받는다면 사람으로서 성장할 가능성이 없습니다.

주의할 점은 제대로 성장한 사람이라면 소인에게는 반드시 미움을 받아야 한다는 것입니다. 나이 마흔이 되어서도 소인에게 미움을 받지 않는다면 심각합니다. 그 상태를 방치하면, 또는 누가 소인이고 누가 군자인지조차 구분을 못 한다면 당신의 인생은 끝난 겁니다.

차라리 놀이라도 해라

온종일 배터지게 먹기만 하고(飽食終日포식종일) 마음을 쓰는 바가 없으면(無所用心무소용심) 곤란하다(難矣哉난의재). 쌍륙과 바둑이라는 것이 있지 않느냐(不有博奕者乎불유박혁자호)? 아무것도 안 하는 것보다 그런 놀이라도 하면서 머리를 쓰는 것이 낫다(爲之猶賢乎已위지 유현호이).[126]

나이가 40~50이 될 때까지 나다운 인생을 살고 있지 못하다면 그것은 온종일 배터지게 먹기만 하고 성장하기 위해 마음을 쓰지 않기 때문입니다. 안일하게 하루하루를 보내고 나를 살피지 않습니다. '다 이러고 살아', '인생 별거 없어'라며 성장할 생각이 없는 자신을 위로합니다. 마음을 쓰지 않는 것은 학이시습을 하지 않는 것으로 고집불통의 표본입니다. 공자는 그런 사람을 경멸합니다. 차라리 바둑 같은 놀이라도 하면서 머리라도 쓰는 것이 마음을 풀어헤친 것보다 낫습니다.

인생은 치열하게 사는 것입니다. 남이 무엇을 좋아할까에 애쓰고 노력하지 말고, 내가 무엇을 좋아하고 나는 어떤 사람인지를 탐구하십시오. 그리고 내 우주의 북극성이 되십시오.

아는 변호사

[illegible]

에필로그

저로는 안 되겠습니까?

2020년 5월경 〈아는 변호사〉 유튜브 채널 구독자 수가 10만 명을 돌파했습니다. 10만, 참으로 경이로운 숫자입니다. 실버버튼을 받고 여러분의 염원을 담아 부끄럽지만 팬미팅을 하게 되었습니다. 코로나19로 한 자리씩 띄어 앉은 덕분에 290석의 객석이 가득 찼습니다. 강의가 무르익어 갈 무렵, 저는 무대에 서서 왼손을 허리춤에 올린 뒤 오른손으로 마이크를 잡고 청중을 향해 섰습니다. 왠일인지 저를 바라보는 수많은 관중의 모습이 한 명 한 명 눈에 들어옵니다. 반짝반짝 빛나는 눈빛, 걱정스러운 표정, 격려의 말을 듣고 싶어 하는 간절한 마음들이 느껴졌습니다. 그 순간 저도 모르게 외쳤습니다.

"저로는 안 되겠습니까?"

여기 '저'라는 사람이 살아가고 있습니다. 객관적인 조건으로 보면, 아이 셋 딸린 이혼녀입니다. 6년 전만 하더라도 심각한 우울증의 터널 속에서, 죽음의 문턱에서 허덕였습니다. 하지만 그 뒤로 비약적인 성장을 하여 지금 이렇게 멋있는 모습으로 당신 앞에 서 있습니다. 이혼 후의 두려움과 걱정은 앞으로 벌어질 일을 알 수 없다는 점에서 기인한 것으로 당연한 것입니다. 그런데 원래 인생은 그런 모습입니다. 나답게 살고 있지 못한 지금의 내가 문제인 것이지, 이혼이라는 선택 탓에 없던 문제가 새롭게 생기는 것이 아닙니다. 당신 앞에는 두 개의 선택지가 있습니다. 지금의 고통이 단지 익숙하다는 이유로 버틸 수 있다고 착각하며 스스로 통제할 수 없는 수동적인 인생을 살 것인가? 아니면, 행복과 불행을 알 순 없지만 최소한 내가 만들 수 있는 주체적인 인생을 살 것인가? 100퍼센트 좋은 선택은 없습니다. 우리가 삶에서 해야 하는 선택은 안타깝게도 나쁜 것 중에서 하나를 고르는 것입니다. 당신의 선택은 무엇인가요?

스스로 생각을 하기 시작한 20대. '대한민국의 여성으로서 어떤 삶을 살아야 할까?', '커리어를 쌓으면서 결혼을 하고 가정을 일궈나갈 수 있을까?' 등 수많은 질문을 했지만 답을 찾을 수 없었습니다. 결국 저는 결혼을 했고 자녀를 출산했으며, 일과 가정을 양립할 방법을 도저히 찾지 못해 극심한 우울증에 시달렸고 이혼을 선택했습니다. 현재 저는 이혼 후의 삶을 만들어가고 있습니다.

대중 앞에서 강연을 할 때 가장 많이 받는 질문이 이혼 후의 삶에 관한 것입니다. 이혼녀는 주변에서 무시당하지 않나요? 이혼 가정의 자녀는 불행하지 않은가요? 남편이 없는 여자는 쉽게 보지 않나요? 이혼했다는 사실을 아이들에게 언제 얘기해야 할까요? 이혼하고 잘 살 수 있을까요? 행복할까요? 수많은 질문이 쏟아집니다.

하지만 안타깝게도 당신의 삶이 앞으로 어떻게 될지 저로서는 알 수가 없습니다. 다만 분명한 것은 원래 인생이란 위로든 아래로든 한계가 없는 것이고, 내 인생곡선은 내가 만들어가는 것이라는 점입니다. 저는 그저 동시대를 살아가는 한 명의 선진으로서 여러분이 각자의 모습대로 자유롭게 살아가기를 진심으로 바랄 뿐입니다.

이 책을 읽고 있는 당신이 때로는 옷을 벗고 때로는 바짓단을 걷어 올리며 끊임없이 성장하기를, 그래서 더욱 자유스러운 법칙을 적용받으며 살아가기를 희망하며 이만 긴 글을 마칩니다.

아는 변호사

저로는 안 되겠습니까?

자료 출처

- 10쪽, 조앤 치티스터,《모든 일에는 때가 있다》, 박정애 옮김, 가톨릭출판사, 2021
- 41~42쪽, 54~55쪽, 90쪽, 146~147쪽, 332~333쪽, 헨리 데이빗 소로우,《월든》, 강승영 옮김, 은행나무, 2011
- 84쪽, 시볼드 베함(Hans Sebald Beham), 〈포르투나(Fortuna)〉, 79×51mm, engraving, 1541
- 317쪽, 토마스 만,《파우스트 박사》, 임홍배 외 옮김, 민음사, 2010

미주

나ㄹ

1. 이인 10
2. 헌문 42
3. 자한 8
4. 안연 17
5. 안연 7
6. 자로 9
7. 자로 13
8. 헌문 38
9. 자한 5
10. 술이 22
11. 위령공 20
12. 선진 11
13. 옹야 20
14. 안연 5
15. 술이 11
16. 선진 18
17. 자한 2
18. 태백 3
19. 술이 16
20. 양화 10
21. 옹야 17
22. 공야장 3
23. 위정 12
24. 학이 1
25. 학이 16
26. 계씨 10
27. 양화 15
28. 옹야 23
29. 공야장 21
30. 위정 17
31. 안연 2
32. 공야장 11
33. 학이 15
34. 공야장 27
35. 술이 5
36. 이인 6
37. 술이 18
38. 공야장 8
39. 계씨 13
40. 태백 4
41. 팔일 24
42. 태백 7
43. 자한 10
44. 술이 23
45. 술이 27

타인ㅅ

46. 헌문 34
47. 옹야 19
48. 양화 3
49. 옹야 16
50. 학이 3
51. 계씨 9
52. 양화 16
53. 술이 2
54. 태백 16
55. 양화 2
56. 이인 1
57. 태백 2
58. 안연 24
59. 술이 10
60. 술이 21

61. 안연 16
62. 이인 6
63. 계씨 11
64. 태백 13
65. 안연 1
66. 자로 23
67. 위정 1
68. 자한 14
69. 안연 11
70. 태백 17
71. 위령공 27
72. 헌문 31
73. 위정 9
74. 선진 3
75. 학이 8
76. 옹야 2
77. 이인 7
78. 학이 7
79. 위령공 29
80. 양화 4
81. 공야장 26
82. 위령공 18
83. 자로 5
84. 태백 13
85. 양화 6
86. 헌문 17
87. 헌문 18
88. 팔일 22
89. 공야장 9
90. 위령공 38
91. 자한 18
92. 위령공 15
93. 술이 7
94. 술이 8
95. 옹야 10
96. 자한 25
97. 공야장 19
98. 위령공 30
99. 위정 15
100. 선진 8
101. 선진 7
102 안연 5
103. 안연 8
104. 옹야 4
105. 위령공 14
106. 옹야 20
107. 술이 34
108. 술이 12
109. 공야장23
110. 이인 3
111. 옹야 24
112. 헌문 36
113. 양화 21
114. 자한 27
115. 팔일 20

시간時

116. 자로 17
117. 자한 16
118. 양화 19
119. 양화 1
120. 자한 12
121. 자한 21
122. 헌문 46
123. 계씨 7
124. 자한 22
125. 양화 26
126. 양화 22